古代国家と東北境界領域の考古学

菅原祥夫 著

同成社

目　次

序　章　本書のねらい ……………………………………………… 1

第Ⅰ章　製鉄をめぐる陸奥国と近江国 ……………………………… 5

　第1節　技術の導入前史——陸奥の浮田国造と近江の浮田——　6
　第2節　技術の導入と展開——陸奥国宇多・行方郡と近江国——　23
　第3節　もう1つの製鉄工人系譜——陸奥国信夫郡安岐里と安芸国——　48
　第4節　郡山遺跡Ⅰ期官衙と製鉄　63
　第5節　生産の転換①——居宅と火葬墓——　74
　第6節　生産の転換②——藤原仲麻呂政権期の陸奥国と近江国——　93
　第7節　技術の導入要因（再論）　122

第Ⅱ章　土師器動態からみた律令国家形成期 ……………………… 139

　第1節　国造域の土師器様相と栗囲式　140
　第2節　会津地方の土師器様相と会津型　177
　第3節　栗囲式・会津型・関東系の交錯　209

第Ⅲ章　古代後半期の地域開発 …………………………………… 219

　第1節　古代会津の開発①——郡衙周辺の事例分析を中心に——　220
　第2節　古代会津の開発②——「梓□今来」と秦氏——　248
　第3節　古代会津の開発③
　　　　　——10世紀の日向国都城盆地と陸奥国会津盆地——　260

第 4 節　律令国圏外の地域開発——度量衡の地方普及をめぐって——　270

第 5 節　蝦夷系土師器の分布とその意義　286

終　章　境界領域の特質 …………………………………………………… 299

引用・参考文献　305

あとがき　323

古代国家と東北境界領域の考古学

序章　本書のねらい

　古代東北地方は歴史的背景の違いによって、南から次のように3区分される（第1・2図）。すなわち、大化前代から政権支配下にあって、東北で唯一国造制が施行された陸奥南部の「国造域」、大化以後に蝦夷支配拠点の城柵が設置され、段階的に政権支配下となった陸奥中・北部～出羽南・北部の「城柵域」、そして、最後まで律令国家圏内に編入されなかったとみられる「北緯40°以北」である（菅原 2013）。このうち最も多くの関心を集め、分厚い研究史をもつのが城柵域であるのは、異論がないと思われる。古代城柵官衙遺跡検討会では、毎回新たな調査成果発表とテーマを変えた特集シンポジウムが行われ、ついに50周年を迎えた。古代東北史研究の根幹は、「蝦夷」「城柵」にある。

　しかし、こうした状況に対して福島県で発掘調査に携わり、その成果を基盤に研究を続けてきた筆者は不満を感じていた。この「国造域」の北限地帯、言い換えると、安定した政権領域と「城柵域」の境界領域を介することで、より多面的な東北像を描き出すことができるのではないか。

　本書は、陸奥南部の考古学的検討を基礎として、古代東北史をとらえなおし、全国的な動きの中で相対評価することを目的とする。

　陸奥南部は、現在の福島県に宮城県南部を加えた範囲に相当している。地形的には奥羽脊梁山脈を挟んで、太平洋側の浜・中通り地方と日本海側の会津地方に大別され、比較的温暖な浜・中通り地方に対し、会津地方は寒冷な豪雪地帯である[2]。こうした気候風土の違いは、古代東北社会に大きな影響を与えたことが指摘されており（坂井 2006）、ここでもその視点を継承したい。

　さて、文献史学の立場から、今泉隆雄はこの陸奥南部を陸奥国内の「内なる

序章　本書のねらい

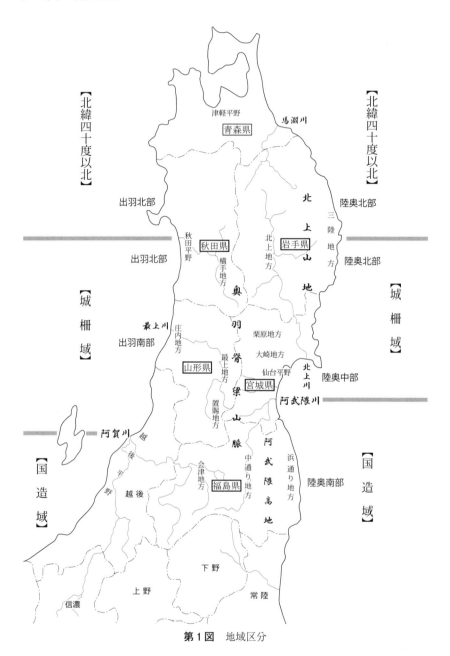

第1図　地域区分

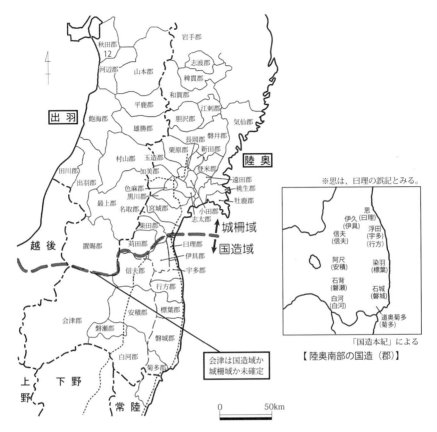

第2図　国造と郡の分布

坂東」と形容した（今泉 2017）。大化前代に関東と一体で国造制が施行され、7世紀中葉には最初の陸奥国の領域となって、関東諸国と共に対蝦夷政策の後方支援を負担した、関東と同質の社会であることが根拠とされている。しかし、今泉自身が「政治支配の上では」と前置きしたように、それだけですべてを説明するのは不十分だと思われる。内面黒色の土師器食器を使い、長煙道カマド付き竪穴建物に住む生活スタイルは、まぎれもなく蝦夷社会（城柵域＋北緯40°以北）と認識された範囲と共通している。したがって、決して関東と同質の社会ではなく、この特性は政治支配上の様々な側面にも発現したはずであ

る。筆者が陸奥南部を重視する意味は、ここにある。

　そして、もう1つ重要なのは、「国造本紀」に該当国造名がみえず、浜・中通りとは在地社会様相が異なる会津地方は、「内なる坂東」の範囲から区別されていることである。当該域の占める面積は大きく、看過できる存在ではない。

　以上を踏まえ、本書では多様な地域性を内包する陸奥南部の中で、とくに浜通り北部と会津地方に注目した。前者は太平洋、後者は日本海側の国造・城柵域の境界と密接に関わる地域であり、陸奥南部の特質を考える上で有効な指標になると考えられる。具体的にいえば、浜通り北部は、阿武隈川河口付近を挟んで太平洋側の城柵域南端＝仙台平野をにらむ位置にあり、対蝦夷政策に関わる東日本最大級の製鉄遺跡群が存在した。このことから、今泉の「内なる坂東」の視点できわめて重要な位置づけが与えられる。一方、会津地方は阿賀川水系で日本海側の国造・城柵域の境界＝阿賀川河口付近とつながるだけでなく、陸奥と多方面（北陸・出羽・関東）を結節する東日本有数の交通の要衝である。この視点をもとに、上記の目的達成をねらっていく。

註
（1）厳密にいうと、太平洋側の境界ラインは北緯40°よりやや南にある。
（2）浜通りは福島県の地域区分名称であるが、本書では、地形的に連続する阿武隈河口以南の宮城県南部を含める（亘理・伊具郡域）。

第Ⅰ章
製鉄をめぐる陸奥国と近江国

第1節　技術の導入前史
──陸奥の浮田国造と近江の浮田──

　陸奥南部の浜・中通り地方は、東北地方の中で唯一国造制が施行され、城柵支配が及んだ仙台平野以北とは一線を画す地域である。この政治支配上の特性は、8世紀初頭に陸奥国から石背国（中通り＋会津）、石城国（浜通り）が分国され（718年～数年間）、再併合後も、行政ブロックなどの形で実質的枠組みが機能したことに、象徴されている。

　このうち浜通り北部、現在の宮城県亘理町～福島県南相馬市にまたがる太平洋沿岸は、律令期の陸奥国曰理・宇多・行方郡に属し、全国最大級の製鉄コンビナートが存在した（第3図）。発見された製鉄炉跡数は、他を大きく引き離して全国第1位に位置づけられ（島根県古代文化センター 2020）、導入期の技術系譜は遠く近江国に求められている（飯村 2005、福島県教育委員会 1989）。しかも、この製鉄をめぐる人・モノ・情報の動きは、前史を含めると200年以上に及び、関連範囲は近江国だけでなく中国地方の安芸・備後・伯耆国まで広がっている。

　第Ⅰ章は、その歴史叙述を目的とし、主に以下の3つの画期に焦点を当て記述を進めていく。

- 継体朝期（6世紀前葉～中葉）…技術の導入前史
- 天智朝期（7世紀後葉）…技術の導入と展開
- 藤原仲麻呂政権期（8世紀中葉～後葉）…生産の転換

1　問題提起

　1972年、行方郡真野郷域を扱った学史的論文が『考古学研究』誌上に発表される（第4図）。穴沢咊光・中村五郎は、福島県南相馬市真野寺内20号墳出

第1節　技術の導入前史　7

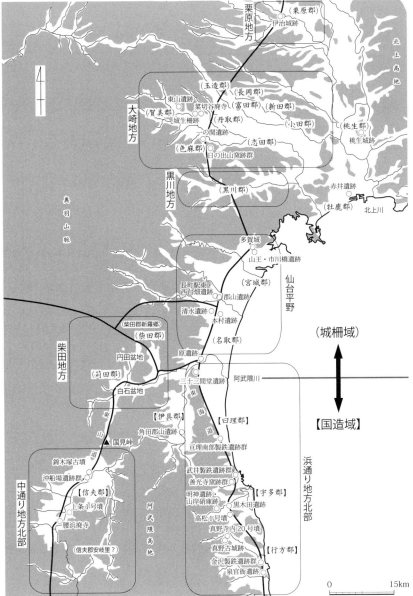

第3図　陸奥中・南部の関連遺跡分布

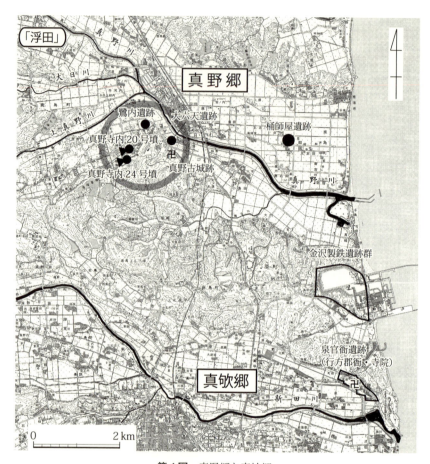

第4図 真野郷と真敏郷

土の金銅製双魚佩に注目し（6世紀前葉〜中葉、第5図）、継体王朝の東国経営の一環として、天皇の外戚から真野の首長へ賞賜されたもので、大伴・毛野氏、真野氏のいずれかを介して行われたと推定した（穴沢・中村 1972）。3年後には、穴沢が国内外の類例・関連遺物をより詳細に検討し、東アジア史的視点から自説を補強している（穴沢 1975）。

　主な論拠を整理すると、次のようになる。

A：金銅製双魚佩は、継体王朝と関係の深い古墳に特徴的な分布を示す、きわ

第1節 技術の導入前史 9

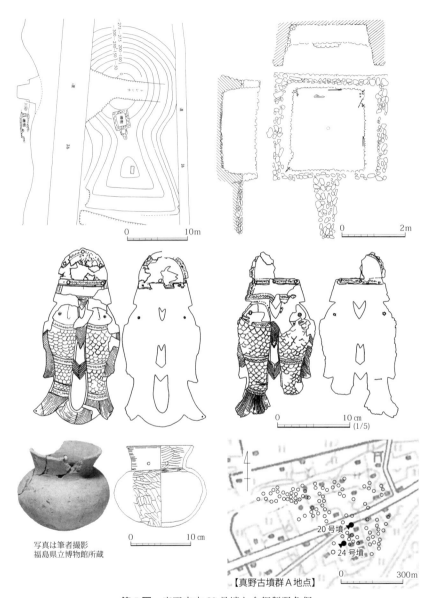

第5図 真野寺内20号墳と金銅製双魚佩

10　第Ⅰ章　製鉄をめぐる陸奥国と近江国

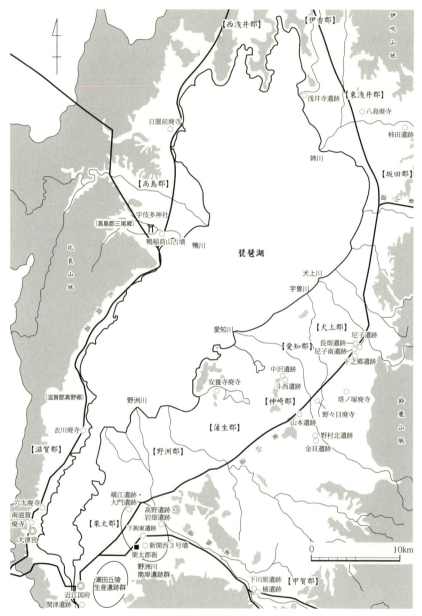

第6図　近江国の関連遺跡分布

めて珍しい遺物である。
B：年代の最も近い類例は滋賀県高島市鴨稲荷山古墳にあり、所在する近江国高島郡三尾郷域は、継体天皇の父親である彦主人王の三尾之別業（なりどころ）（『日本書紀』）に比定される（第6図左上）。また、継体天皇の擁立に貢献し、二人の妃を輩出した三尾氏の本拠地でもある。
C：鴨稲荷山古墳は、この天皇の外戚の首長墓説が有力視されている。
D：両者を介したとみられる氏族のうち、大伴・毛野氏は、史料上に複数の行方郡官人の名前が確認される（『日本書紀』『続日本紀』他）。また真野氏は、陸奥国行方郡真野郷の名称由来となった和邇氏の一族で、近江に本貫がある。

　この2論文は、1988年の藤ノ木古墳→1991年の峯ヶ塚古墳の相次ぐ類例発見を経て、金銅製双魚佩研究の基本文献として全国レベルで高く評価されている（白石1993、吉澤2002他）。しかし、肝心の真野の首長と継体天皇の外戚の関係には、古墳時代研究者の表立った言及がなく、肯定も否定もされない状態が続いていた。

　一方、律令期側の視点では、7世紀後葉の瀬田丘陵生産遺跡群（近江国栗太郡）→武井・金沢製鉄遺跡群（陸奥国宇多・行方郡）の技術移転の背景を、この大化前代の前史に求める見解が示され（飯村2005、福島県教育委員会1989）、筆者も妥当性を認めている（菅原2011a）。ただ、律令期の考古学的所見から遡った推定であり、鴨稲荷山古墳—真野寺内20号墳間の関係そのものに焦点を当てた検討が不十分だったのは否定できない。そこで、本節はその欠を補うのを第1の目的とし、派生する若干の問題に触れたい。さらに結果を踏まえ、直線距離で500km以上離れた遠隔地間でなぜ交流が生まれたのかという、根本的な疑問に触れることとする。

2　金銅製双魚佩研究のその後

　穴沢・中村論文の発表から、50年あまりが経過した。その間、藤ノ木・峯ヶ

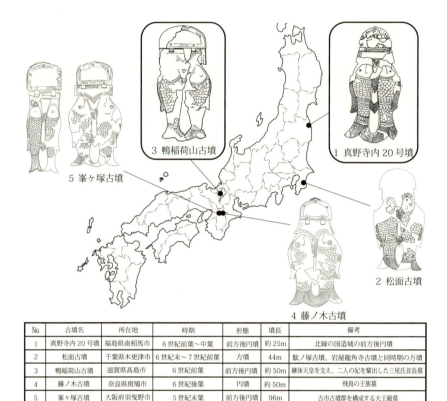

No.	古墳名	所在地	時期	形態	墳長	備考
1	真野寺内20号墳	福島県南相馬市	6世紀前葉～中葉	前方後円墳	約25m	北縁の国造域の前方後円墳
2	松面古墳	千葉県木更津市	6世紀末～7世紀前葉	方墳	44m	駄ノ塚古墳、岩屋龍角寺古墳と同時期の方墳
3	鴨稲荷山古墳	滋賀県高島市	6世紀前葉	前方後円墳	約50m	継体天皇を支え、二人の妃を輩出した三尾氏首長墓
4	藤ノ木古墳	奈良県斑鳩市	6世紀後葉	円墳	約50m	飛鳥の王族墓
5	峯ヶ塚古墳	大阪府羽曳野市	5世紀末葉	前方後円墳	96m	古市古墳群を構成する大王級墓

第7図 金銅製双魚佩の分布

塚古墳の良好な出土状況に恵まれた類例が発見され、実用を離れた豪華な太刀の付属品であることが判明したものの、全体の形状が明らかで現存する資料は、いまだに真野寺内20号墳出土品の他にわずか4基の古墳副葬事例に過ぎない（第7図）。この状況から希少かつ特殊な金銅製品で（吉澤 2002）、所有したのは王権の血縁者か、王権ときわめて関わりの深い地方の特定有力豪族に限定されることが浮き彫りになっている。また、鴨稲荷山古墳―真野寺内20号墳間に中間年代資料が存在しない意義は、大きい。出土古墳の主体部構造や共伴遺物だけでなく、製品自体の精緻な属性分析によって、峯ヶ塚古墳→「鴨稲荷山古墳」→「真野寺内20号墳」→藤ノ木古墳→松面古墳の変遷が示され

ており（白石 1993、吉澤 2002）、穴沢・中村説の論拠は今日的視点で確実性を増している[2]。

3　陸奥の「浮田」

ここで、興味深い知見を提示したい。実は、真野寺内20号墳の北西方向に、「浮田(うきた)」の字名が確認できる（第8図下）。これまで不問に付されてきたが、古墳が所在する浮田国造域と同一表記の地名である事実は、看過できないと思われる[3]。そこで、古代の史資料を検索してみる。

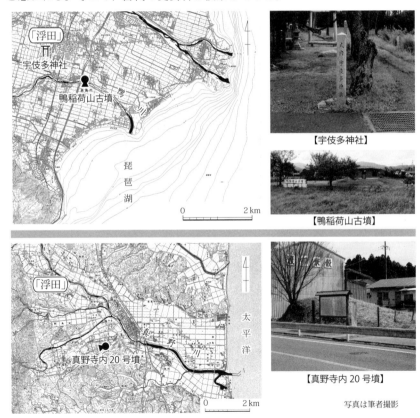

第 8 図　近江と陸奥の「浮田」

文献史料　「浮田」の表記は、『先代旧辞本紀』巻一「国造本紀」が唯一となる。他は、養老2（718）年の石城・石背国分国記事を上限に、浮田国造域の本拠地側（国造域北部）を母胎に成立した「宇太」「宇多」の郡名しか認められない。

　　「宇太」…養老2（718）年　石城・石背国の分国記事『続日本紀』
　　「宇多」…天平神護3（767）年　吉弥候部石磨の賜姓記事『続日本紀』
　　　　　　神護景雲3（769）年　吉弥候部文知の賜性記事『続日本紀』
　　「宇多」…貞観8（866）年　鹿島神宮司の菊多関通過の許可記事『日本三代実録』・『類聚三代格』等多数
　　「宇太」「宇多」…10世紀前半　東山道陸奥国の郡名列挙記事『和名類聚抄』

出土文字資料　やはり、「浮田」の表記は認められない。国府多賀城に伴う方格地割（山王遺跡）内の河川跡から、「宇多」の墨書土器が多数出土しており、文献史料と整合する。

　　「宇多」…9世紀中葉～後半

　したがって、真野寺内20号墳周辺の「浮田（うきた）」の地名は、718年以前に命名されたもので、大化前代まで遡る可能性がある(4)。

4　近江の「浮田」

　この問題意識のもとに、近江国高島郡三尾郷域の「三尾之別業」（『日本書紀』）比定地を訪れた（第8図上）。鴨稲荷山古墳の北西1.1kmに、式内社宇伎多（うきた）神社の存在を知ったからである。その結果、現在は廃止された境内の小字名が、「浮田（うきた）」だったことが判明した。高島市歴史民俗資料館学芸員の白井忠雄から下記文献の教示を受け、現地周辺で浮田（うきた）姓の民家を確認することができた。

- 『日本地名大辞典（25）　滋賀県』（角川書店 1979）…「高島町―水尾村―野田―浮田（宮ノ前ノ内）」

- 『高島町史』（高島町 1983）…「宇伎多神社は、鴨川の北岸、高島平野の西南端に鎮座する（野田字浮田）。」

　そこで、周辺環境を含め対比してみると（第8図上・下）、琵琶湖を太平洋、鴨川を真野川に置き換えれば、地勢および「浮田」と古墳の位置関係は瓜二つで、単なる偶然の一致とは考えることができない。したがって、遠隔地間の同一地名は直接伝播したと判断される。

[小　結]

　以上により、金銅製双魚佩は継体王朝の東国経営の一環として、真野の首長へ直接賞賜されたものと判断できる。6世紀中葉の下限から、欽明朝期まで下る可能性はあるが、仮にその場合でも、上の所見から要因が継体期に求められるのは明らかである。この結果、次の2点が補足される。
- 大伴・毛野氏、真野氏の介在を考慮する必要はない。
- 浮田国造の呼称は、通説の「<u>ウタ</u>ノクニノミヤツコ」（鈴木 2009）でなく、「<u>ウキタ</u>ノクニノミヤツコ」だったと思われる。

5　派生する問題

　では、そうなると、従来の浮田国造の理解にはどのような展開が生じるだろうか。以下、検討を進めるが、その前に陸奥南部の国造存在全体を疑問視する見解（篠川 2005）があるので、草野潤平の論点整理（草野 2018）に沿ってみておきたい。

（1）陸奥南部の国造存否問題

　最大の論拠は、「国造本記」と『常陸国風土記』多珂条の記述内容（立評経緯）の不一致に求められている。具体的には、『常陸国風土記』にみえる多珂国造域の範囲が現在の茨城県日立市助川河口付近～福島県双葉郡大熊町熊川河口付近に比定されるため、「国造本紀」の道奥菊多・石城国造域を取り込んで

しまい、結果的に陸奥南部の国造存在全体が疑問視されるとする。

しかし、考古学的立場から、筆者にはどちらの記述も妥当性があるように思える。熊川河口付近は、竪穴カマド構造や土師器様相に常陸方面の影響が及ぶ北端あたりに相当し（第Ⅱ章第135図参照）、常陸―陸奥間の境界をまたぐ広大な多珂国造域が形成される前提条件が認められる。一方で、菊多・磐城郡衙の下層や周辺には、大化前後にまたがる拠点集落＋有力首長墓が確認され（同図参照）、国造存在を十分想定しうる地域基盤を備えている。とくに、国史跡磐城郡衙跡の AI 区では、Ⅰ期（6c 末〜7c 前）→Ⅱ期（7c 中〜後）→Ⅲ期（8c 前〜中）の居宅変遷から、地域の最有力豪族が国造に登用され→評督→大領に変貌した過程を明瞭にとらえることができる（菅原 2004）。

さらにこの視点で、律令期の郡内構図は示唆的と思われる。1つの郡域内は、複数の有力豪族圏が並立する多元的社会であり、郡司系譜と郡域は必ずしも固定的ではなかった（須原 2011）。それになぞらえると、『常陸国風土記』に記述された多珂国造域の範囲は、大化直前の一時的なものであり、「国造本紀」に記述されたのはそれより古い段階のものではなかろうか。内陸の白河国造域と違い、関東側との生活様式の違いが曖昧な沿岸様相は、国造系譜の不安定さを招く要因をはらんでいる。正否は今後の研究動向を見守る他ないが、少なくとも、史料記述の不一致が陸奥南部全体の国造存在の決定的否定論拠とならないのは、確かだろう。

今回、6 世紀前葉〜中葉の浮田に近江の有力豪族との個別関係が立証され、当該期が全国的な国造制普及の画期（仁藤 2009・菱田 2007）と一致するのは、有力な後押しになると考える。

（2）浮田国造域の内部関係

では、改めて問題点を検討していく。

従来、浮田国造の本拠地は、国造域北部の宇多郡域（現在の福島県相馬市中心）に比定するのが通説だった。穴沢・中村論文（穴沢・中村 1972）では、南部の行方郡域の「浮田」の地名存在を指摘しながらも、「和名抄には（行方

郡に）浮田の郷名はみえず、浮田国造の位置は通説のように陸奥国相馬市の近くに比定されるべきであろう」「したがって、真野古墳群が浮田国造家の墓地に比定できるかどうか大いに疑問」とみなしている。しかし、前述の検討によって基本前提は大きく変化した。

　ただ、一方で宇多郡衙推定地（黒木田遺跡）から南東2.0kmの近距離には、金銅製歩揺付金具の出土で知られる高松1号墳が所在しており（第3図）、確かに、国造本拠地の一定条件を備えている（橋本・鈴木 2002）。そこで、真野寺内20号墳との対比から、浮田国造域の内部関係を探ることにしたい。

　高松1号墳の被葬者像　金銅製歩揺付金具は、金銅製双魚佩に匹敵する希少かつ特殊な金銅製品である（第9図）。6世紀中葉の沖ノ島祭祀遺跡出土品を例外として、所有したのは、6世紀後葉～7世紀前葉の王権の血縁者か、王権ときわめて関係の深い地方の特定有力豪族の古墳被葬者に限定される（東 1990・大久保 1996）。ところが、高松1号墳はこの副葬品に見合わない群集墳中の小規模な前方後円墳であり、真野寺内20号墳のあり方と類似している（真野寺内20号墳：28m、高松1号墳：21.5m）。高松1号墳の方が一回り規模は小さいものの、地中に埋没した墳丘裾部が測量図に表現されておらず、実際はほぼ同規模だったとみられる（第10図上）。

　この特筆すべき共通性は、南北の2つの小地域圏（宇多・行方）が、緩やかな連合体であったことを示している。併せて重要なのは、真野寺内20号墳（6世紀前葉～中葉）→高松1号墳（6世紀後半～7世紀前半）の変遷から、律令国家誕生前夜に、最有力豪族圏が宇多郡域へ移動した形跡が捉えられることである。つまり、高松1号墳の被葬者は、宇多評の評督に連なる浮田国造系譜の起点に位置づけられ、行方との関係性は、特徴的な袖付石室構造が、真野寺内20号墳の至近距離に後続して営まれた真野寺内24号墳と共有される点によって（第5図右下、第10図上・下）、裏付けられる。

　したがって、国造本拠地：非本拠地の従来理解に変更の必要はないと判断される。

　真野寺内20号墳の被葬者像　その流れでみると、真野寺内20号墳の被葬者

18　第Ⅰ章　製鉄をめぐる陸奥国と近江国

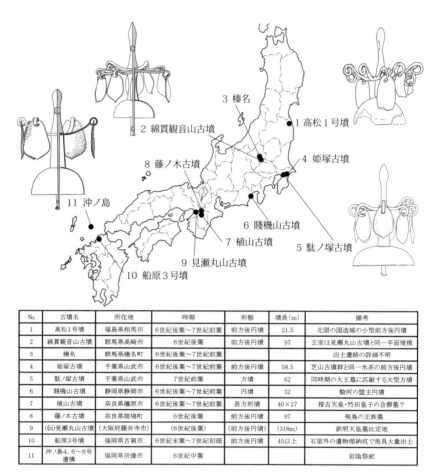

No.	古墳名	所在地	時期	形態	墳長(m)	備考
1	高松1号墳	福島県相馬市	6世紀後葉～7世紀前葉	前方後円墳	21.5	北限の国造域の小型前方後円墳
2	綿貫観音山古墳	群馬県高崎市	6世紀後葉	前方後円墳	97	玄室は見瀬丸山古墳と同一平面規模
3	榛名	群馬県榛名町	6世紀後葉～7世紀前葉			出土遺跡の詳細不明
4	姫塚古墳	千葉県山武市	6世紀後葉～7世紀前葉	前方後円墳	58.5	芝山古墳群と同一水系の前方後円墳
5	駄ノ塚古墳	千葉県山武市	7世紀前葉	方墳	62	同時期の大王墓に匹敵する大型方墳
6	賤機山古墳	静岡県静岡市	6世紀後葉～7世紀前葉	円墳	32	駿河の盟主円墳
7	植山古墳	奈良県橿原市	6世紀後葉～7世紀前葉	長方形墳	40×27	推古天皇・竹田皇子の合葬墓？
8	藤ノ木古墳	奈良県斑鳩町	6世紀後葉	円墳	97	飛鳥の王族墓
9	(伝)見瀬丸山古墳	(大阪府藤井寺市)	(6世紀後葉)	(前方後円墳)	(318m)	欽明天皇墓比定地
10	船原3号墳	福岡県古賀市	6世紀末葉～7世紀初頭	前方後円墳	45以上	石室外の遺物埋納坑で馬具大量出土
11	沖ノ島4、6～8号遺構	福岡県宗像市	6世紀中葉			岩陰祭祀

第9図　金銅製歩揺付金具の分布

は、おのずと最有力豪族圏が移動する前の初代浮田国造に比定され、6世紀前葉～中葉が全国的な国造制普及の画期であることと、整合性がとれる。ただ、筆者はかつて在地社会（集落・墳墓・手工業生産）が大規模再編され、律令社会形成の起点となる6世紀末～7世紀前半に陸奥南部の国造成立を考えた（菅原 2004）。関東地方でも、前方後円墳の終末の観点からほぼ同様の指摘がなされ（白石 1996）、畿内では、伝統的な集落の廃絶⇔新たな集落の成立が指摘さ

第1節 技術の導入前史　19

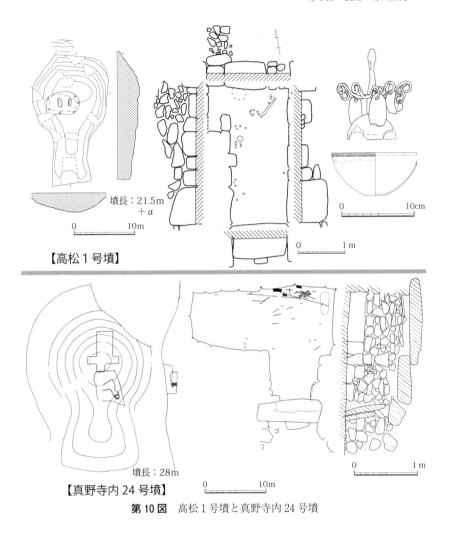

【高松1号墳】 墳長：21.5m＋α

【真野寺内24号墳】 墳長：28m

第10図　高松1号墳と真野寺内24号墳

れていたが（坂井 2008）近年、九州北部・畿内周辺・関東の集落動態研究が進んだ結果（古代学研究会 2021、小牧 2009、埋蔵文化財研究会 2012、右島 2012）、全国的な社会転換期であることが判明している。したがって、6世紀前半の大型古墳が見えにくい陸奥南部では、今なお有効な判断基準の1つと判断される。ここでは、浮田国造域の原型をつくった「非国造」の選択肢を残し

「真野」の地名伝播の背景　では、これまでみた経緯にも関わらず、真野寺内20号墳の所在地一帯が行方郡浮田郷と命名されなかったのは、なぜだろうか。代わって採用された「真野」の名称は、金銅製双魚佩の賞賜に関与した真野氏に由来するとされていたが、先の検討結果により立論前提は崩れてしまった。しかも、真野氏の本貫地は、鴨稲荷山古墳の所在地（高島郡三尾郷）から南へ25km離れた滋賀郡真野郷に比定されるため、「浮田」の地名伝播とは別な背景を想定しなければならない（第6図左）。

そこで、注目したいのは、滋賀郡が白村江の戦い（663年）の敗北を契機に飛鳥から遷都された大津宮の所在郡であり、後述の製鉄技術習得の舞台となった栗太郡域と隣接することである。また、真野寺内20号墳の東約1kmの真野古城跡廃寺（第4図）から発見された高句麗系瓦は、滋賀郡の前期穴太廃寺創建瓦を主要モデルにした黒木田遺跡創建瓦と兄弟関係にあり、未発見の直接モデルの存在が滋賀郡内に想定される（第27図）。したがって、「真野」の地名は天智朝期の一連の動向の中で直接伝播したと考えられる。浮田郷と命名されなかったのは、こうした背景からであろう。

好字二字令と浮田の淘汰　また、宇多郡内に「浮田（うきた）」の地名が残らなかったのは、「好字二字令」（713年）を契機に、浮田郡→宇多（宇太）郡の改称が行われたため、古い表記と呼称が淘汰されたためではないだろうか。宇多は、のちの宇多天皇（887〜897年）にも冠せられた好字であり、この勅令の5年後には、「宇太」の表記の初見がみられることと整合する（『日本書紀』718年）。[7]

6　なぜ個別関係は結ばれたのか

最後に、小規模な前方後円墳に葬られた真野の首長と継体天皇の外戚の間に、なぜ個別関係が結ばれたのかという、根本的な疑問に私案を示したい。ここでは、解明の手掛かりとして、6世紀前葉〜中葉の年代に注目してみる。

4〜5世紀に、東北最大級の前方後円墳が築造された仙台平野〜大崎地方

は、当該期になると、突然、在地社会が停滞状況に陥った。古墳の築造がほぼ停止してしまい、既存集落の大半が姿を消す。対照的に阿武隈川河口以南では、比較的安定した営みが確認され、南北間で明瞭なコントラストを呈した（今泉 2018、菅原 2004）。この現象は、阿武隈川河口付近が「国造本紀」にみられる国造分布の列島北端であることと整合しており（第 1 図）、その北側に蝦夷観念が成立したとする見解（今泉 1999、熊谷 2015）が有力視されている。

そうすると、6 世紀前葉〜中葉の「浮田」は、絶妙な地政学的位置に変化したのではないだろうか。つまり、蝦夷社会（≒城柵域）との境界付近となり、その中でも「曰理（思）」・「伊久」・「信夫」とは違って、直接、蝦夷社会と接していないことから（第 2 図右）、王権側と新たな接触の機会が生じたと考えられる。当時は、古代国家成立過程の転換期（菱田 2007）に位置づけられており、在地と中央の動向がリンクしたと思われる。また、近江が畿内と東国を結節する境界領域であることは、看過できない。

したがって、個別関係が結ばれたのは必然的とみなすことができる。そして、この絶妙な位置は、律令国家として、本格的な対蝦夷政策に乗り出した天智朝にとっても重要であり、製鉄をめぐる諸関係の起点になったと評価しておきたい。

註
（1）他に、破片を再加工・転用した金銅製双魚佩が松面古墳（第 7 図-2）と近距離の千葉県旭市後田古墳（6 世紀後葉）で出土している（土屋 2021）。
（2）主体部構造の分析から、真野寺内 20 号墳の年代を 6 世紀後葉前半（MT85 型式期）にひき下げる見解が、発表された（草野 2015）。この論点について筆者は言及できる能力はないが、古墳築造時に主体部直上へ共献された小型丸底壺（第 5 図左下）は、豊富な一括資料をバックデータに 6 世紀前葉〜中葉の舞台式前半期（MT15 〜 TK10 型式期）に比定されるもので（菅原 2007a）、にわかに従うことはできない。また、仮に 6 世紀後葉前半まで下るとしても、藤ノ木古墳例（TK43 型式期）より古く位置づけられるため、以下の記述内容の根幹に影響は生じない。この点は、草野との意見交換で確認した。同様に、金銅製双魚佩の製作技術分析から、従来より新しく位置づける見解（土屋 2021）が示されたが、実

年代の推定は難しいとも記されており、現時点でとらわれる必要はないと判断している。
（3）国造は、王権から任命された地方官と、その支配範囲の2つの意味を併せ持つ。以下では、混乱を避けるため地方官を「○○国造」、支配範囲を「○○国造域」と区別して呼称する。
（4）ちなみに全国では、多くはないが、中世宇喜多（浮田）氏に由来した浮田の地名が分布し、東北地方では岩手県花巻市に確認できる（井上雅孝の教示による）。しかし、中世のこの地に宇喜多（浮田）氏は存在しない。
（5）黒木田遺跡は調査面積が狭いため、寺院基壇遺構しか発見されていないが、至近距離に郡衙遺構の存在が確実視される。
（6）墳丘規模が被葬者の階層差を必ずしも反映しないという見解があるのは、承知している。しかし、ほぼ同年代の有力古墳（白河市下総塚古墳：72m、国見町錦木塚古墳：42m）とくらべると明らかな規模の差があり、これに遺物の希少性・特殊性を考慮すれば、特筆すべき共通性とみなすのは妥当と思われる。
（7）当該令により、陸奥南部では阿尺郡（評）→安積郡の改称も行われたとみられる。

第2節　技術の導入と展開
——陸奥国宇多・行方郡と近江国——

　6世紀前葉～中葉の前史を背景として、7世紀後葉の陸奥国宇多・行方郡に近江国の製鉄技術が一体導入された。その間の両者関係は不祥なものの、「浮田」の地政学的位置は6世紀末～7世紀前半の宇多郡に、関東の技術基盤による善光寺窯跡群を成立させている（第11図）。同窯跡群は大化前後にまたがり継続展開した東北唯一の窯業生産地であり、操業開始期の善光寺1号窯は、排煙調節溝付窯の最北端例である（菅原 2010b）。こうした複数の先進地との継起的交流が、製鉄技術導入を可能にした要因の1つであろう。

　ところで、再確認すると、宇多郡はかつての浮田国造本拠地で、郡衙周辺寺院（黒木田遺跡）の南東2kmには国造推定墓（高松1号墳：6世紀後葉～7世紀前葉）、北6kmには上述の善光寺窯跡群が確認される。一方の行方郡は、それに匹敵する同時期の有力墳墓・窯業生産地が見当たらず、河川単位に複

第11図　陸奥国宇多郡の遺跡分布

第12図　陸奥国行方郡の遺跡分布

数の豪族圏が並立した（第12図）。したがって、両郡は山中敏史の分類（山中1994）に当てはめると、本拠地型の宇多郡、非本拠地型の行方郡に比定することができる。

　こうした背景を持つ宇多・行方郡の製鉄は、7世紀後葉（第3四半期）に海岸線付近で開始され、その後、8世紀中葉〜後葉から徐々に範囲を阿武隈高地寄りへ拡散しながら、10世紀前半まで継続展開していった。開始目的は、対

蝦夷政策に関わる後方支援の一環とされ、生産量のピークは、いわゆる三十八年戦争（774年〜811年）と重なっている。導入期の製鉄遺跡は、宇多郡の武井製鉄遺跡群と行方郡の金沢製鉄遺跡群が知られており、両側排滓の長方形箱型炉＋横口式木炭窯のセット、また、製鉄と窯業生産が一体で行われる点に、特色が認められる（第13・14図）。

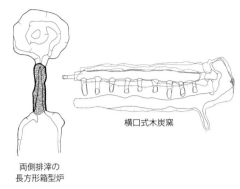

第13図　製鉄遺構の基本セット

　　宇多郡：武井製鉄遺跡群＋善光寺窯跡群
　　行方郡：金沢製鉄遺跡群＋鳥内沢A遺跡1号窯（製鉄遺跡群内）

　これは、天智朝期において、大津宮近郊の近江国栗太郡に整備された官営製鉄所＝瀬田丘陵生産遺跡群の技術体系（菱田2007）と同一である（第6図）。

1　どのような工人の移動パターンで製鉄技術が導入されたか

（1）これまでの見解

　では、この技術体系は具体的にどのような工人の動きで伝えられたのだろうか。菱田哲郎による須恵器生産の類型区分（菱田1992）に当てはめると、従来、武井・金沢製鉄遺跡群に想定されているのは、概ね「玉突き」型に該当すると思われる（第15図）。飯村均は、その理由を、「両側排滓の長方形箱型炉＋横口式木炭窯のセットは、愛知県の狩山戸・西山遺跡や神奈川県の上郷深田遺跡、茨城県の粟田かなくそ山遺跡など、太平洋側各地に認められる」ことから、「近江において官営製鉄所として整備された技術が、短期間のうちに尾張・相模・常陸など太平洋側を経由して、移入された」と説明している（飯村2005）。これは、7世紀の須恵器生産に起きた排煙調節溝付窯の拡散状況と類

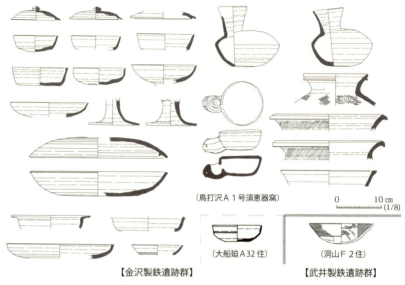

（鳥打沢Ａ１号須恵器窯）

（大船廹Ａ32住）　（洞山Ｆ２住）

【金沢製鉄遺跡群】　【武井製鉄遺跡群】

第14図　製鉄開始年代を示す資料

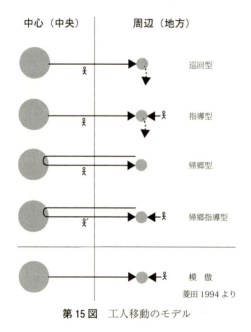

第15図　工人移動のモデル

似しており、菱田が「玉突き」型を設定した根拠に対応するものである。また、安田稔も同様の見解に立ち、さらに言及して、直接の導入先を地理的に近い関東地方に想定している（安田2005）。

この見通しの背景には、次のような宇多・行方郡域の考古学的所見があり、実は、筆者自身も同じように考えていた。

Ａ：武井製鉄遺跡群と一体生産を行った善光寺窯跡群では、操業開始期（TK209）

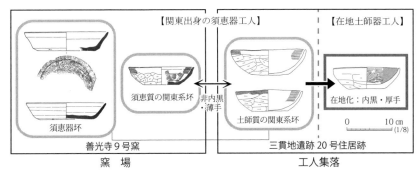

第16図　技術の情報伝播と変容

　の6世紀末〜7世紀前半の製品に関東地方の影響が認められる。小型製品の分厚く稚拙なつくりや、甕類の過剰な口縁部装飾などが共通する。

B：同時期の宇多郡の集落跡（地ノ内遺跡）では、この善光寺窯跡群の操業開始期の製品と、在地栗囲式の土師器高坏＋鬼高系の関東系土師器坏（第37図-2）の共伴例がある。鬼高系坏は灰白色の緻密な胎土、表面漆仕上げの常陸南部型坏（松本2013）で、常陸南部〜下野東部に出自が特定できる。[4]

C：8世紀前半の善光寺9号窯とその工人集落跡（三貫地遺跡）では、細部特徴の一致した関東系坏が出土している（第16図）。焼成状態（須恵質：土師質）は違うものの、関東出身の同一須恵器工人の製品と考えられ、さらに工人集落では、在地土師器工人がそれを真似た器壁の分厚い土師器坏が出土し、外来技術の情報伝播と変容の過程がうかがえる。

D：7世紀末〜8世紀中葉の武井・金沢製鉄遺跡群と宇多郡官人居宅跡（明神遺跡）では、常陸型甕を含む、関東系土師器坏・甕が出土している（第17図）。

E：7世紀末〜8世紀初頭の宇多郡衙周辺寺院（黒木田遺跡）では、上野国山王廃寺に出自の求められる7葉複弁蓮華文軒丸瓦が確認される。

　また地名考証によると、行方郡は常陸国行方郡と関係が深く、多数の同一地名が分布するのは重要である（第18図、鈴木2009）。

　ところが、この見方に修正を迫る資料が現れた。

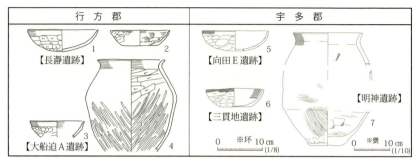

第17図　大化以後の関東系土師器

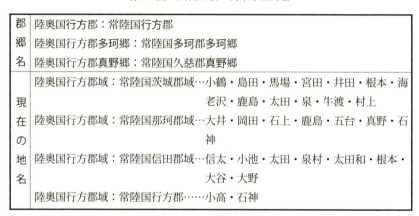

第18図　陸奥行方と常陸行方の同一郡郷・地名

（2）近江出土の東北系土器

　2010年12月11・12日の両日に、古代官衙・集落研究会主催の第14回研究集会「官衙・集落と鉄」に参加した。その際、滋賀県栗東市教育委員会の雨森智美が持参した土師器坏を実見する機会に恵まれ、小論のテーマにとって重要な資料であることを認識した。また、4年後には隣の守山市の出土資料を、（公財）滋賀県文化財保護協会の辻川哲朗の教示を受けて実見し、類例分布の広がりを知ることができた。

　以下に、それらの観察結果を記す。

　特徴と出土状態　湖南地域出土の4点である（第19図）。資料1・2が栗東市下鈎東遺跡、資料3が同市高野遺跡と岩畑遺跡の境界、資料4が守山市横江遺

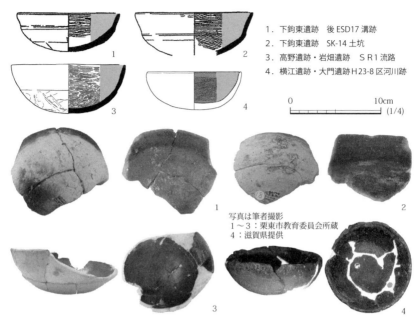

第19図　野洲川南岸の東北系土師器坏

跡と大門遺跡の中間位置から出土した（第20図）。律令期の行政単位でみると、資料1～3の出土地点は近江国栗太郡、資料4の出土地点は栗太・野洲郡の境界付近にあたり、ここでは辻川の見解（辻川 2015）に従って、後者も栗東郡域の出土とみておきたい。

いずれも、内面ヘラミガキ＋黒色処理（炭素吸着）が施された分厚い非ロクロ丸底坏で、畿内産暗文坏で構成される近江国内の土師器食器組成の中では、まったく異質な存在である。

[資料1] 仮称蜂屋赤子塚廃寺（7世紀後葉）を囲む、方形区画溝の東辺にほぼ平行する溝跡（第21図上、後ESD17）から出土した。共伴遺物は不明。全体の1/3が遺存し、口径12cm程度に復元される。身が浅く、口縁部が短く外反しており、内面には、外面の段に対応するくびれがある。器壁は厚く、胎土中に砂粒を多く含む。

[資料2] 仮称蜂屋赤子塚廃寺に伴う、方形柵列の南辺中央に近接する不整形土

30 第Ⅰ章 製鉄をめぐる陸奥国と近江国

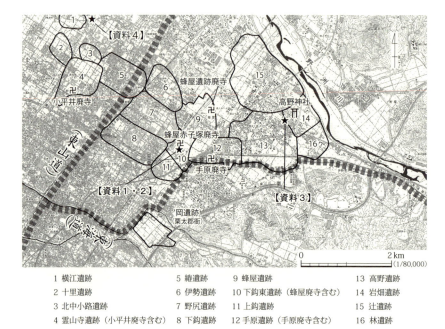

1 横江遺跡	5 綣遺跡	9 蜂屋遺跡	13 高野遺跡
2 十里遺跡	6 伊勢遺跡	10 下鈎東遺跡（蜂屋廃寺含む）	14 岩畑遺跡
3 北中小路遺跡	7 野尻遺跡	11 上鈎遺跡	15 辻遺跡
4 霊山寺遺跡（小平井廃寺含む）	8 下鈎遺跡	12 手原遺跡（手原廃寺含む）	16 林遺跡

第20図　東北系土器の分布

坑（同図上、SK-18）から出土した。共伴遺物は不明。全体の 1/5 が遺存し、口径 13.4cm 程度に復元される。口縁部は資料1より長く外反し、内面には、外面の段に対応するくびれがある。器壁は厚く、胎土中に砂粒を多く含む。

［資料3］流路（同図左下、SR1）から、7 〜 8 世紀の土師器・須恵器と混在して出土した。最終埋没層の土質のためか、器面は銀化している。全体の 2/3 が遺存し、法量は、口径 13.2cm、器高 5.4cm を測る。身の深い半球形を呈し、内面には、外面の段に対応するくびれがない。器壁は厚く、胎土中に砂粒を多く含む。

［資料4］河川上層（同図右下）から、古墳時代前期〜後期前半の土師器・須恵器と混在して出土した。ほぼ完形品。法量は、口径 11.0 × 11.5cm、器高 4.3cm の小型品である。身の浅い半球形を呈し、外面の段および対応する内面の括れがない。器壁は厚く、胎土中に砂粒を多く含む。

第 2 節　技術の導入と展開　*31*

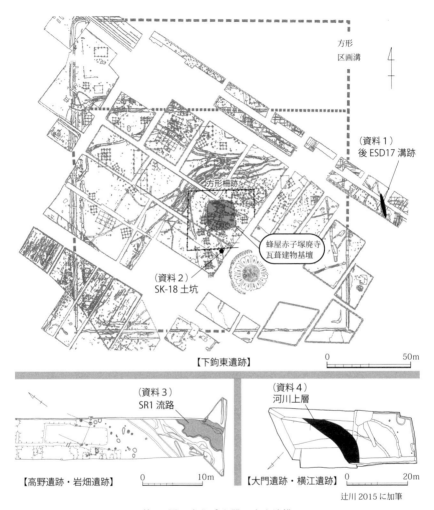

第 21 図　東北系土器の出土遺構

類例と実年代　残念ながら、それら 4 点の出土所見に、年代決定根拠は得られていない。資料 1・2 については、仮称蜂屋赤子塚廃寺や先行する掘立柱建物群に伴う可能性があるものの、決め手を欠く。しかし、胎土・焼成に斉一性が認められ、出土地点がほぼ径 4km の範囲内に収まることから（第 20 図）、出自は同一地域に求められ、年代はごく短い年代幅に収まる可能性がきわめて

32 第Ⅰ章 製鉄をめぐる陸奥国と近江国

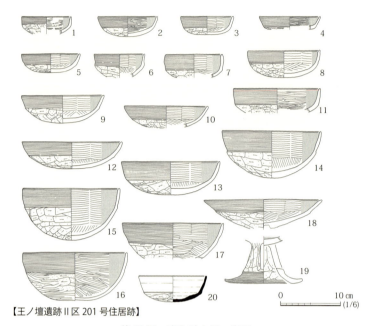

【王ノ壇遺跡Ⅱ区201号住居跡】

第22図　東北系土器の類例

高い。

　具体的に探っていくと、まず資料1・2は、陸奥中・南部の7世紀中葉～後葉に通有のタイプであり、一部、8世紀初頭まで残る事例がある。

　資料3は、陸奥中・南部の7世紀後葉に定量の類例が存在し、宮城県仙台市王ノ壇遺跡201号住居跡の一括土器群では、複数個体の類例（第22図-14～17）を含む「入れ子状」の組成が認められ、飛鳥Ⅲ併行の須恵器坏（同図-20）が伴う。
(5)

　資料4は、太平洋側最初の城柵で、1次陸奥国府前身の郡山遺跡Ⅰ期官衙などに類例が確認される。小型化した法量は、当時の須恵器坏（飛鳥Ⅱ～Ⅲ）の変化に連動したものと考えられる。

　以上から、4点の類例は陸奥中・南部に分布が集中し、年代幅は7世紀中葉～後葉にまとまることが判明した。さらに、最も良好な一括土器群（第22図）の共伴須恵器を重視すれば、7世紀後葉に絞り込めると思われる。したがっ

て、それらは宇多・行方郡を含む陸奥中・南部からの搬入品で、年代は、近江の官営製鉄所の技術体系が武井・金沢製鉄遺跡群に導入された頃に重なる、といえる。東北地方南部の土師器編年（氏家 1957）に当てはめると、栗囲式中段階＝Ⅴ期に位置づけられる（第Ⅱ章第106図参照）。

（3）なぜ近江で出土したのか

　近江国湖南地域の栗太郡は、大津宮が遷都された滋賀郡と接し、武井・金沢製鉄遺跡群の技術体系の故地となる官営製鉄所＝瀬田丘陵生産遺跡群を抱えたところである。栗囲式土師器が出土したのは、その北東側の野洲川南岸に形成された官衙関連遺跡群であり（以下、野洲川南岸遺跡群）、雨森智美によると、古墳時代以来の伝統的な渡来系技術者集団の居住域を含み、律令期には瀬田丘陵生産遺跡群に人材を提供したという（第6図、雨森 2007）。そして、もう1つ注目すべきなのは地政学的位置だと考えられる。近江国は畿内と東国を結節する地として知られ、その中でも問題の範囲は、長岡京遷都（784年）以降の東山道・東海道の分岐点付近（第20図）であり、天智朝期以前まで遡る東日本レベルの交通の要衝である。したがって、安定した政権領域（国造域）と城柵域の境界付近とは対称的な位置関係にあるといえ、中間を飛び越えた動きが生じる必然性が認められる。

　こうした点を踏まえると、4点の土器は製鉄技術習得の目的で派遣された工人達が残した痕跡とみるのが、最も合理的な解釈だと考えられる。彼らは、一定期間、教習者の居住域付近に滞在したのではなかろうか。これは、著名な鳩山Ⅰ期の「様」（渡辺 2006）や、前述の善光寺9号窯とその工人集落の事例（第16図）に対して、ちょうど逆向きの工人の動き（周辺→中心）を示す物証である。

（4）滞在集落の特定

　だだし、それらは滞在場所そのものを示していない。不整形土坑や溝跡、河川流路に二次堆積したもので、原位置から移動している。そこで、周辺一帯の

調査履歴を検索したところ、長煙道カマド付き竪穴建物の集中分布が、浮かび上がった（第 23 〜 25 図）。確認できたのは 7 地点 17 棟であり、未調査範囲を含めると優に 50 棟以上が推定される。周知のように、このタイプは 5 世紀後半以来、全国各地に分布するが（埋蔵文化財研究会 1992）、一貫して圧倒的主体を占める状況は東北地方でしか認められない。近江国も同様で、煙道が無く排煙口が竪穴内に収まるものや、ごく短いもの、L 字型カマド（オンドル）が一般的であり、この密度は明らかに外部地域の影響を示す。しかも、出土遺物の公表されたすべての当該建物が 7 世紀後葉＝飛鳥Ⅲ期に位置づけられ、佐伯英樹の教示によると、未公表のものもほぼ同時期とみて差し支えないという。したがって、栗囲式土師器とリンクした存在とみるのが、自然である。この考え方は、東日本特有の長胴甕を 2 つ掛けした燃焼部構造（杉井 1993）例の存在からも裏付けられる（高野遺跡 SH1、第 25 図上）。

　こうしたことから、それらは製鉄技術習得の目的で派遣された工人達の滞在施設であったと判断できる。長煙道カマド付き竪穴建物の 94％が、製鉄に関連した式内社高野神社（雨森 2007）の周囲に分布するのは、整合的といえよう（第 23 図）。当時の野洲川南岸遺跡群は、大津宮遷都を契機に官衙・寺院の新設、既存集落の拡大がなされており（雨森 2018）、それに伴う広範な遠隔地域からの人・モノ・情報の動きの一端と思われる。

［小　結］

　以上から、武井・金沢製鉄遺跡群の生産は、菱田分類の帰郷・帰郷指導型によって開始されたことが判明した。つまり、大津宮近郊の官営製鉄所へ直接派遣された工人達が伝習を受け、帰郷する方法で技術導入されたと考えられる。この結論は、7 世紀の須恵器生産に想定されている「玉突き」型および巡回・指導型（菱田 1992・高橋 1997）と工人の動きが逆向きとなるが、製鉄のもつきわめて強い軍事・政治的性格を反映したものとみられ、直接的には、当時の瀬田丘陵生産遺跡群が大津宮遷都（667 年）を契機に設立されたばかりであり（大道 2007）、技術指導のための工人を派遣できる余裕がなく、むしろ、多数

第2節 技術の導入と展開 35

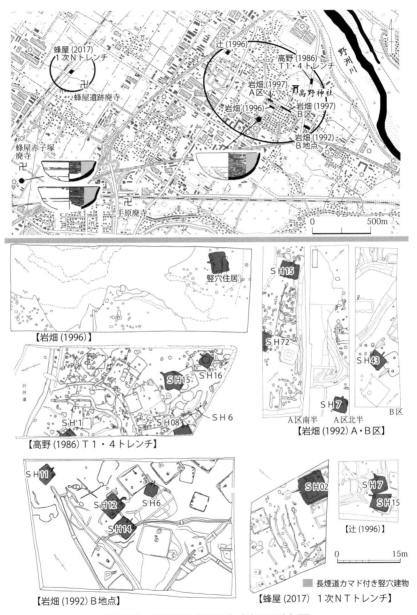

第23図　野洲川南岸遺跡群（近江国栗太郡）

郡	遺跡	調査区	遺構	時期	規模(m)	面積(㎡)	軸線方位	カマド
栗太	岩畑	1992A区	SH7	7世紀	3.7×3.3	12.2	N-40° -W	北
			SH15	7世紀	4.7×3.7	17.4	N-37° -W	北
			SH72	7世紀	4.0×不明	—	N-40° -W	北
		1992B区	SH43	7世紀	4.0×3.3	13.2	N-2° -W	北
		1992B地点	SH6	7世紀	3.0×2.8	8.4	N-80° -E	東
			SH11	7世紀	3.7×3.7	13.7	N-85° -W	東
			SH12	7世紀	4.7×4.7	22.1	N-85° -E	東
			SH14	7世紀	4.3×3.7	15.9	N-73° -E	東
		1996	竪穴住居	7世紀中〜後	5.0×3.8	19	N-50° -W	西
	高野	1986T1・4	SH1	7世紀後	不明×不明	—	N-70° -E	東
			SH6	7世紀後	不明×不明	—	N-75° -E	東
			SH8	7世紀後	3.6×不明	—	N-90° -E	東
			SH15	7世紀後	不明×不明	—		
			SH16	7世紀後	3.0×2.7	8.1	N-70° -E	東
	辻	1996	SH7	7世紀後	4.0×3.7	14.8	N-30° -E	北
			SH15	7世紀	4.3×不明	—	N-40° -W	北
	蜂屋	2017 1次	SI02	7世紀後	不明×不明	—	N-70° -W	西

第24図　長煙道カマド付き竪穴建物一覧（野洲川南岸）

の上番労働力を必要としたことが、理由として考えられる。おそらく、当時の瀬田丘陵生産遺跡群は研修センターの役割を果たし、中央と在地技術基盤のない東国各地における同一体系の共有化が、強力に推し進められたと推定される。

ただ、そうであれば、尾張や武蔵・常陸などの工人の痕跡もどこかに残されている可能性があり、ここでは、東北地方の土師器が黒色土器という、破片でも目につきやすい特徴を備えていることに一応の解決を求めておきたい。また、それとともに、技術導入後の製鉄に関東地方の影響が及んだのは間違いなく、近江の技術体系を母胎に、関東地方の要素が複合して独自色を形成したという、従来の変遷観には変更がないことを、併せて指摘しておく。

なお、栗囲式土師器の出土地点が一定範囲に広がり、長煙道カマド付き竪穴建物数が50棟以上推定されるのを勘案すると、また別の理由で移動してきた陸奥中・南部の集団の存在が想定される。第7節の伏線としたい。

第 2 節　技術の導入と展開　37

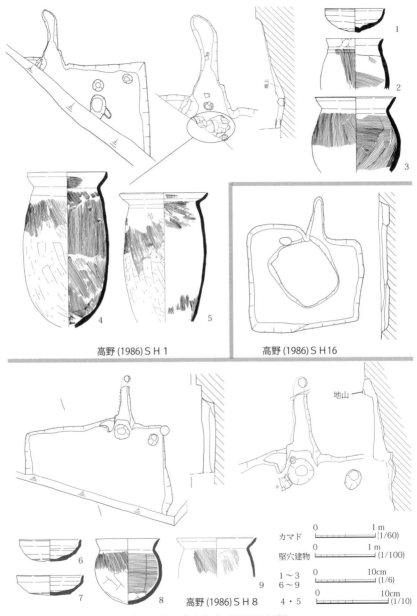

第 25 図　竪穴集成（野洲川南岸）

2 近江に派遣された工人達の出自はどこか

では、当初の課題に一応の結論が得られたところで、派生する問題に触れていく。

まず取り上げるのは、遠く近江国へ派遣された工人達がどのような出自であったのかという、素朴な疑問である。ここで手掛かりとなるのは、武井製鉄遺跡群（宇多郡）の設置とともに一体生産を行った善光寺窯跡群の存在と思われる。冒頭で述べたように、同窯跡群は大化前後にまたがり継続展開した東北唯一の窯業生産地であり（6世紀末～8世紀前半）、関東地方まで視野を広げても希少な存在である（菅原 2010b）。したがって、炎をコントロールする技術に卓越した善光寺窯跡群の須恵器工人が、有力な候補として浮かび上がる。既存の窯業生産地近傍で製鉄が開始される類例は、他に石川県小松市南加賀窯跡群などが知られ、技術導入の1つのパターンであったと思われる（望月 2006）。

また、須恵器（窯業）工人と製鉄工人が不可分であったことは、既に、カマド構築材に丸瓦を転用した武井製鉄遺跡群の工房例などから想定されており（飯村 2005）、何より、それは木炭窯の排煙構造（第26図）から直接うかがうことができる。武井・金沢製鉄遺跡群では、横口式木炭窯を導入したのち短期間で窖窯式木炭窯へほぼ全面転換してしまうが、奥壁下端に排煙口をもつ本来の倒炎式（藤原 2020）ではなく、奥壁付近天井にもつ須恵器窯出自の昇炎式を採用してしまう（菅原 2011a）。この現象は、炎の流れを左右するだけに重要であり、工人が本来もつ技術基盤で需要に対応した結果といえる。[6]

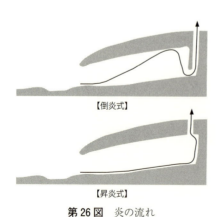

第26図　炎の流れ

以上から、近江に派遣されたのは善光寺窯跡群の須恵器工人に特定され、宇多・行方郡に製鉄技術を広める中心的役割を担ったと考えられる。

3　初期渡来系瓦の伝播

　次に、別な視点から、宇多・行方郡と近江の関係を探ってみたい。
A：宇多郡衙周辺寺院（黒木田遺跡）の創建期瓦 Ca1 類（第 27 図-4）は、7世紀後葉の高句麗系瓦に位置づけられ、近江国滋賀郡前期穴太廃寺の創建期瓦 ANM11（同図-1）がモデルとされている（佐川 2015 他）。
B：また、行方郡真野古城廃寺の高句麗系瓦（同図-5）とは、小振りな中房と鋭い紡錘形の花弁が類似しており、浮田国造域を母胎に成立した両郡の兄弟関係になぞらえることができる。この瓦は、行方郡衙（泉官衙遺跡）のⅡ-a 期蓮蕾文軒丸瓦Ⅱ類の祖形であり（藤木 2009a）、真野郷のある近江国滋賀郡の寺院所要瓦に未発見モデルが想定される。
C：それらは軒平瓦とセットをなさず、丸瓦部を瓦当裏面端で接合する古い技術特徴を備える点も、共通している。[7]

　ただし、根幹となる A は、花弁表現に以下の違いがある。
- 黒木田遺跡 Ca1 類…凹面で、鋭い紡錘形を呈し、中央の軸の延長が弁頭から突き出さない。
- 穴太廃寺 ANM11…平坦面で、茄子形を呈し、中央の軸の延長が弁頭から突き出す。

　したがって、直接のモデルとするのは難しいと思われる。そこで、従来、Ca1 類より後出とみられた黒木田遺跡 Cb 類（同図-3）に注目すると、花弁は凹面であるものの、茄子形を呈し、蓮弁中央の軸の延長が弁頭から突き出しているのが、わかる。[8]また、近江国栗太郡小平井廃寺の素弁蓮華文軒丸瓦Ⅱ類（同図-2）は、花弁が凹面で、茄子形を呈し、蓮弁中央の軸の延長が弁頭から突き出すのに加え、瓦当裏面の叩き調整まで穴太廃寺 ANM11 と共通しており、両者をつなぐ位置づけが与えられる。11 弁で、一見すると退化した印象

40　第Ⅰ章　製鉄をめぐる陸奥国と近江国

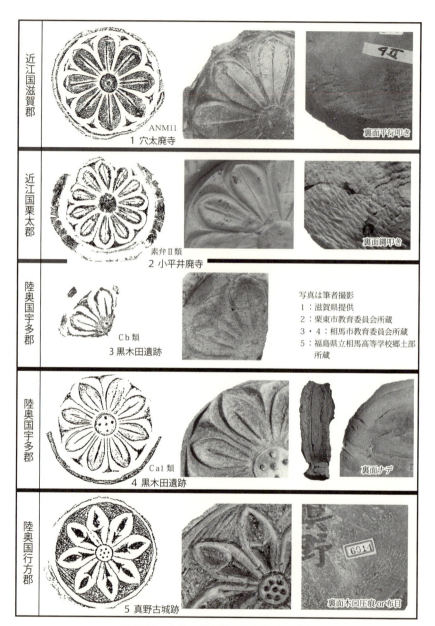

第27図　宇多・行方郡の渡来系瓦の系譜

を受けるが、軒平瓦とセットをなさず、丸瓦部を瓦当裏面端で接合する点も整合的といえる[9]。

この関係から、黒木田遺跡創建期瓦群の中ではCb類が最も古く、穴太廃寺ANM11の主要モデルに、小平井廃寺素弁蓮華文軒丸瓦Ⅱ類の要素を融合して成立したと考えたい[10]。そうすると、小平井廃寺が野洲川南岸遺跡群内に所在するのは、単なる偶然の一致ではなく（第20図-4）、製鉄・造瓦の技術導入故地が大津宮近郊の特定範囲に集中することを示している。

なお、これまで最も古いとされたCa1類が創建期瓦群の中心的存在であるという基本前提は、変更の必要が認められない。様式の整った硬質焼成であり、笵傷の進行したCa2類が継続生産されることから、製作年代はCb類と大差なかったとみておく。

4　経営主体はどこか

この課題は、陸奥国府あるいは宇多・行方郡のどちら側に、それがあったのかを巡って、議論が繰り返されてきた（能登谷2005、藤木2014）。とくに、金沢製鉄遺跡群は行方郡衙（泉官衙遺跡）の至近距離に位置し（第4図）、「厩酒坏」墨書土器の出土所見などから（第73図-3）、郡衙との密接な関係は誰の目にも明らかである。しかし、対蝦夷政策の国家目的を勘案すると、生産開始を決定し、近江へ工人を派遣したのは、太平洋側最初の城柵＝郡山遺跡Ⅰ期官衙に常駐した中央派遣官人の国宰とみるのが妥当と考えられる。つまり、律令国家が6世紀以来の伝統的な交流関係を取り込む形で行われたのではないだろうか。

こうした中央出先機関と宇多・行方郡の特別な結びつきは、具体的根拠が得られている（藤木2009a・2009b）。7世紀後葉～末の宇多郡では、善光寺窯跡群産の平瓦に郡山遺跡Ⅰ期官衙の平瓦と酷似した叩き目がみられること（第28図）、また、8世紀初頭の行方郡では、Ⅱ-a期郡庁院前庭に1次陸奥国府＝郡山遺跡Ⅱ期官衙と同じ玉石敷き荘厳が施され（第29図-1）、郡衙周辺寺院

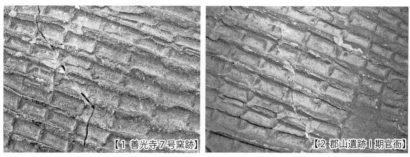

写真は筆者撮影　1：福島県文化財センター白河館所蔵　2：仙台市教育委員会所蔵

第28図　善光寺窯跡と郡山遺跡の平瓦

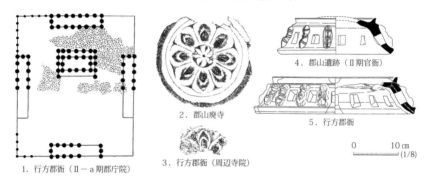

第29図　行方郡衙と郡山遺跡Ⅱ期官衙

に、郡山遺跡Ⅱ期官衙の付属寺院＝郡山廃寺跡と同一系譜の軒丸瓦（同図-2・3）、ならびに同一工人製の円面硯（同図-4・5）が共有されたことが、判明している。

5　瓦からみた「近江国」→「陸奥国府」→「宇多・行方郡」

ところで、郡山遺跡Ⅱ期官衙と関係の深い行方郡衙について、藤木海は、「（1次陸奥）国府の出先施設としても機能し、また石城国域（718年〜数年間）の段階では、「国府機能の一部を代行したのではないだろうか」と大胆な提言をしている（藤木2009a）。

ここでは、一歩踏み込んで、近江国との関連を示す興味深い資料を提示した

第2節　技術の導入と展開　43

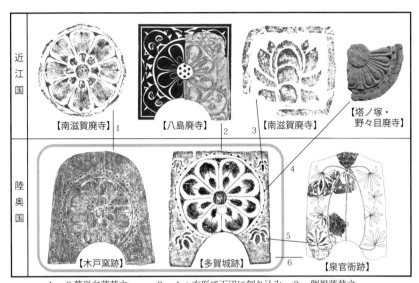

1．8葉単弁蓮華文　2．1＋方形で下辺に刳り込み　3．側視蓮華文
4．珠文をつないだ凸線　5．側視蓮華文の退化　6．下辺の刳り込み
写真データ提供　八島廃寺：奈良国立博物館所蔵　塔ノ塚廃寺：北村圭弘（愛荘町歴史文化博物館蔵）

第30図　多賀城鬼板の諸関係

い。郡山遺跡Ⅱ期官衙の機能を引き継いだ多賀城の創建期鬼板第1類（8世紀前半）は、近江国4寺院の鬼板・軒丸瓦の文様モチーフや形態を組み合わせた構成になっている（第30図）。

　補足すると、まずこの理解は、多賀城の8葉単弁蓮華文軒丸瓦の祖形を郡山廃寺の軒丸瓦（第29図-2）に求める従来の見解に抵触してしまうが、同廃寺跡の軒丸瓦に類似した花弁先端が尖るタイプ（多賀城分類 114）は、創建期軒丸瓦の1％未満しかなく、完全な否定根拠にはならないと思われる。ただし、周辺蓮子の形（楔形ないし楕円形）は明らかに郡山廃寺の瓦と類似しており、近江と陸奥在来の要素が複合して生み出されたものとみておきたい。また、行方郡衙周辺寺院の鬼板とは側視蓮華文の様式的な隔たりが大きいが、平城宮系の均整唐草文軒平瓦（多賀城分類 660）を短期間で釣針文軒平瓦に変形してしまう行方郡瓦工の独創性をみれば（第31図、8世紀前半）、情報の伝播は十分推測可能である。[11]

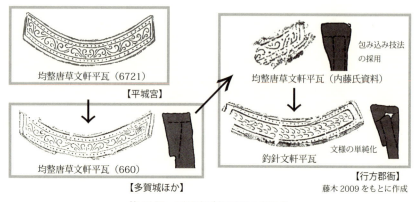

第31図　平城宮系軒平瓦の在地化

　多賀城創建期瓦と近江諸寺院の瓦の関係は、『多賀城跡調査報告Ⅰ　多賀城廃寺』（宮城県教育委員会 1970）の中で伊東信雄・工藤雅樹によって指摘され（伊東 1970、工藤 1970）、たとえば工藤雅樹は、一枚の瓦当面に小型蓮華文を数個並べる多賀城の創建期鬼板第2類の特徴が、「滋賀県蒲生郡安土町の出土例」と共通すると述べている（工藤 1970）。このような問題意識に学ぶと今回の関係が抽出可能と思われる。未曾有の規模の蝦夷反乱（720年）を契機に、新たなスタートを切った陸奥国府（郡山Ⅱ期官衙→多賀城）にとって（熊谷 2000）、大津宮関連の文様意匠を2次国府多賀城の屋瓦に飾ることは、象徴的意味合いを持っていたのではなかろうか。そして、製鉄の現地実務を担った行方郡衙ではその文様意匠をさらに稚拙な技術で真似たと考えられる。

6　宇多郡と行方郡の相違

　最後に、製鉄技術導入の受け皿となった宇多郡と行方郡の相違を検討したい。

　善光寺窯跡群との位置関係　宇多郡の武井製鉄遺跡群は、近江の製鉄技術体系をもたらした須恵器工人達の本貫と至近距離にあり（第11図）、両者は8世紀前半まで一体生産を行った。それに対して、行方郡の金沢製鉄遺跡群は遠距離

で（第3図）、須恵器生産（烏内沢A遺跡1号窯）は、中央からの巡回工人による単発焼成で終わり（服部1995）、その後、別な場所へ移動してしまう。この違いは、横口式木炭窯の検出数とも対応し、武井製鉄遺跡群の7基に比べ、調査面積が5倍に及ぶ金沢製鉄遺跡群ではわずか1基にとどまっている。

このように、善光寺窯跡群との位置関係は、同窯跡群の須恵器工人がもたらした近江の技術体系との関係の深さに合致している。そうすると、相対的な生産開始の前後関係を示す可能性があり、烏内沢A遺跡1号窯の製品が、坏蓋の法量などから飛鳥Ⅲの後半段階に位置づけられることと、整合する（第14図）。

郡衙との位置関係　同じ技術体系を共有していても、宇多・行方郡の製鉄には郡衙との位置関係に違いがみられた。本拠地型の宇多郡では、政治権力と手工業生産の場が棲み分けした古墳時代の地域圏構図が引き継がれ、武井製鉄遺跡群は善光寺遺跡群の近距離、郡衙は旧浮田国造本拠地の中心領域内にそれぞれ所在する（第11図）。一方、突出した有力墳墓が見当たらない非本拠地型の行方郡では、郡衙と金沢製鉄遺跡群が至近距離に整備された（第12図）[12]。この政治権力と手工業生産の場の密着した関係から、製鉄により特化した行方郡の性格が読み取れ、単発で終わる金沢製鉄遺跡群の須恵器生産（烏打沢A遺跡）の在り方はそれに符合するものといえる。

そうすると、行方郡の立郡（評）目的そのものが製鉄コンビナートの設置をにらんでいた可能性が高いと思われる。つまり国宰は、近江と交流のある旧浮田国造の力を利用して製鉄技術を移植し、その本拠地に製鉄コンビナートを置いた一方で、より専業性の高い大規模なコンビナートを伝統的な地域圏構図にとらわれる必要のない非本拠地側で設置したのではなかろうか。郡山遺跡Ⅰ・Ⅱ期官衙、多賀城との関係を示す痕跡が、宇多郡（7世紀後葉〜末：第28図）→行方郡（7世紀末〜8世紀前半：第29〜31図）に移動し、行方郡衙Ⅱ-a期（8世紀初頭）の郡庁院前庭に、1次陸奥国府＝郡山遺跡Ⅱ期官衙と同じ玉石敷き荘厳が施されるのは、その反映とみられる。さらに、行方郡が常陸国行方郡と同一郡名であり、両地域間に多数の同一地名（第18図）が残るのも同様の

背景と考えられ、考古学的に証明するのは難しいが、宇多郡をはるかに上回る人員が金沢製鉄遺跡群の運営のため、この遠隔地から投入させられたと推定される。

このように、両郡の製鉄はそれぞれの地域事情に応じた形で、展開したのである。

註

（1）調査当時は当該窯の構造認識が一般化していなかったため、排煙調節溝は土坑と認識された。しかし、窯体平面プランと断面形は定型例の南加賀窯跡群林タカヤマ1号窯などとそっくりで、この見方の根拠となる。

（2）菱田は、その後修正案（菱田2007・2010）を示しているが、基本的考えに変化は認められない。ここでは、学史上重要な当初分類（菱田1992）に従う。

（3）ただし、「玉突き」型は明確な中心を持たないと定義されている。したがって、伝播の過程はよく似ていても、明確な中心（近江の官営製鉄所）をもつこの場合は、「玉突き」型そのものではない。

（4）菅原（2004）で存在に触れたものの、今回改めて相馬市教育委員会の所蔵資料を観察し、細部特徴を確認した。

（5）仙台市教育委員会の所蔵資料を実見した。ちなみに資料3は、この土器群と細部の質感が違い、工人は別と考えられる。誤解のないように、触れておく。また共伴須恵器は、金沢製鉄遺跡群の操業開始期の工房出土資料と類似する（第14図大船廻A32住）。

（6）同様のことは、生産開始期の武井・金沢製鉄遺跡群の製鉄炉に、近江と細部特徴まで完全に一致する例が認められないことにも、当てはまる。技術情報は在地工人を介して、変容した。類似現象は、8世紀初頭に有段瓦専業窯（仙台平野・大崎地方）をいったん導入しながらも、須恵器窯構造の瓦陶兼業窯で須恵質の瓦焼成を行う、多賀城創建期の造瓦体制＝「造瓦須恵器工人」・「造瓦須恵器窯」（菅原2017c）や、出現当初から、故地（上総）に比べ段差が低い牡鹿地方の高壇式横穴墓などにみられ、普遍的パターンである。本章では政権とのつながりを繰り返し強調していくが、この在地側の主体性の視点は重要である。なお、宇多・行方郡を含む浜通り地方では、律令期の製鉄終末期（10世紀前半）まで木炭窯の排煙方式は昇炎式に固執する。

（7）また、真野古城跡廃寺の瓦当裏面の圧痕が、従来考えられた木口（藤木2015）ではなく、布目であれば、製作技術は南滋賀廃寺祖型の縦置き型一本作りとなり、近江との関係はより裏付けられることになる（第27図－5右）。

（8）類似した花弁の特徴は、北野廃寺、奥山久米寺、豊浦寺など畿内で使用された穴太廃寺 ANM11 の同系瓦群で普遍的に認められる。したがって、黒木田遺跡 Cb 類は故地の属性を忠実に反映しているとみなされる。

（9）焼成遺構の暗渠に転用された平瓦は、8 世紀前葉の須恵器と共伴している。したがって、下限年代も整合する。

（10）黒木田遺跡・真野古城跡廃寺の瓦は、藤木海の協力で相馬市教育委員会と相馬高校の所蔵資料を、穴太廃寺の瓦は、辻川哲朗の協力で滋賀県教育委員会の所蔵資料を観察した。また、小平井廃寺の素弁蓮華文軒丸瓦Ⅱ類の存在は、北村圭弘の教示で、栗東市教育委員会の所蔵資料を観察した。

（11）ただし、行方郡衙周辺寺院の鬼板はⅡ-a 期（8 世紀初頭）に位置づけられている。したがって、多賀城創建期鬼板とは年代の齟齬が生じるが、第 30 図の諸関係が単なる偶然の一致とは考えられず、もし年代観が動かないとすれば、未発見の郡山廃寺の鬼板に側視蓮華文が施文されていたことが想定される。同時期の陸奥国内では、村北窯（会津郡）の平瓦で既に側視蓮華文の施文例があり、傍証材料となる。

（12）郡衙の所在する新田川下流域北岸でも、律令国家誕生前夜（6 世紀末～ 7 世紀前半）に新興勢力の首長墓である泉官衙遺跡第 7 次調査区の円墳が築造された。したがって、大化直前に真野川・太田川流域と並列する豪族圏が存在したことになる。しかし、規模や副葬品に特別な所見は見当たらない。

第3節　もう1つの製鉄工人系譜
―― 陸奥国信夫郡安岐里と安芸国 ――

　東日本大震災の復興関連調査により、太平洋沿岸の最北端の国造（亘理国造）が置かれた亘理郡域から、大規模な製鉄遺跡群（亘理南部製鉄遺跡群）が姿を現した（第32図）。犬塚遺跡では、8世紀初頭以前の両側排滓の長方形箱型炉＋横口式木炭窯のセットが確認され、至近距離の合戦原横穴墓群の副葬品所見から、当初より製鉄と窯業の一体生産が行われたと推定される。したがって、周知の宇多・行方郡域と共に、近江の技術体系を共有する一大コンビナートだったと考えられる（菅原 2017a）。

　ところで、多くの関連成果の中でも、熊の作遺跡発見の第1号木簡（第33図）は、大きな話題となった。既に、正式報告書（宮城県教育委員会 2016）と関連論考（吉野 2015）が公にされ、次の見解が示されている。

Ａ：木簡は、日理郡に信夫郡安岐里の男性4名が徴発されたことを記している。徴発先は、至近距離の製鉄遺跡（犬塚遺跡など）に求められる。

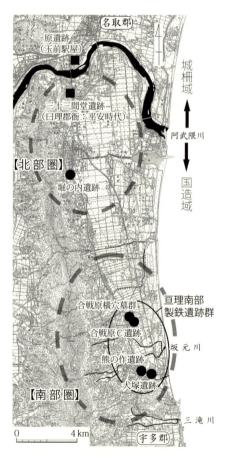

第32図　陸奥国日理郡の遺跡分布

B：現状では、日理郡の製鉄開始年代が、宇多・行方郡のように7世紀後葉（第3四半期：飛鳥Ⅲ期）まで遡るかどうか不詳だが、安岐里の記載方式（701〜717年）から、遅くとも8世紀初頭には操業していたことが、確認される。

C：郡司には、基本的に他郡の人員の徴発権限が無いので、この郡境を越えた施策は当時の国府（郡山遺跡Ⅱ期官衙）の支援・指示によって行われたとみなされる。つまり、製鉄は郡衙が現地実務を担い、国府が統括する経営形態だったことを意味する。これは、前節で検討した経営主体の側を明確に示す画期的発見と評価され、少なくとも、三十八年戦争の終結までは続いたと推定される。

しかし、本節で取り上げたいのは、沿岸に内陸の人員が徴発された事実である。両者の直線距離は、阿武隈高地を挟んで約40kmにも及ぶ（第3図）。

第33図　熊の作遺跡第1号木簡
（701〜717年）

ここには、何か特別な理由があったのだろうか。では、そのために、信夫郡の歴史的沿革を確認することから始めたい。

1　信夫郡の歴史的沿革

信夫郡は、阿武隈川中流域の信達盆地中心に位置し、日理・伊具郡とほぼ東西に並ぶ最北端の国造域ベルトを形成している（第34図）。内部には、大化前後にまたがる次の2つの有力豪族圏が認められる（第35図）。

- 南部圏…国造本拠地→評督・大領本拠地（郡衙所在地）
- 北部圏…非国造本拠地→非評督・大領本拠地（非郡衙所在地）→10世紀以降に伊達郡分立

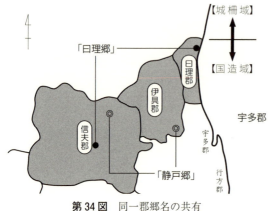

第34図　同一郡郷名の共有

このうち南部圏には、7世紀後葉に宇多郡黒木田遺跡・行方郡真野古城跡廃寺と対をなす、東北最古の寺院の1つ腰浜廃寺が建立された。創建期瓦は百済系瓦（ないし古新羅系）が使用され、沿岸2寺院の高句麗系瓦と共に、近江国以西からの直接伝播となる（第36図-3・5・6）。このことは、旧国造制の北限範囲が、城柵域をにらむ鎮護国家の要として特別視されたことを示唆している（佐川2008・2015）。

また、城柵域と直接接した北部圏の拠点集落（沖船場遺跡群）では、大化前後にまたがる関東系土師器（第37図）の定量保有が認められ、7世紀後葉には、陸奥中部の初期城柵域（仙台平野～黒川・大崎地方）で爆発的に広がる北武蔵系坏が、国造域の中で唯一確認できる（同図-3・4）。製鉄を負担した沿岸に対し、内陸は、東山道ルート中心に展開する移民の玄関口の役割を果たしたことを物語る（菅原2013・2015b）。

こうしたことから、7世紀後葉の信夫郡は、沿岸諸郡と相互補完関係で対蝦夷政策の後方支援を支えたと考えられる。当該期は、白村江の戦い（663年）の敗北を契機として、全国各地で強力な地方支配が押し進められており（菱田2007）、同時多発的な現象は東北侵出の一体施策と評価できる。

なお、第36図-4～6の関係は、製鉄技術導入と共に、6世紀以来の浮田（宇多・行方郡）と近江の交流を律令国家が取り込んだ、端緒である。

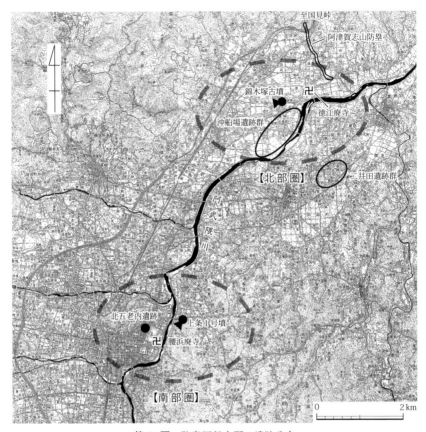

第35図　陸奥国信夫郡の遺跡分布

2　「曰理」「静戸」

次に、上の考古学的所見を史料と対照したい。

従来、看過されがちであるが、信夫郡は最北端の国造域ベルトを共に形成する曰理・伊具郡と、同一郡郷名を共有している（第34図）。『和名類聚抄』から、次が抽出できる。

　　信夫郡曰理郷—曰理郡曰理郷

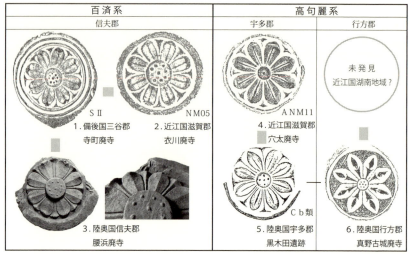

第36図　二系統の渡来系瓦

信夫郡静戸郷─伊具郡静戸郷

　陸奥国内では、柵戸の移配を反映した、国造域─城柵域間の同一郡郷名の分布がよく知られているが（たとえば磐城郡─桃生郡磐城郷）、当該例にも対蝦夷対策に関わる背景が読み取れる。すなわち、城柵域と直接接した政治的境界として、一体的な領域設定がなされたと考えられる。[(3)]

　このことは、考古学的にみた「沿岸と内陸の相互補完関係」に対応し、郡域を越えた人員徴発の基本前提になったと推定される。また、信夫郡と行方郡の郡司層に同一氏族（吉弥候部）が認められる事実（内藤 1965）も、重要な背景の1つとみなされる。

3　「安岐」「安芸」、製鉄

　以上を念頭に置いて、具体的理由を探ってみたい。ここでは、徴発された男性4名が、信夫郡の中でも安岐里に帰属したことに注目してみる。

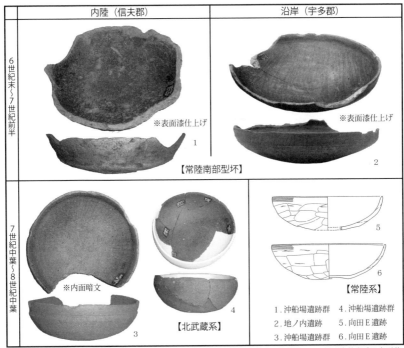

第37図　沿岸と内陸の関東系土師器坏

（1）研究史と問題点の確認

　水切りと呼ばれる瓦当下端の突起を欠くものの、腰浜廃寺の創建期百済系瓦は備後国寺谷廃寺の創建期瓦ＳⅡときわめて類似する（第36図-1・3）。同廃寺は、白村江の戦いの敗北から帰還した三谷郡大領の先祖が百済僧弘済に建立させた三谷寺（『日本霊異記』上巻）に有力視され（亀田 2012・松下 1969・妹尾 2017）、伊東信雄は以下の史料記録に注目した（伊東 1977）。

> 慶雲四（707）年、白村江の戦いの敗北で捕虜になった陸奥国信太郡（信夫郡の誤記）の壬生五百足が帰還して、朝廷から布一襲および塩穀を賜った（『続日本紀』）。

　このように、戦いには信夫郡の在地豪族が加わっており、寺町廃寺の瓦情報が伝播するのに、何ら不思議はないとしている。信太郡を大崎地方の志太郡

第38図　「アキ」の全国分布

（第2図）とみる説もあるが、初期城柵域の官衙未成立＝囲郭集落段階であり、他国（筑後・備後・讃岐国）の兵士が大領クラスで構成されているのをみると、整合しない。したがって、伊東氏説は妥当と考えられる。

（2）安芸国と安岐里

ところで、この説を継承・発展させた鈴木啓は、安岐里の成立契機を備後国と隣接した「安芸国の住民の集団移住」に求めている（鈴木 2009）。「国造本記」に、信夫国造と安芸国造が同祖（雨湯津彦命）に連なると記されているのが、主要根拠であるが、直線距離で 1,000km 近く離れた遠隔地からの移住説は雲をつかむような話に思える。しかし、小論の視点でみると、単純に否定することはできない。安芸国を含む中国地方は、古墳時代以来の製鉄先進地であり、問題の人員徴発と結びつく可能性があるからである。

そこで、とりあえず「アキ」の全国分布を『和名類聚抄』・木簡データベースで検索したところ、次の9例が抽出できた（第38図）。

a：陸奥国信夫郡安岐郷
b：美濃国恵奈郡安岐郷
c：近江国蒲生郡安吉郷
d：隠伎国智夫郡□□郷安吉里
e：土佐国安芸郡
f：安芸国安芸郡安芸郷

第 39 図　古代山城の分布

g：豊後国国崎郡阿岐郷（安岐郷）
h：筑前国宗像郡秋郷
i：大隅国曽於郡阿伎里（安吉里）

　このように、陸奥国（a）を除く 8 例は、東海地方以西に分布しており（b～i）、国・郡・郷に「アキ」がそろうのは安芸国しか認められない（f）。もちろん、他にも確認できなかった郡・郷の存在は考慮しなければならないが、東北と関係の深い関東・北陸が空白地帯なのは、何らかの意味があると思われる。したがって、別史料上からも故地に最有力視されるのは同国となる。しかも、近江国を含み、瀬戸内―九州北部に連なる 4 例の分布状況は（c・f・g・h）、古代山城の在り方（第 39 図）と類似しており、「白村江の戦いの敗北」をキーワードに広義でつながる可能性が浮かび上がる。[4]

（3）水切り瓦の分布が意味すること

　この見通しに立つと、寺町廃寺で創出された水切り瓦（妹尾 2017）が安芸国を含む中国地方の周辺国へ及ぶ状況は、興味深い（第 40 図）。拡散時期は 7 世紀末以降であるが（小林 2014・亀田 2012）、当然、伝統的な豪族間交流を

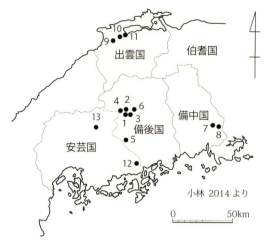

1. 寺町廃寺　2. 大当瓦窯跡　3. 上山手廃寺　4. 寺戸廃寺
5. 康徳寺廃寺　6. 神福寺廃寺　7. 栢寺廃寺　8. 大崎廃寺
9. 神門寺廃寺　10. 三井Ⅱ遺跡　11. 堀切瓦出土地　12. 横見廃寺
13. 明官寺廃寺

第40図　水切り瓦の分布

背景にしたはずであり、隣国の安芸国が移民を輩出した陸奥国信夫郡の白鳳寺院建立に伴い瓦情報を伝えたことは、十分想定可能と思われる。

さらに、水切り瓦の分布範囲が近江国・九州北部と並ぶ西日本有数の製鉄先進地（潮見1986、菱田2007）と重なっているのは重要と考えられる。すなわち、近江国から初期渡来系瓦＋製鉄技術が直接伝播した宇多・行方郡のパターンに類似しており、熊の作遺跡第1号木簡の発見は、この両郡から派生した亘理郡の製鉄と信夫郡安岐里を結びつけたからである。したがって、「雲をつかむような話」には一定の現実性が認められる。

また、この近江国―安芸・備後国―陸奥国の関係は、以下の所見からも追認される。

A：近江国衣川廃寺の創建期瓦NM05は、文様にシャープさを欠くものの、寺町廃寺SⅡと類似しており（第36図-1・2、佐川2015）、同廃寺の至近距離には、陸奥国行方郡真野郷の地名由来となった近江国滋賀郡真野郷（第6図）が所在する。

B：備後国中谷廃寺の素弁蓮華文軒丸瓦（第41図）は、黒木田遺跡Ca1・Cb類および小平井廃寺素弁蓮華文軒丸瓦Ⅱ類と、凹面の花弁表現が共通している（第27図-2〜4）。文様はやや崩れているが、製作技術から藤原宮期

より古く位置づけられ（亀田 2012）、瓦当裏面の布目痕が示す縦置型一本作り技法は、大津宮関連の南滋賀廃寺に出自が求められる。

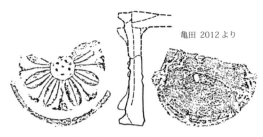

第41図　備後国中谷廃寺瓦

　以上の状況証拠から、信夫郡安岐里の男性4名が亘理南部製鉄遺跡群に徴発されたのは、安芸国から移住した（移配された）集団の中に製鉄経験者が含まれ、里制下（701～717年）まで技術が継承されたためと考えられる。そもそも、単純な労働力が必要なら里内、少なくとも郡内の人員で済むはずで、わざわざ阿武隈高地を越えた他郡から徴発する必要はないはずである。背景には、特別な理由があったとみておきたい。⁽⁵⁾

　彼らは、近江国の技術体系をもつ亘理郡の製鉄工人を補佐したとみられ、熊の作遺跡第1号木簡はその断片記録と推定される。また、活動範囲は宇多・行方郡にも及び、開始年代は7世紀後葉の生産開始時まで遡るのでなかろうか。陸奥国と近江国の製鉄には、砂鉄と鉄鉱石の原料の違いが指摘されており（大道 2015）、両者を併用する安芸国の技術（潮見 1996）は齟齬を埋める役割を果たしたのかも知れない。⁽⁶⁾この結論は、先に指摘した「沿岸と内陸の相互補完関係」に対応するものといえ、中間地域を飛び越えた遠隔地間交流の多様性を浮かび上がらせる結果となる。

（4）渡来系氏族と製鉄

　なお、天智朝期の東国には亡命百済人が移配されており（『日本書紀』666年）、安芸国住民の移住は、その流れの延長上に位置づけられる可能性が高い。木簡にみえる「大伴部」「丈部」は渡来系氏族ではないが、製鉄は高度な渡来系技術であり、移住者から地元住民に基本技術が伝習されたとすれば、スムーズに理解できる。この点、安岐里比定地（現在の福島県川俣町秋山地区）

が複数の道路が交錯する交通の要衝に位置し、渡来人の全国的な移配地分布傾向（平川 2017a）と一致するのは、整合的といえる。

　さらに、7世紀後葉の陸奥中部に、武蔵北部住民が大規模移配されたことが考古学的に判明しており、国造・城柵域の境界をまたぐ一体施策だったと推測される。人数の格差は大きいだろうが、律令国家の東北政策の一環として行われ、地方行政組織の名称由来となった点で、共通性をもつ。

4　派生する問題

（1）亘理郡の製鉄開始の受け皿

　では、以上を踏まえ、派生する問題に触れてみる。まず取り上げるのは、宇多・行方郡に対し、亘理郡の製鉄がどのような勢力基盤上に開始されたのかという疑問である。そこで、基本的な事実関係を確認すると、以下の4点に整理できる。

A：亘理郡は、亘理国造域をほぼそのまま母胎として成立した。この点で、宇多・行方郡が浮田国造域を分割して成立した状況とは、異なる（宇多郡：国造本拠地、行方郡：非本拠地）。ただし、郡内は地形や遺跡分布の違いから、宇多郡と接した南部圏（宮城県山元町域）と城柵域と直接接した北部圏（同県亘理町域）に区別される（第32図）。

B：南部圏では、大化直前の6世紀末～7世紀前半に、関東系土師器を保有する集落形成や線刻壁画例を含む横穴墓群造営（合戦原横穴墓群）が活発になり、乙巳の変をまたいで継続する。一方、平安時代の郡衙（三十三間堂遺跡）が所在する北部圏ではそれが顕著でない。

C：したがって、亘理国造域では、南部圏側が圧倒的に優位な立場だったとみられる。つまり、ほぼ拮抗する勢力圏が併存した構図は考えにくい。

D：製鉄遺跡群の分布はこの南部圏に集中し、北部圏まで広がらない。現状で、最も古い犬塚遺跡は、宇多郡との境界付近に位置する。

　以上から、亘理では、大化直前にほぼ領域全体を掌握する国造系譜が南部圏

で成立し、製鉄はそれに連なる評督・大領の勢力基盤上に開始されたと考えられる。このことは、未発見の初期郡衙が南部に所在したことを暗示しており、分布上では、近江の技術体系が浮田（宇多・行方郡）で導入され、周辺地域へ拡散したという従来の基本前提にも、整合する。[7]

（2）宇多・行方郡との違い

　宇多・行方郡では、旧国造本拠地の宇多郡に既存の須恵器窯跡群と継続一体生産を行う製鉄遺跡群が置かれた一方で、非本拠地側の行方郡には、より専業性の高い大規模な製鉄遺跡群が置かれた（第2節を参照）。それでは、行方郡のように立郡（評）されなかったものの、非国造本拠地の北部圏ではなぜ製鉄が行われなかったのだろうか。

　その理由については、海岸平野が次第に広くなり、製鉄遺跡群の立地可能な丘陵と砂鉄の供給地（砂浜）が遠くなることがあげられているが、そればかりではないと思われる。軍事色が強い製鉄の性格を勘案すると、城柵域と直接接した北部圏はリスクが大きく、南部圏がぎりぎりの位置だったのではないだろうか。このことは、多賀城近郊では8世紀中葉〜後葉に製鉄技術を導入しても、断続的な小規模生産にとどまったことと整合する。[8]また、三十八年戦争（774〜811年）終結後に郡衙所在地が北部圏の低丘陵上に移動するのは、象徴的と思われる。もはや製鉄に密着する必要がなくなり、東山道へのアクセスを重視した結果であろう（菅原2015b）。

　このように、同じ技術体系を共有しても、製鉄はそれぞれの地域事情に応じた形で展開したのである。

（3）三十八年戦争終結後の変化

　最後に、「征夷」中止後の様相を垣間見ておきたい。

　9世紀中葉〜後葉になると、宇多・行方・信夫郡の諸寺院では、有蕊弁蓮華文軒丸瓦（腰浜花文系瓦の一部）の分布が広がる（第42図）。その発信源は、行方郡の新興氏寺とみられる植松廃寺に求められ、他の新興氏寺ばかりでな

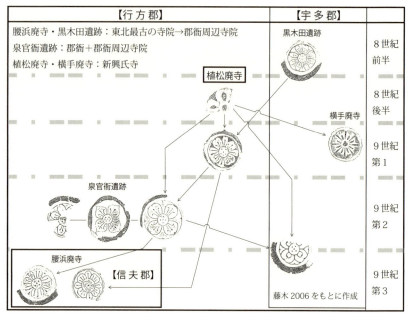

第42図 有蕊弁蓮華文軒丸瓦の分布

く、既存の郡衙周辺寺院（泉官衙遺跡・腰浜廃寺）にも影響を与えている（内藤1965、藤木2017a）。

形を変えた相互補完関係　この現象は、行方郡により専業性の高い大規模な製鉄遺跡群が設置されたのを契機に、宇多郡との相対的立場が次第に逆転し、突出した勢力が台頭したことが1つの要因と考えられる。既に予兆は、瓦からみた郡山遺跡Ⅰ・Ⅱ期官衙、多賀城との関係が、宇多郡（7世紀後葉〜末）→行方郡（7世紀末〜8世紀前葉）に移動することにうかがえ（第28〜31図）、その延長上に位置づけることができる。したがって、「沿岸と内陸の相互補完関係」は形を変えて継続したといえる。

　また、このことは見方を変えると、国府の統括下に置かれた製鉄の経営実態が、在地豪族層に強く依存するものであったことを示している。

渡来系の受け皿　もう1つ、この花文系瓦が高句麗系ないし新羅系（内藤1965）であることに、注目したい。藤木海氏の一連の研究（藤木2009a・

2017a）によれば、宇多・行方・信夫郡の諸寺院では、7世紀後葉の百済・高句麗系瓦の採用後も、在地色の強い瓦に渡来系技術が用いられ、陸奥国府系軒平瓦660を忠実に真似た均整唐草文軒平瓦まで、包み込み技法で製作してしまう（第31図）。花文系瓦は文様構成に表れたその流れの最終展開であり、3郡が一貫して「渡来系の受け皿」的な性格を備えていたのが読み取れる。つまり、渡来系は一過性ではなく、継起的に新情報が更新され、在地に定着した存在であった。端緒は、6世紀前葉～中葉の金銅製双魚佩の伝播に求められ、それが善光寺窯跡群（6世紀末～7世紀前半）→武井・金沢製鉄遺跡群（7世紀後葉）の技術導入を可能にしたのではないだろうか。[9]

　このことは、信夫郡安岐里の移住集団が渡来系であるとした、先の推定を追認するものといえる。

　註
（1）この理解に対し、梶原義美は、当該期の寺院造営が近江や備中などわずかの例外を除き、地方有力豪族と中央氏族との個別的なつながりに基づき、あくまで地方側の意思によって行われたとしている（梶原2018）。もちろん、政権やそれを取り巻く氏族の一方的意志で造営されたわけではないが、城柵域と接した地理的位置を見れば、政権側との一定の関係を反映しているのは明らかである。したがって、前方後円墳の築造がそうであったように、中央：地方の利害関係の一致とみるのが妥当と思われる。なお、郡衙Ⅰ期官衙内に簡易な仏堂が想定されているが、本格的寺院はⅡ期官衙に伴う郡山廃寺からである。
（2）9世紀初頭の「征夷」中止まで、柵戸は内陸＝東山道ルート中心に展開していく（菅原2015b）。
（3）上記の「日理」は、『和名類聚抄』に下総国印旛郡<u>日理</u>郷が認められ、以下の周辺事例と共に、北関東沿岸―陸奥南部沿岸間の移民を含む、交流関係を示す可能性がある。
　　・日理郡<u>望多</u>郷―上総国望多郡
　　・<u>行方</u>郡―常陸国<u>行方</u>郡
　　・行方郡<u>多珂</u>郷―常陸国<u>多珂</u>郡
　　その場合、下総国との交流関係は日理郡が主体であり、信夫郡はそこからの2次伝播の可能性がある。
（4）(e)は瀬戸内ではなく、太平洋に面している。したがって、古代山城の分布圏

から外れてしまうが、比定地の高知県安芸市の瓜尻遺跡で、7世紀後葉の「寺院」「官衙」「水運」「祭祀」に関する遺構・遺物が発見され始めている。このことから、天智朝期の地域拠点の1つであった可能性もある。
（5）蝦夷を播磨・讃岐・安芸・阿波国へ移配し、それが佐伯部の祖になったというヤマトタケルの伝承記録がある（『日本書紀』景行51年）。そのまま史実として受け止めるわけにはいかないが、陸奥国信夫郡安岐里の考古学的所見とリンクするので、参考までにあげておく。また、福島県地籍帳・地籍図（明治15年調査）には、信夫郡北部圏の拠点集落内（第35図、沖船場遺跡群）に、下郡村「備後」、徳江村「上近江」「中近江」「下近江」の小字名がみえる。年代がどこまで遡るか不明であり、考古学的裏付けが取れるかどうかを含め、今後の課題としたい。
（6）能登谷宣康は、金沢製鉄遺跡群最古の製鉄炉・木炭窯を吉備の出自と見なし、その直後に、近江の技術体系が全体を席巻したと推定している（能登谷2005）。導入期は、試行錯誤か繰り返され、やがて1つの系譜に収斂されていったとみるのは、聞くべき見解である。今後、具体的証明がなされるかどうか、研究動向を見守りたいと思う。
（7）標葉郡北部圏の海岸線沿いで、8世紀初頭以前の製鉄＋窯業遺跡、工人集落が発見され始めている。大規模に展開しないが、浮田国造域（宇多・行方郡）の南側隣接域でも早くから、製鉄技術が拡散した可能性がある。
（8）多賀城近郊の宮城県多賀城市柏木遺跡（特別史跡）の製鉄炉は、発見当時、多賀城創建期の8世紀前半に位置づけられた。しかし、踏み鞴付き竪型炉であり、今日的視点からすれば、8世紀中葉〜後葉とみるのが妥当である。
（9）成案を持っていないので、本文中では触れなかったが、真野寺内20号墳の主体部構造は渡来系との関わりで長く議論されている（北野1983、小森2013ほか）。

第 4 節　郡山遺跡 I 期官衙と製鉄

　先に、宇多・行方郡の製鉄は郡山遺跡 I 期官衙に常駐した国宰主導で技術導入が決定され、生産が開始されたと記述した（第 2 節）。しかし、厳密にいうと、熊の作遺跡第 1 号木簡（第 33 図）の発見により、里制下（701 ～ 717 年）の生産が 1 次国府（II 期官衙）の統括下に置かれたのは確定したが、生産開始期の経営形態は間接的推定にとどまっている。したがって、大化前代以来の浮田—近江間の交流を背景に、在地豪族（評督など）主導で開始・経営され、1 次国府（郡山遺跡 II 期官衙）の成立を契機に変化したという選択肢が残るはずである。この点は、歴史評価の根幹に関わるだけに、より多くの証明が必要と思われる。

　そこで、行方郡真野郷域（第 4 図）で発見された畿内系土師器を手掛かりに、この課題に再接近してみたい。

1　桶師屋遺跡 6a 号溝跡出土の土師器坏

　取り上げるのは、桶師屋遺跡 6a 号溝跡出土の土師器坏である（第 43 図左）。同遺跡は、真野寺内 20 号墳および真野古城跡廃寺が所在する真野郷中心域（第 4 図左上）から、東へ約 3km の海岸平野に立地しており、金沢製鉄遺跡群とは真野川を挟んで向かい合う位置関係にある。2016 ～ 2017 年に東日本大震災復興関連の発掘調査が実施され、古墳時代中期→古墳時代後～終末期→奈良・平安時代→中世の遺構変遷が判明した（第 44 図）。

（1）資料の検討

　資料は底部を欠くものの、口縁部は約 3/4 が残る。器形は浅い半球形を呈[1]

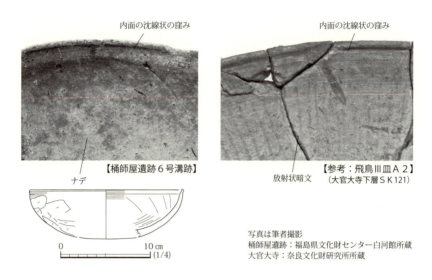

第 43 図 6a 号溝跡出土の土師器坏

し、法量は口径 16.8cm、推定器高 5.2cm を測る。器面調整は外面に口縁部横ナデ、体部ヘラケズリ、内面全体に工具の当たりが残るナデが観察され、東北地方の坏では普遍的なヘラミガキ＋内面黒色処理が施されていない。器壁は比較的薄く、色調は赤褐色を呈している。

　さらに注目されるのは、口縁部内面の上端が沈線状に窪み、直下に稜を持つことである（第43図左上）。これは、明らかに 7 世紀の畿内産土師器と共通するもので（同図右上）、器形・法量は飛鳥Ⅱ～Ⅲの坏ＣⅠとほぼ合致する（第45図）。ただし、暗文が省略され、胎土中に砂粒が目立つことから、在地模倣品と考えられる。ちなみに類似特徴は、畿内産土師器を模倣した関東地方の一部の新型土師器坏（鶴間 2004・田中 1991 他）にも、認められる。しかし、本資料はよりモデルに忠実であり、周囲で新型土師器坏の出土例が皆無な状況から、2 次的な影響は考えにくい。したがって、在地工人が畿内産土師器そのものを実見したことで、生み出された製品と考えられる。

　以下、在地模倣品と搬入品の違いに関わらず、畿内系土師器と呼称して記述を進めていく。

第4節　郡山遺跡Ⅰ期官衙と製鉄　65

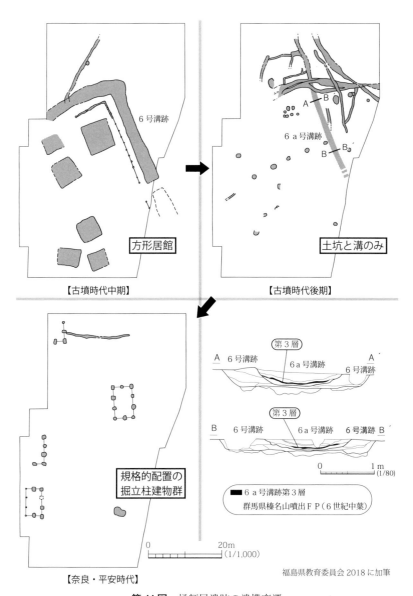

第44図　桶師屋遺跡の遺構変遷

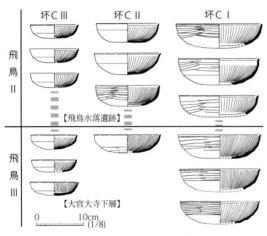

第45図　飛鳥Ⅱ・Ⅲ土師器坏Ｃ

（2）出土層位

調査所見に従うと、本資料は6世紀中葉に降下した群馬県榛名山噴出の広域火山灰FP（第3層）より下層で出土している（第44図右下）。そのため、土器自体の特徴と矛盾してしまうが、報告書の不掲載品を含め6号溝跡出土土師器をすべて実見したところ、「FP下層出土土器群中」には7世紀代の個体が定量認められた。このことから、本資料も混在して取り上げられた1つと考えられる。

（3）畿内系土師器の位置づけ

　では、この畿内系土師器は遺跡の存続期間の中でどのような評価が与えられるだろうか。そこで、出土遺構・層位にこだわらず、個別特徴から古墳時代後～終末期と判断されるすべての土器資料を検討したところ、ほとんどが7世紀代に比定され、年代の絞り込めるものは7世紀中葉～後葉にまとまることが判明した（第46図）。

　具体的にみると、土師器坏（1～7）は、口縁部が内彎し、内面の括れが甘い有段丸底坏で占められ、口径11～12.5cmの小ぶりなものが目立つことから、栗囲式中段階に比定できる。また、須恵器坏（23～26）は、口径10cm前後に縮小した坏H・坏Gで構成され、内面かえりの短い坏G蓋（24）、善光寺3段階に比定される坏G身（25）の存在から、飛鳥Ⅲ期に比定することが可能である。さらに瓶類（27・28）も、仏器影響の二重沈線がみられ、この理解と矛盾しない。

　以上により、古墳時代中期以来、ほぼ無人となっていた本遺跡は、金沢製鉄

第 4 節　郡山遺跡 I 期官衙と製鉄　67

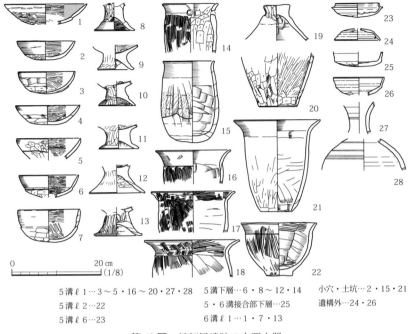

5 溝ℓ 1 … 3～5・16～20・27・28
5 溝ℓ 2 … 22
5 溝ℓ 6 … 23

5 溝下層 … 6・8～12・14
5・6 溝接合部下層 … 25
6 溝ℓ 1 … 1・7・13

小穴・土坑 … 2・15・21
遺構外 … 24・26

第 46 図　桶師屋遺跡の主要土器

遺跡群・真野古城廃寺の出現と連動して突然活発な土地利用が再開され、畿内系土師器はそれらの地域変化に伴う所産と考えられる[3]。

（4）真野郷域との関わり

　そうすると、第2節では真敏郷側（新田川流域）の視点から、金沢製鉄遺跡群と郡衙の至近距離を強調したが、併せて、この浮田—近江間の交流開始の地だった真野郷側（真野川流域）の視点が必要と思われる（第4図）。製鉄遺跡群が、2河川に挟まれた低丘陵上に立地するのは偶然ではないと考えられる。

　ちなみに、真野郷中心域はその後も地域拠点としての命脈を保った。9世紀には、鷺内遺跡で規格的配置の建物群が出現し、伝統的な拠点集落の大六天遺跡に「少毅殿千之」の刻書土器が認められる（第47図）。また、出土遺物がほぼ皆無な奈良・平安時代に規格的配置の掘立柱建物群が存在し、当該期は貧弱

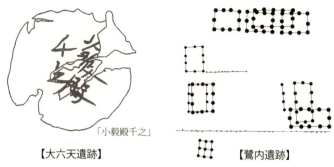

第47図 9世紀の真野郷中心域

な土坑や溝跡しかなかったとする遺構変遷観は、再考の余地があると思われる（第44図）。確かに、類似建物群は8世紀後半〜9世紀の陸奥南部に一般的であり、真野郷域内にも鷺内遺跡の事例はあるが（第47図右）、7世紀後葉の製鉄関連集落に比定しても、違和感はない。むしろそのように理解した方が、突然の土地利用の再開と遺物様相の意義は、明確になるのではなかろうか。

2　畿内系土師器の相対的位置づけ

では、以上の結論を踏まえ、冒頭の課題に再接近してみたい。そこで、東北地方全体の畿内系土師器を集成したところ、陸奥国の仙台平野以南に限定される分布が浮かび上がった（第48・49図）。以下、北から順にみていく。

多賀城、山王・市川橋遺跡　奈良・平安時代の分布の中心である。多賀城跡は少数の散発的な出土にとどまるが、山王・市川橋遺跡では、方格地割が本格施行された多賀城Ⅲ期（780年）以

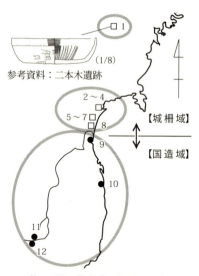

第48図　畿内系土師器の分布

No.	区分	郡	遺跡	遺構	器種	時期
1	城柵域	江刺	二本木	6住	坏	参考資料：平城Ⅰ
2		宮城	多賀城	土坑ほか	坏、皿、高杯	平城宮土器Ⅰ～平安宮土器Ⅰ（新）
3			山王	遺構外	坏、皿	平城宮土器Ⅲ～平安宮土器Ⅰ（中）
4			市川橋	SX1351D	坏、皿、高杯、蓋	平城宮土器Ⅲ～平安宮土器Ⅰ（中）
5		名取	郡山	SI261ほか	埦	飛鳥Ⅲ～平城Ⅰ
6			西台畑	SI27	埦	飛鳥Ⅲ
7			長町駅東	SI71A	甕	不明
8	国造域		本村	トレンチ	埦	飛鳥Ⅲ
9		亘理	堀の内	遺構外	埦	飛鳥Ⅲ
10		行方	桶師屋	2号溝跡	埦	飛鳥Ⅲ
11		白河	関和区上町	遺構外	皿、高坏、蓋	飛鳥Ⅴ
12			百目木館跡			

第49図 畿内系土師器出土遺跡一覧

降に出土数が飛躍的に増える（第50図）。多賀城跡で、平城宮土器Ⅰ～平安宮土器Ⅳ以降の坏1点・皿2点、高坏2点、山王・市川橋遺跡では、市川橋第26次調査区西半部中心に、平城宮土器Ⅲ～平安宮土器Ⅰ（中）の多種多様な器種数千点がみられる（搬入少＋模倣多）。

郡山遺跡、西台畑・長町駅東遺跡 飛鳥時代の分布の中心である。飛鳥Ⅲの坏ＣⅠが2点（搬入1＋模倣1）、坏Ａが1点（搬入）、飛鳥Ⅳの坏Ａが1点（搬入）、飛鳥Ⅴ～平城Ⅰ以前の坏小片が数十点（搬入＋模倣）のほか、飛鳥Ⅴ以前の小甕1点（搬入）がみられる（第51図）。

本村遺跡 郡山遺跡、西台畑・長町駅東遺跡の消長と連動した、名取川対岸の遺跡群の1つである。周辺遺跡（清水遺跡ほか）では、大化前後にまたがる関東系土師器のほか、7世紀中葉～8世紀初頭の須恵器高盤・円面硯、石製錘（第Ⅲ章第204図参照）など官衙的性格の遺物が確認される。飛鳥Ⅲの坏ＣⅢが1点（搬入）みられる（第52図）。

堀の内遺跡 遺跡の性格は不詳なものの、沿岸最北端の国造域の亘理郡に位置しており、分布上では城柵域の仙台平野と桶師屋遺跡をつなぐ位置づけが与えられる。飛鳥Ⅲの坏ＣⅠが1点（搬入）みられる（第53図-1）。

関和久上町遺跡 下野国と接した白河郡の郡衙東半部にあたる。郡山遺跡・多賀城一帯の他では、後述の百目木館跡とともに、複数器種・個体が確認できる稀少事例であり、年代はほぼ白河関の推定設置時期と一致している。飛鳥Ⅴの坏・皿・高坏（搬入）がみられる（第53図-3～5）。

70　第Ⅰ章　製鉄をめぐる陸奥国と近江国

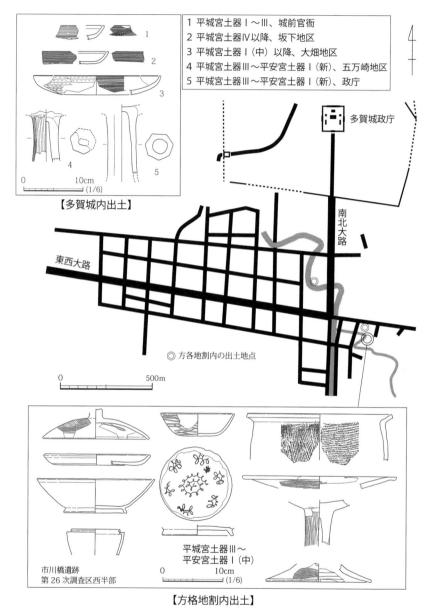

第50図　多賀城と方格地割内の畿内系土師器

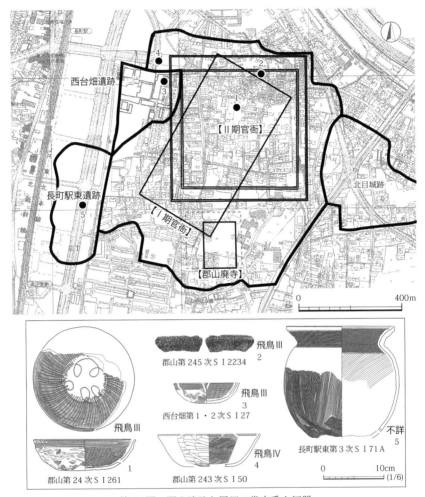

第51図　郡山遺跡と周辺の畿内系土師器

百目木館跡　白河郡衙の消長と連動した、阿武隈川対岸の遺跡群の1つである。未報告のため詳細は述べないが、搬入品が複数点出土している（実見）。

　このほか、参考に陸奥北部の江刺郡二本木遺跡から出土した、平城ⅠⅢＡの稚拙な模倣品を紹介しておく（第48図-1、第49図）。畿内系土師器と呼べる技術レベルではないが、遺跡所在地は蝦夷色の強い北上川中流域の中で、古

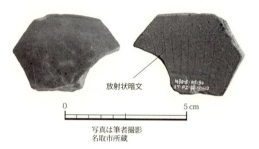

第52図 本村遺跡の畿内系土師器

墳時代から政権側と継起的交流を持った地域であり（5世紀後半：角塚古墳・中半入遺跡→7世紀後半〜8世紀前半：石田Ⅰ・Ⅱ遺跡）、歴史的に意味深い現象と考えられる。

3 郡山遺跡Ⅰ期官衙と製鉄

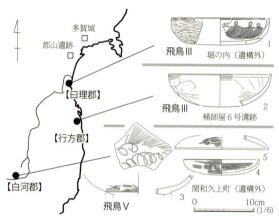

第53図 国造域の畿内系土師器

以上はまだ十分な母数とは言えないが、林部均の先駆的集成（林部1984・1986）から30年間あまりの資料蓄積を加えたデータであり、最大消費地の郡山遺跡・多賀城一帯の発掘調査が広範な面積に及んでいる状況から、今後飛躍的に増えるとは考えにくい。したがって、一定の傾向性を反映していると思われる。そうすると、飛鳥Ⅲの畿内系土師器の分布が、郡山遺跡Ⅰ期官衙—桶師屋遺跡間で帯状に連なる事実は注目すべきと思われる（第48図-5〜10）。ちょうど、仙台平野〜大崎地方に広がる北武蔵系土師器坏の中心分布圏と、郡山遺跡Ⅰ期官衙で南北に交錯しており、宇多・行方郡が後方支援の特別な役割を負担したことを示唆している。

この事実を踏まえると、宇多・行方郡の製鉄は国宰主導で技術導入が決定され、生産が開始されたとみるのが、妥当と結論づけられる。

註
（1）報告書では、高坏と認定されている。しかし、実見の結果、脚部の接合痕跡は認められず、口縁部の傾きも違っていたことから、再実測・トレースした。また、左上写真は福島県教育委員会、右上の写真は奈良文化財研究所の許可を得て筆者が撮影したものを、トリミングした。
（2）暗文の省略は、仙台平野～黒川・大崎地方の北武蔵系土師器坏でも行われている（7世紀後葉～8世紀初頭）。したがって、東北地方の外来系土器の模倣パターンと言えるかもしれない。飛鳥編年の研究動向については、小田裕樹から懇切な教示を受けた。
（3）後述の鷺内遺跡の現地説明会で、河川堆積土中から当該期の土師器・須恵器が定量出土しているのを確認した。調査区内に対応する遺構はみられないが、付近に集落存在を確実視でき、真野郷中心域にも同様の変化が推測される。
（4）探索と実見にあたり、関東地方北部を含め、次の各氏に協力を得た。青森県：宇部則保、秋田県：伊藤武士、山形県：伊藤邦弘、岩手県：髙橋千晶、宮城県：相澤清利・村田晃一・及川謙作、高橋透、茨城県：稲田健一、栃木県：津野仁
（5）試掘調査出土の小破片であるが、名取市教育委員会の相澤清利から連絡を受け、確認した。相澤が気に留めなければ、おそらく見逃された資料である。感謝したい。

第5節　生産の転換①
——居宅と火葬墓——

　第54図をみていただきたい。当初は在地通有の土師器甕として製作されながら、焼成状態は須恵器である。そのうえ、胴部外面の対角線上に盲孔をもつ4単位の耳部が付加され、仕上げには入念なヘラケズリ調整が加えられている。
　この不思議な土器は、福島県相馬市山岸硝庫跡9号土坑から出土した（第55

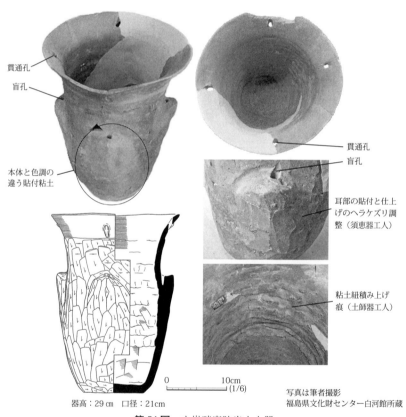

第54図　山岸硝庫跡出土土器

第5節　生産の転換① 75

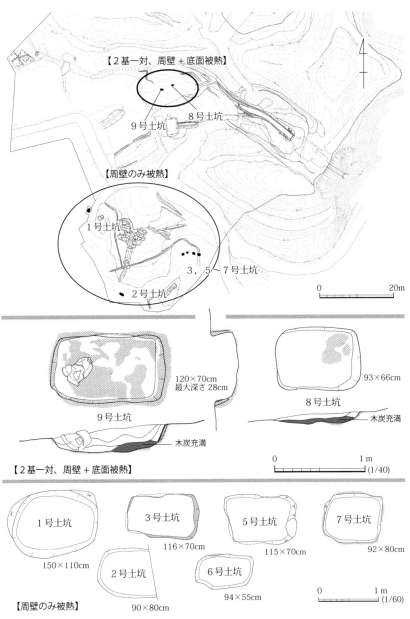

第 55 図　山岸硝庫跡の焼土坑

図)。報告書では両者に共伴関係を認めた上で、8世紀中葉の年代を与え、出土遺構の性格を木炭焼成土坑と認定している。しかし、再検討の余地があると思われる。

1　山岸硝庫跡の土器が意味するもの

(1) 遺跡の概要

　問題の土器が出土した山岸硝庫跡は、宇多川南岸の自然堤防上に所在する宇多郡衙周辺寺院（黒木田遺跡）から、上流へ約2km遡った阿武隈高地寄りの場所に位置している（第56図）。2003年と2005年の発掘調査により、近世相馬中村藩の弾薬庫跡が発見され注目を集めたが、ここでは奈良時代の成果を取り上げる。

　周辺には、律令期の遺跡が多数認められ、とくに、豪族居宅跡が発見された明神遺跡とは、至近距離にある。しかも、居宅を見下ろす北側丘陵端部の立地で、本資料と細部特徴の類似した土師器甕（第57図-12・14・15）の存在から、相互の

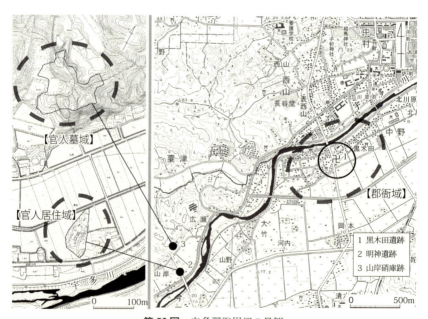

第56図　宇多郡衙周辺の景観

第5節　生産の転換① 77

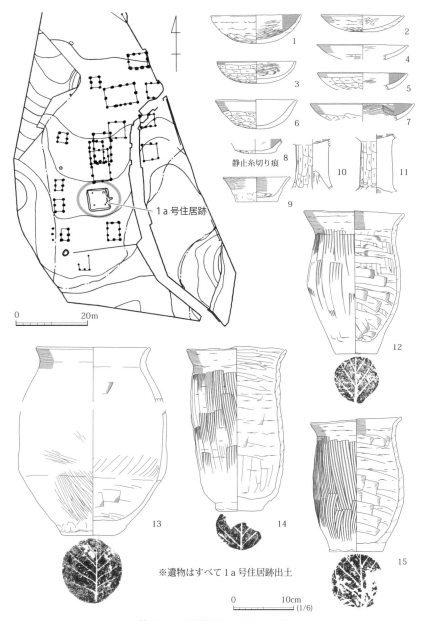

※遺物はすべて1a号住居跡出土

第57図　明神遺跡の居宅と土器

密接な関係は明らかである。またこのあたりは、海岸平野から宇多川沿いで信達盆地へ抜ける東西道路（中村街道）が、阿武隈高地山麓を縦断する南北道路と十字に交差する交通の要衝であり、その地理的特性が古代まで遡ることは確実視される。

（2）出土状況と特徴

本資料は、9号土坑の西壁側に口縁部を向けた横倒しの状態で出土した（第55図中段）。床面からやや浮いているが、完形の特殊品であるのを勘案すると、報告書の指摘どおり共伴遺物とみられる。ただ、断面図を観察すると、西壁側の壁高は低く、底面上を覆う木炭の充満した土層が不自然に途切れていることから、当初は坑内中央に正立で据えられ、後世の削平（東→西）により横転したと推定される。遺跡は、近世相馬藩の弾薬庫造成の際に地表面が大規模掘削されており、影響が及んだ可能性が高い。

（3）細部特徴

改めて記すと、本資料は土師器長胴甕として当初製作され、生乾きのうちに以下の4工程が追加され、最後は須恵器窯で焼成されている。
A：1次ヘラケズリ調整。
B：胴部外面の対角線上に、4単位の耳部の貼付。
C：胴部上端〜底部の2次ヘラケズリ調整＋耳部の面取り
D：口縁部を貫通し、耳部上部に達する上→下方向の穿孔（耳部は盲孔）。

このように、器面には徹底した手が加えられているが、目立たない部位では当初の製作痕跡を残している。胴部内面の粘土紐積み上げ痕と、口縁部の横ナデ調整痕はそのままで、底部外面に及ぶヘラケズリ調整痕の隙間には木葉痕が観察される。こうした特徴は、まさに古墳時代以来の伝統的な土師器甕の製作技術そのものである。しかし、Cの鋭角的な仕上げは在地土師器工人の製作技術にみられないもので、追加工程は須恵器工人により行われた可能性が高い。耳部の貼付粘土の色調・質感が、本体と異なるのは、このことを裏付ける（第54図写

真)。

　したがって、本資料は製作途中から作り手が変わったと考えられる。

(4) 出土遺構と年代

　出土遺構の9号土坑は、長軸120cm×短軸70cmの隅丸長方形を呈し、周壁が赤褐色に焼け、木炭の充満した土層が底面上を覆っている（第55図中段）。この所見から、報告書では周囲の7基の焼土坑とともに、製鉄炉燃料を生産した木炭焼成土坑と認定している（福島県教育委員会 2007）。

　年代は、8世紀の大枠で捉えられるものの、甕1個体ではそれ以上の絞り込みは限界がある。そこで、明神遺跡1a号住居跡の一括土器群を援用すると、

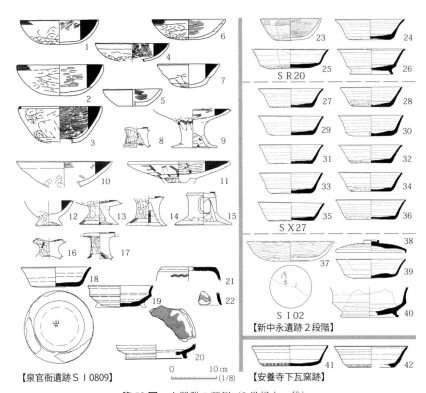

第58図　土器群の類例（8世紀中〜後）

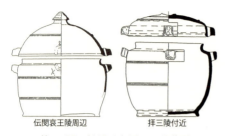

伝関哀王陵周辺　　拝三陵付近
第59図　新羅王京周辺の骨蔵器

無段丸底の土師器坏（第57図1～7）が主体を占め、高坏（同図-10・11）が残る特徴から、8世紀中葉～後葉（第3四半期）に比定可能と思われる。この見方は、類似した泉官衙遺跡SI0809一括土器群の共伴須恵器坏（第58図-18）の類例が、国分寺創建期の安養寺下瓦窯（同図-41・42、台の原・小田原丘陵窯跡群）、踏み鞴付き竪型炉出現段階の新中永遺跡（同図-24・25、27～36、39、亘理南部製鉄遺跡群）にみられることからも、追認される。

（5）問題の土器は専用骨蔵器

　では、この不思議な土器は、一体何だろうか。4単位の耳部は、もともと火葬墓の専用骨蔵器に備わる属性である。身と蓋を紐で固定するためのもので、盲孔は本来貫通していたことが新羅王京周辺例（第59図）などによって知られる。しかし、日本では9世紀の凸帯付須恵器四耳壺などに類例が確認されるものの（春日・笹澤 1999、山田 1997）、盲孔がほとんどで、蓋は伴わない。このことから、装飾要素に形骸化したものが基本型と考えられる。

　しかし、本資料は年代が古く、口縁部に貫通孔があるため、それが本来機能を代替したとみることができる。もちろん、耳部盲孔を穿つための副産物とみることもできるが、穿孔は口縁部から行わなくても、短い棒状工具や「L」字形工具を使用すれば可能であり、紐で固定する機能を与える目的があったとみておきたい。このことから、土師器甕を製作途中でわざわざ作り替え、須恵器焼成した有蓋の専用骨蔵器身と判断される。

　なお、蓋は横転の際に遺構外へ飛ばされ、内部の焼骨は水分を含んだ土砂が流入したことで、分解してしまったと推定される。このうち焼骨の有無については、調査担当者に率直に質問したが、調査時に骨蔵器の可能性は認識しておらず、内容物に注意は払わなかったという回答を得たため、それ以上の検証は

できなかった。第60図には当初の姿を推定復元している。

[小　結]

　山岸硝庫跡9号土坑は、特異な骨蔵器を納めた8世紀中葉〜後葉の火葬墓と考えられる。隣国の常陸国では、「国府や郡衙、そして主要な陸上交通路である駅路周辺」に火葬墓の展開が確認されており（吉澤 1995）、共通

第60図　火葬墓推定復元図

の立地傾向が指摘される。その被葬者は、南側に見下ろす明神遺跡の居宅主が確実視され、8世紀の奈良盆地では、官人墓域の一等地が平城京背後の北側低丘陵上に設定されていることから（前園 1984）、中央の風習が影響した可能性もある。

　さらに、派生して次の4点が指摘できる。

A：被葬者は、製鉄経営に関与した宇多郡官人が推定される。武井・金沢製鉄遺跡群の一角には、官人の火葬墓が営まれており（第61図）、8世紀中葉〜後葉は、製鉄遺跡の分布がそれまでの海岸線沿いから阿武隈高地寄りへ拡散し始めた転換期で、当該火葬墓も木炭焼成土坑群の只中に営まれているのが根拠となる。

B：この年代観は、これまで東北最古とされた武井・金沢製鉄遺跡群の火葬墓（8世紀後半〜9世紀前半）よりさらに古く、現状では東北最古に位置づけられる。

C：河川沿岸に展開する郡衙―官人居宅―特殊官人墓の類似した位置関係が、関東から東北への主要玄関口だった白河郡に認められる（第62図）。特殊官人墓は、全国で他に5例しか類例のない上円下方墳（野地久保古墳、7世紀末〜8世紀前半）が営まれており、その北限分布となる。したがっ

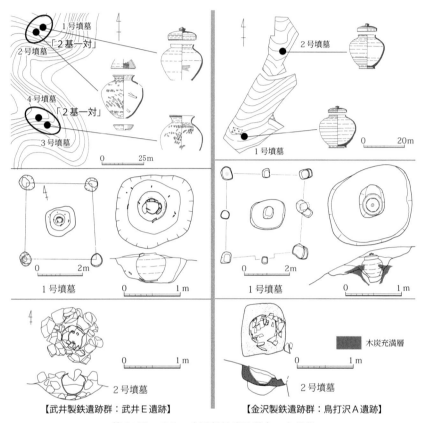

第61図　武井・金沢製鉄遺跡群内の火葬墓

て、時期は違うものの、境界領域の共通現象と評価できる。

2　木炭焼成土坑の再利用か、当初からの火葬墓か

先述のとおり、報告書ではこの火葬墓を周囲の7基と共に木炭焼成土坑と認識している。そのため、この見解に従えば、廃絶後の窪みを再利用した火葬墓ということになる。

しかし、ⓐ隣接の8号土坑と2基一対の位置関係で、ⓑ他より標高の高い場

第 5 節　生産の転換① 83

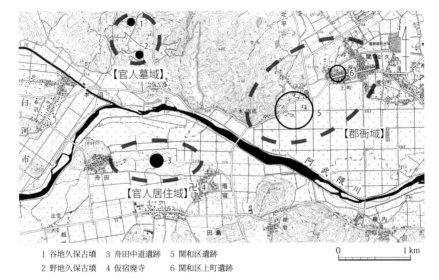

1 谷地久保古墳　3 舟田中道遺跡　5 関和区遺跡
2 野地久保古墳　4 仮宿廃寺　6 関和区上町遺跡

第 62 図　白河郡衙周辺の景観

所に営まれ、ⓒ周壁だけでなく、底面まで焼けるのは、注意すべきと思われる（第 55 図）。このうちⓐは、武井製鉄遺跡群例（第 61 図左）を含め、全国各地の古代火葬墓や終末期群集墳（第 63 図）にみられる夫婦間墓と同一特徴であり（海邉 2003、小田 2018、安村 2009）、ⓒは木炭焼成とは別目的の焼成が行われた可能性を示す。これにⓑを加えると、単純に考えるわけにいかない。

　ただ、当初から火葬墓として造営された場合、古代の火葬墓（納骨施設）は荼毘所（火葬施設、第 64 図）と別に設けるのが原則であり、武井・金沢製鉄遺跡群例も同様の所見が得られている。そのため、部位に関わらず表面が焼ける理由はない。また、8 世紀の大和国内では、元明上皇の詔（721 年）を背景に、火葬墓を荼毘所と同位置に設けた例があり（第 65 図）、その影響の可能性もあるが、古代の荼毘は伸展状態で行うため、長軸 120cm の本土坑では遺体が小児でない限り荼毘に付すことができない。管見によると、類似した平面形・規模で、荼毘所＋火葬墓の機能をもつ事例は三重県玉城町岡村近世墓群など、中世後半まで認められないようである。

　したがって、ここでは一応木炭焼成土坑を再利用した火葬墓とみておきた

い。しかし、後述の歴史背景を勘案すると、茶毘所を兼ねた火葬墓の可能性は捨てきれず、また木炭焼成土坑を再利用したとすれば、ⓐ・ⓑの条件の合う2基を意図的に選択したことになる点を、付記しておく。
(4)

3　郡山廃寺の井戸祭祀具

実は、山岸硝庫跡9号土坑の骨蔵器身とそっくりな4単位の耳部が付く土師器甕が、半球形の蓋を伴い出土している（第66図下）。土師器工人による一貫した製作・焼成で、使用場所は火葬墓ではないが、明らかに同一系譜と見なされる。しかも、出土し
(5)

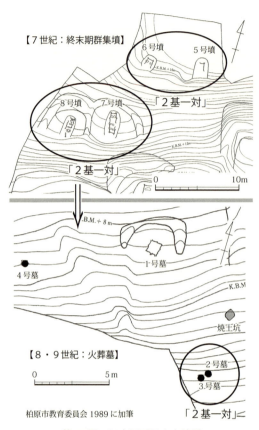

第63図　河内国平尾山古墳群

たのが、1次陸奥国府の郡山遺跡Ⅱ期官衙に付属した郡山廃寺であるのは、きわめて重要と思われる。蓋は、『郡山遺跡発掘調査報告書—総括編—』（仙台市教育委員会 2005）で埦Ⅱ類と分類されたもので、過去40年間余りの発掘調査で1個体しか発見されず、身とセットで製作された専用器と考えられる。また、この所見から、山岸硝庫跡9号土坑の蓋が同形であったのが推定され、第60図の蓋はこれを根拠に復元した。

このセットは、SE157井戸跡底面から多くの土器類とともに出土しており（第66図上）、720年代の国府移動（郡山遺跡Ⅱ期官衙→多賀城）に伴う付属

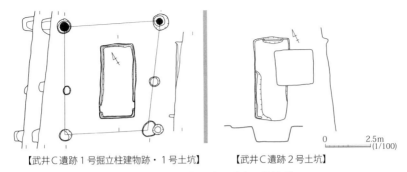

【武井C遺跡1号掘立柱建物跡・1号土坑】　【武井C遺跡2号土坑】

第 64 図　武井製鉄遺跡群内の荼毘所

寺院廃絶時の所産と位置づけられている。注目されるのは、器種構成が完形率の高い壺・甕主体であり、東北北部系（第67図-1〜3）と在地栗囲式（同図-4〜9）の2系統が認められることである。したがって、井戸鎮めの祭祀具として意図的に選択使用され、一括廃棄されたと考えられる。そうすると、山岸硝庫跡9号土坑の骨蔵器とは「広義の仏教関連」の共通使用目的が認められ、2次国府（多賀城）管轄下の製鉄に関わる火葬墓骨蔵器に、特異な器形情報が隔世伝播したと思われる。

　さらにこの見方に立つと、情報起点となったのが単なる一地方国府とその付属寺院でないのは、重要と思われる。郡山遺跡Ⅱ期官衙の平面プランは、豊前国福原長者原遺跡と並び藤原宮がモデルで、郡山廃寺の伽藍は、大宰府付属寺院の観世音寺式を備えたことが判明している（第68図）。この関係から、林部均は西の大宰府・観世音寺と対をなす初期律令国家の東の支配拠点と位置づけており（林部 2019）、山岸硝庫跡9号土坑はこの視点を念頭に置き評価する必要がある。先に、荼毘所を兼ねた火葬墓の可能性も捨てきれないとしたのは、そのためで、政権中枢地周辺の葬制が影響しても何ら不思議ではないと思われる。

4 近江の須恵質有蓋長胴棺

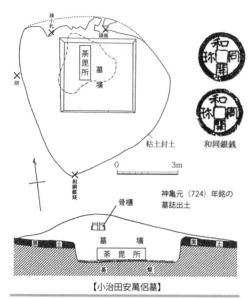

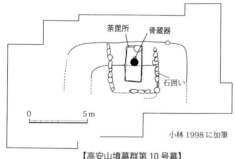

第65図 茶毘所兼火葬墓の事例

では、そもそもの出自はどこに求められるだろうか。

まず同時期の関東地方を確認すると、外面ヘラケズリ調整の土師器専用骨蔵器の分布が知られるが（山口1995）、器形は鉢形でまったく違い、メルクマールの4単位の耳部は設けられていない。そこで、探索範囲を西日本まで広げたところ、畿内周辺の終末期古墳・横穴墓で使用された須恵質有蓋長胴棺（第69図、佐伯2007a）と呼ばれる専用器の存在を突き止めることができた[7]。それらは土師器煮炊き具（羽釜）をモデルにした身と半球形の蓋がセットをなし、様式的に最も古い事例（同図-6）の身は、胴部対角線上に4単位の耳部が付く。また、他の3例の身は、口縁部に貫通孔が観察され（同図-3・4・8）、山岸硝庫跡9号土坑の骨蔵器身に推定した、紐で蓋と固定するための機能と合致している。このことから、広義の同一系譜に連なるものと判断できる。

さらに重要なのは、畿内周辺に普遍的な存在ではなく、7世紀中葉～後葉の特定集団の葬制に関わると考えられていることである。佐伯英樹によれば、分

第5節　生産の転換①

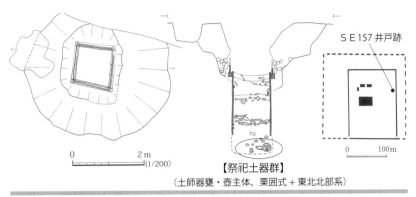

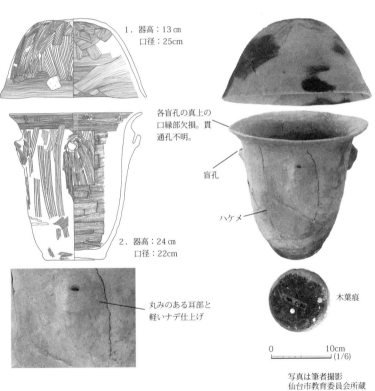

第66図　郡山廃寺井戸祭祀と土器

88　第Ⅰ章　製鉄をめぐる陸奥国と近江国

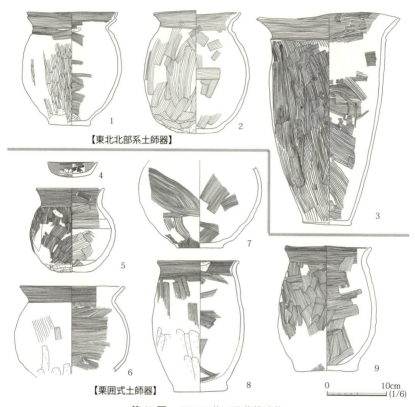

第67図　SE157井戸跡共伴遺物

布は、近江国栗太郡の瀬田丘陵生産遺跡群の北東側≒野洲川南岸遺跡群に集中しており（第70図）、4単位の耳部を持つ様式的に最も古いタイプは、その1つの新開西3号墳から出土した（佐伯2007a）。また他の事例も、渡来系集団や須恵器工人と結びつけて考えられている例が多く（中井2004）、瀬田丘陵生産遺跡群の技術体系と合致しており、さらに、山岸硝庫跡9号土坑の骨蔵器身が、当初は在地通有の土師器甕として製作されながら、途中で須恵器工人に作り手が変わり、最後は須恵器窯で焼成されたことと対応する。

　しかし、この見通しは100年前後の年代差が横たわり、使用目的が必ずしも「広義の仏教関連」には当たらないという問題点が残る。そこで、近江国内を

第5節　生産の転換①　89

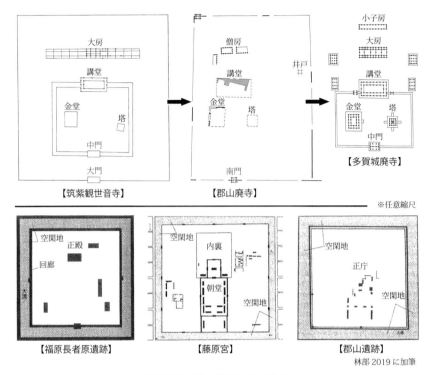

第68図　西の拠点と東の拠点

林部2019に加筆

探ったところ、両者をつなぐ手がかりを得ることができた（第71図）。犬上郡下之郷遺跡では、8世紀前半のSD3530溝跡から、複数の鉄鉢形を含む多量の須恵器類と共伴して、盲孔をもつ4単位の耳部の付いた香炉形須恵器が出土しており、郡山廃寺例と近い年代・使用目的が認められる。明確な蓋は確認できないが、鉄鉢形を逆位にすれば、半球形の蓋として使用できる。また、滋賀郡関津遺跡では、藤原仲麻呂政権下の8世紀中葉に造営された直線道路＋沿線官衙群周辺から、4単位の耳部をもつ須恵器短頸壺が出土しており、山岸硝庫跡9号土坑や常陸国の火葬墓例（吉澤1995）と立地傾向の共通性が指摘される。原位置を保っていないため、年代・使用目的は確定できないが、骨蔵器に使用される頻度が高い器種であり、耳部は新羅王京周辺例と同じ貫通孔を持つ点で、関連がうかがえる。

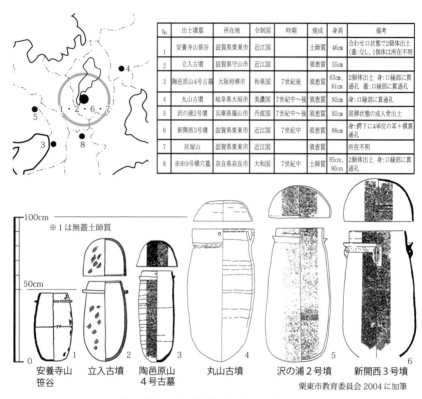

第69図　須恵質有蓋長胴棺の分布と比較

　以上の所見から、山岸硝庫跡9号土坑の骨蔵器は須恵質有蓋長胴棺にもともとの出自が求められ、瀬田丘陵生産遺跡群と関わる特定集団の葬制の2次的影響を考えたい。このことは、天智朝期に生まれた製鉄をめぐる諸関係が、8世紀中葉～後葉も何らかの形で継続したことを示唆している。

註

（1）栃木県小山市西高椅遺跡の火葬墓では、近接する2基のうち1基の焼骨が成人女性のもの、もう1基の焼骨が成人男性のものであったことが判明している。2基一対の位置関係の火葬墓が夫婦間墓であることを具体的に裏付ける、重要な所見である。

（2）元明上皇の詔は、墳墓の簡素化を目的に、「竈」＝荼毘所を納骨施設の墓とし

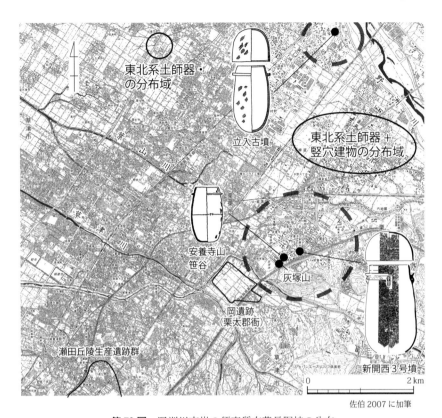

第 70 図 野洲川南岸の須恵質有蓋長胴棺の分布

て活用することを指示している。
(3) 遠江国の内瀬戸火葬墓群(静岡県藤枝市)では、屈葬状態で火葬を行い、そのまま墓としたとされる径 1m 弱の古代方形坑が、一定数報告されている。しかし、底面は焼けず、焼骨の出土例は皆無である。また、周囲には底面中軸に溝を持つ木炭窯が営まれていることから、今日の視点からみれば、製鉄・窯業生産に伴う木炭焼成土坑群と判断せざるを得ない。
(4) 9号土坑と2基一対の位置関係の8号土坑は、上部削平が著しい(第55図)。そのため、骨蔵器の有無は確認できないが、周辺の遺物包含層出土の小型土師器鉢が該当する可能性がある。以前、筆者はこれを9号土坑の骨蔵器蓋と推定したが(菅原 2010a)、口径が身の口径よりひと回り小さく、蓋としては機能しないこと、須恵器窯焼成の専用器でないことから、訂正する。
(5) 耳部は面取りされず丸みがあり、器面はハケメ調整痕をそのまま残している。

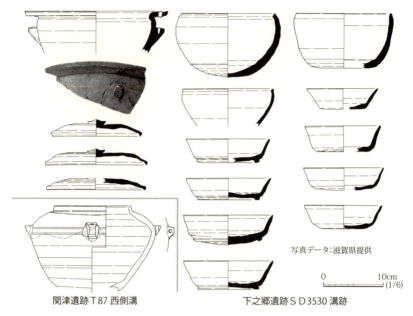

第71図　近江の関連須恵器

(6) Ⅱ期官衙北部のSE429井戸跡でも、完形率の高い100個体以上の土師器煮炊き具が一括出土している。やはり、井戸鎮めに使用されたと考えられる。
(7) 須恵質と言っても、8例中2例は土師質である（第69図-1・8）。しかし、他の属性は共通しており、同一系譜と考えられる。
(8) 器種は鍋と報告されている。しかし、この短い耳部形態ではカマド掛け口に固定するための把手の役割を果たすことができない。胴部上位が強く張り、口縁部が水平に伸びる特徴は、明らかに金属器仏具の模倣である。

補論

　本文の成稿後、火葬墓と荼毘所を同位置に設けた埼玉県熊谷市萩山遺跡第1号火葬墓の事例を知った。年代は8世紀中葉に位置づけられ、山岸硝庫跡9号土坑と一致する。元明上皇の詔の影響が、東国に及んだ可能性が高まった。

第6節　生産の転換②
——藤原仲麻呂政権期の陸奥国と近江国——

　日理・宇多・行方郡の製鉄は、8世紀中葉〜後葉に転換期を迎えている。生産地の分布が海岸線沿いから阿武隈高地寄りへ次第に拡散し始めるとともに（第72図）、それまでの空白地帯に飛び石的な集中生産地（横大道遺跡）が出現し、製鉄炉の総基数が増加した。それに、炉体の構造変化による生産効率の飛躍的向上が加わって、ちょうど三十八年戦争（774〜811年）と重なる時期に生産量はピークに達している。前節でみた宇多郡官人の居宅と火葬墓は、そ

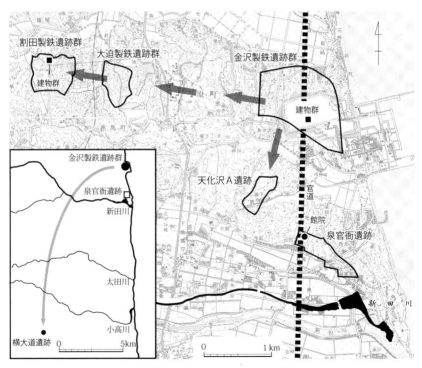

第72図　生産地の拡散（行方郡）

の反映と評価され、ここでは、「製鉄経営」「飛雲文」「重圏文」をキーワードにさらに議論を発展させていくことにしたい。

1　製鉄経営の変化

（1）行方郡の状況

　金沢製鉄遺跡群内に、郡衙機能の唐突な接近が確認できる。もともと同郡の製鉄は郡衙と至近距離の北側低丘陵上で開始されたが、郡衙館院（7世紀末〜8世紀）の西脇を通過する官道を北へ延長した谷の入り口付近で（第72図）、「厩酒坏」墨書土器を伴う2単位の大型建物群が出現した（第73図-3、大船廻A遺跡南区）。中央広場の手前に竪穴建物を配置する構成は、宇多郡官人の居宅（第57図、明神遺跡）と類似し、その性格は、製鉄に関わる行方郡官人の居宅や生産管理施設など複合機能が考えられている。また、存続期間は9世紀後葉まで及んだものの、三十八年戦争の終結後は建物数が次第に減少しており、9世紀中葉に新たに出現した割田製鉄遺跡群の類例では、1単位の建物群しか認められない（第73図-2、割田H遺跡）。この点に、8世紀中葉〜後葉の変化の大きさが指摘されている（飯村2005）。

（2）亘理郡の状況

　亘理南部製鉄遺跡群内にも、大型建物群が出現した（同図-1、熊の作遺跡2地点）。内部の建物配置は詳細不明なものの、掘立柱塀で周囲を方形に区画して（50〜60m四方）、南辺に四脚門を伴う構造は、行方郡例を含め陸奥国内で周知の郡衙館院（第74図）と類似しており、付近の低湿地から「大領」の墨書土器がまとまって出土した点は、牡鹿郡衙館院にみられる「舎人」の刻書・墨書土器の集中傾向になぞらえることができる（同図-1、赤井遺跡館院Ⅰ区）。このことから、亘理郡大領に関わる館院に比定することが可能と思われる。[1]

　ただ、郡衙本体が未発見のため、そこから既存施設が移動したのか、もとも

第6節　生産の転換②　95

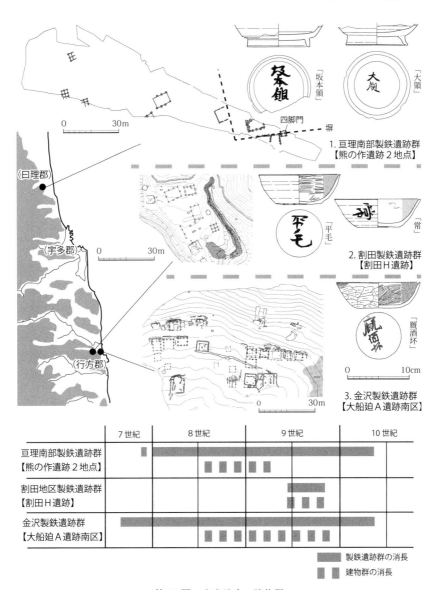

第73図　生産地内の建物群

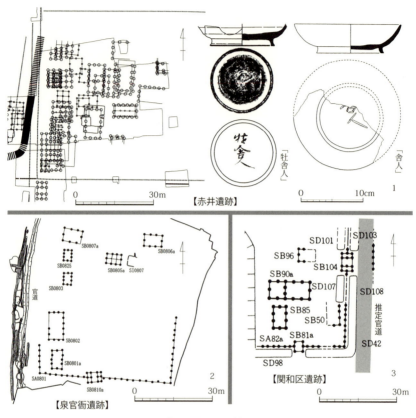

第 74 図　郡衙館院

と郡衙機能には無かった施設が新設されたのか判断することができない。また、周囲の区画＋四脚門を備える点で、行方郡の事例と同一に扱えないが、生産現場に郡衙機能が急接近したのは間違いなく、行方郡の変化は固有現象ではなかったとみなされる。そうすると、第3節で詳述したように、日理・宇多・行方郡の製鉄が現地実務を郡衙が担い、国府が統括する経営形態だったのは重要である。すなわち、冒頭でみた共通現象は国府の指示であり、多賀城創建後は比較的平穏を保ってきた蝦夷社会に強硬な領土拡大を再開し、三十八年戦争の要因を生んだ藤原仲麻呂政権（熊谷 2015）の存在が、浮かび上がる。

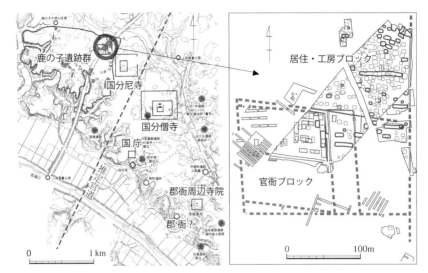

第 75 図 鹿の子遺跡群

（3）常陸国の状況

　変化は、陸奥国内だけにとどまらない。隣国の常陸国鹿の子遺跡群では、通常規模だった鍛冶集落が 8 世紀中葉〜後葉に突然巨大化して（東西 1.5km × 南北 1.2km）、内部に官衙ブロックが出現している（第 75 図、小杉山・曾根 2011）。その位置は、推定官道を取り込む国分二寺―国庁―郡衙の広大な官衙域に接しており、やはり、同様の経営変化の様子がうかがえる。したがって、対蝦夷政策を主目的とした鉄器生産が、陸奥国側の鉄素材生産と連動して行われたと考えられる[2]。もともと両国関係は、那珂郡衙正倉の多賀城系瓦（8 世紀前半）が象徴するように密接だったが、仲麻呂政権下でより強まったとみなされる。

2　近江国庁からの飛雲文の伝播

（1）菜切谷廃寺の飛雲文

　では、2 つめのキーワードに検討対象を移す。大崎地方の菜切谷廃寺では、

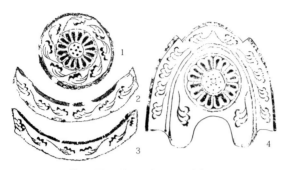

第76図　近江国庁の飛雲文軒瓦

平城宮系の整った均整唐草文軒平瓦に近江国庁創建期（8世紀中葉）のシンボルマークの飛雲文（第76図、平井2010・2011）を顎面施文した、珍しい珠文縁唐草文字瓦第2類（第77図）が発見されている（宮城県教育委員会1956）。かつて筆者は、その文様情報が近江国庁から直接伝播した可能性を指摘したことがある（菅原2015a）。当時の近江国守が藤原仲麻呂の兼任（745～758年）、陸奥国守は四男の朝獦だったからで（757～762年）、蝦夷社会への強硬な領土拡大は朝獦によって実行に移された（熊谷2015、吉野2020）。

当然、このことは、朝獦の陸奥国守就任（757年）が先にみた製鉄経営変化の契機でもあることを意味しており、当時の近江国内で、製鉄遺跡群と飛雲文軒瓦の出土遺跡の分布がほぼ重なる考古学的事実（中西2010）と、符合して

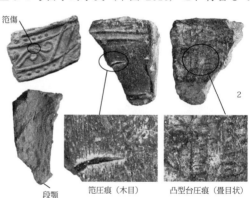

写真データ　1：宮城県教育委員会1956転載　2：筆者撮影

第77図　珠文縁唐草文字瓦第2類

第 6 節　生産の転換②　99

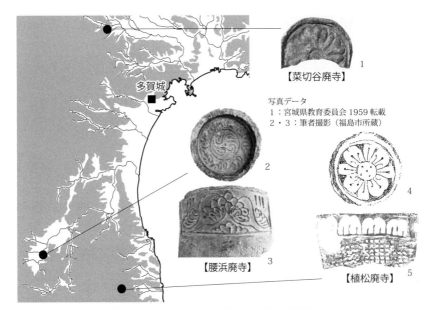

第 78 図　変形複弁花文軒丸瓦と花文系軒平瓦

くる。したがって、陸奥国―近江国間の新展開を探る上で、興味深い視点となる可能性をはらんでいる。

（2）「類飛雲文」の問題提起

　ところが、2017 年 2 月 5 日・6 日開催の「古代瓦研究Ⅷ―飛雲文軒瓦の展開―」の討論で、上の見通しに抵触する佐川正敏（当日欠席）の見解が、司会の今井晃樹から紹介された（今井 2018）。内容は、次のように要約できる。

A：この一見、飛雲文のように見える顎面文様は、「類飛雲文」と考えられる。
　　実際には宝相華唐草文で、信夫郡の腰浜廃寺や行方郡の植松廃寺などに分布する、花文系軒平瓦の顎面文様（第 78 図-3・5）との関連が想定される。
B：また、この軒平瓦と組み合うのは、変形複弁蓮華文軒丸瓦（同図-1）と考えられる。貞観大地震（869 年）の復興にともなう、多賀城Ⅳ期の宝相華唐草文軒丸瓦から影響を受けたもので、年代は 870 年くらいと推定される。

　このうち、A の腰浜廃寺の顎面文様（同図-3）は、確かに先端のパーツを

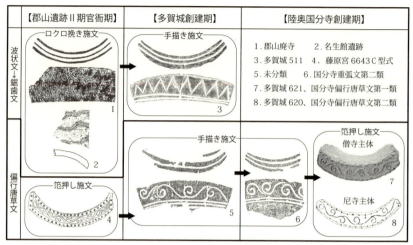

第79図　顎面施文の変遷

取り出してみると、珠文縁唐草文字瓦第2類のモチーフ（雲頭＋雲尾）と酷似している。一部の研究者間では周知の事実であったと思われるが、佐川の指摘は、これまで不問に付されていたものを議論の俎上に載せた点で、重要といえる。そこで、以下に検討したい。

（3）顎面施文の意味

多賀城創建期の陸奥国府系重弧文軒平瓦には、顎面文様として鋸歯文（第79図-3）の他に、ごく少数の偏行唐草文例がみられ、陸奥国分寺創建期の瓦当文様へ発展していく（同図-5→6→7・8）。笵押し施文ではなく、鋸歯文と同じ手描き沈線施文であるものの、祖形は藤原宮所要瓦に求められ（同図-4、菅原1996）、郡山遺跡Ⅱ期官衙の平面プランが藤原宮をモデルに設計されているのと（第68図）、無関係ではないと考えられる。陸奥国内では、軒平瓦の顎面施文が国府・非国府系の区別なくみられるが、後者に確実な宮都出自の文様は見当たらない。

このようにみると、珠文縁唐草文字瓦第2類は多賀城・国分寺へ供給されな

かったものの、陸奥国府系瓦に準ずる性格を備えるため、仲麻呂政権色の強い飛雲文を採用したのではないだろうか。平城宮系の整った瓦当文様と段顎・濃紺色の堅緻な焼成は、多賀城創建期の瓦生産最終段階に位置づけられる均整唐草文軒平瓦660（第31図）との関連性を示唆しており、このことは、660の分布が菜切谷廃寺を含む当初の陸奥―出羽間の駅路整備計画（737年）に関連した官衙・寺院に目立ち（佐川2000、菅原1996）、朝獦は、中断していたその事業を完成させたことと、対応している。したがって、陸奥国府系瓦660に関連し、後続生産されたと予測される。

（4）瓦当文様のモデルと年代観

660の年代は、モデルの平城分類6721Gとの関係から、738年の上限が与えられている（佐川2000）。一方、珠文縁唐草文宇瓦第2類の瓦当文様モデルは検討されたことがなかったため、奈良文化財研究所の林正憲に持参可能な表面採集品（第77図-2）を、発掘調査出土品の写真データ（同図-1）と共に実見を依頼した。その結果、「珠文の間隔は狭いが、唐草文の展開から判断すると、平城分類6691（第80図）の選択肢しかないのでは」という教示を得ることができた。同型式は729年～757年の年代が与えられていることから、上で推定した660との前後関係に齟齬はなく、この先行瓦の上限738年を加味すれば、瓦当文様からみた珠文縁唐草文宇瓦第2類の年代観は8世紀中葉～後葉に求められる。これは、先の瓦当文様と顎形態・焼成からみた年代観、そして、朝獦の陸奥国守就任（757年）と調和的である。

（5）花文系軒平瓦と変形複弁蓮華文軒丸瓦について

それに対し、腰浜廃寺の花文系軒平瓦（第78図-3）は、伴う平瓦凹面の刻書文字から嘉祥年間（848～851年）の定点年代が与えられ、変形複弁蓮華文軒丸瓦（同図-1）は、貞観大地震の発生年（869年）が上限となる。したがって、珠文縁唐草文宇瓦第2類の推定年代より大幅に新しい9世紀中葉～後葉に位置づけられる。また、変形複弁蓮華文軒丸瓦は菜切谷廃寺の南5.5kmの一

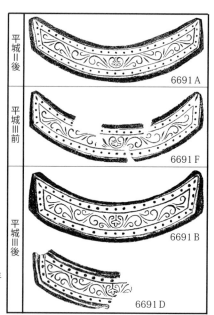

平城Ⅱ後：天平初頭頃〜天平 17(745) 年
平城Ⅲ前：天平 17 年〜天平勝宝元 (749) 年
平城Ⅲ後：天平勝宝元年〜天平宝字元 (757) 年

第 80 図 平城宮 6691 との比較

の関遺跡でも出土し、両寺院跡で安定した個体数が確認されるのに対し（菜切谷 13 点：一の関 7 点）、珠文縁唐草文宇瓦第 2 類は菜切谷廃寺のみで確認され、報告書不掲載の発掘調査出土品 1 点、後述の内藤政恒瓦資料 1 点を加えても 4 点に過ぎない。そのうえ、変形複弁蓮華文軒丸瓦の胎土・焼成は、珠文縁唐草文宇瓦第 2 類とまったく異なっている（やや粗い胎土の赤褐色焼成）。

こうした複数の状況証拠から、両者のセットが成立しないのは明らかと思われる。

（6）顎面文様の全体像の復元

以上から、残る疑問は、顎面文様自体に宝相華唐草文の可能性があるのかうかの 1 点に絞られた。そこで、これまで不明だった全体像を明らかにすることで、解決を図りたい。

第 81 図の写真・拓影図は、1933（昭和 8）年に内藤政恒が地元収集家の山

第6節　生産の転換②　103

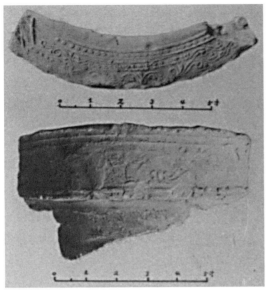

上下の範の重複

左右対称に配置された4個の飛雲文

両端のA・Dに対し、内側のB・Cはやや下に配置

内藤政恒瓦資料研究会2013を転載・加筆

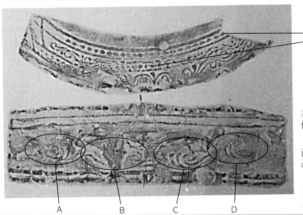

両端の文様は、発掘品の観察データをもとに作図

内側の文様は、全形のわかるCをもとに作図

【顎面推定復元】

第81図　内藤政恒瓦資料

口仁道の所蔵品を資料カード化したものである。その後、実施された発掘調査の報告書中（宮城県教育委員会 1956）で伊東信雄が存在に触れたものの、佐々木茂楨らの地道な努力によって、実に80年を経た2013（平成25）年にようやく初公表された（内藤政恒瓦資料研究会 2013）。管見の限り、施文部位が完存する唯一の資料であり、現在、実見することはできないが、内藤自筆による「濃紺色ヲ帯ビ　割目ハ赤褐色ヲオビ　質硬シ」の註記から、他の3点と同一の色調・焼成状態が確認される。

　ただ、瓦当文様は笵が2回押されており、肝心の顎面文様は写真が不鮮明である。そのため、文様構成の判別が難しく、せっかくの資料が検討対象として扱われていなかった。しかし、拓影図をよく観察すると、顎面には左右対称に配置された4個のモチーフ（A～D）が確認できる。そこで、比較的鮮明な右内側のモチーフCと、発掘調査出土品（第77図-1）の完存する左端のモチーフをもとに推定復元したのが、第81図下である。これにより、顎面文様はまぎれもない飛雲文であるのが証明される。

　ところで、中西常雄によると、統一新羅では鳥や飛天の本体から枝のように突き出した部分の先端に、雲頭が描かれた例がある（中西 2018）。花文系軒平瓦の顎面文様（第78図-3）は、まさにそのような表現の宝相華唐草文であり、一方で、近江国府瓦工房が図案化した飛雲文は宝相華唐草文の本体を省き、雲頭の向きをそろえた先端のモチーフだけを並列配置したものと考えられる。したがって、両者は広義で同一出自に連なる関係といえ、佐川の問題提起は本質をとらえたものと評価される。

（7）飛雲文の直接伝播か

　ここで、改めて伝播の背景を検討したい。

　シンポジウム「古代瓦研究Ⅷ─飛雲文軒瓦の展開─」では、全国の飛雲文軒瓦の分布状況が把握され（第82図）、近江国庁の故地が改めて浮き彫りになった。しかも、近隣国の外側では飛雲文軒平瓦しか分布せず、同文軒丸瓦とのセットが必須なのは近江国内の官衙・寺院のみであるのが、中西常雄から指摘

第6節　生産の転換②　105

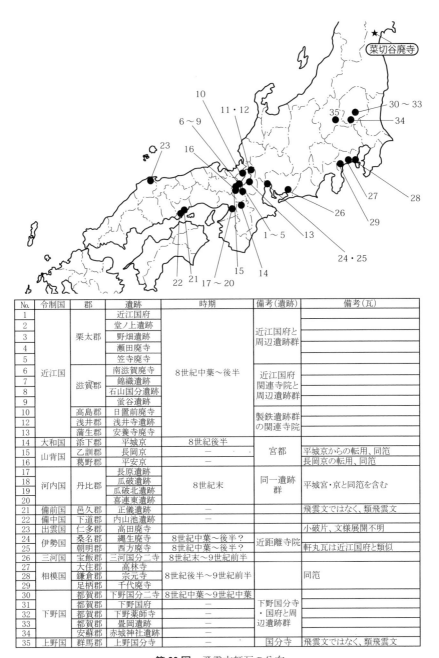

No.	令制国	郡	遺跡	時期	備考(遺跡)	備考(瓦)
1	近江国	栗太郡	近江国府	8世紀中葉～後半	近江国府と周辺遺跡群	
2			堂ノ上遺跡			
3			野畑遺跡			
4			瀬田廃寺			
5			笠寺廃寺			
6		滋賀郡	南滋賀廃寺		近江国府関連寺院と周辺遺跡群	
7			錦織遺跡			
8			石山国分遺跡			
9			蛍谷遺跡			
10		高島郡	日置前廃寺		製鉄遺跡群の関連寺院	
11・12		浅井郡	浅井寺遺跡			
13		蒲生郡	安養寺廃寺			
14	大和国	添下郡	平城京	8世紀後半	宮都	
15	山背国	乙訓郡	長岡京	―		平城京からの転用、同范
16		葛野郡	平安京	―		長岡京の転用、同范
17	河内国	丹比郡	長原遺跡	8世紀末	同一遺跡群	平城宮・京と同范を含む
18			瓜破遺跡			
19			瓜破北遺跡			
20			喜連東遺跡			
21	備前国	邑久郡	正儀遺跡	―		飛雲文ではなく、類飛雲文
22	備中国	下道郡	内山池遺跡	―		
23	出雲国	仁多郡	高田廃寺			小破片、文様展開不明
24	伊勢国	桑名郡	縄生廃寺	8世紀中葉～後半?	近距離寺院	
25		朝明郡	西方廃寺	8世紀中葉～後半?		軒丸瓦は近江国府と類似
26	三河国	宝飯郡	三河国分二寺	8世紀末～9世紀前半		
27		大住郡	高林寺			
28	相模国	鎌倉郡	宗元寺	8世紀後半～9世紀前半		同范
29		足柄郡	千代廃寺			
30	下野国	都賀郡	下野国分二寺	8世紀中葉～9世紀中葉	下野国分寺・国府と周辺遺跡群	
31		都賀郡	下野国府			
32		都賀郡	下野薬師寺	―		
33		都賀郡	畳岡遺跡	―		
34		安蘇郡	赤城神社遺跡	―		
35	上野国	群馬郡	上野国分寺		国分寺	飛雲文ではなく、類飛雲文

第82図　飛雲文軒瓦の分布

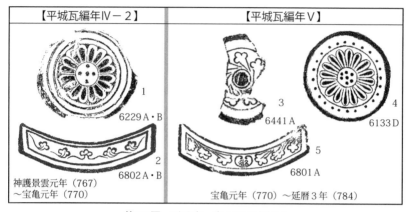

第 83 図 平城宮・京の飛雲文軒瓦

された（中西 2018）。

　一方で、各国の報告データを分析すると、この文様の地方伝播の発信源は近江国庁より出現が遅れ（上限 767 年）、瓦組成に占める割合がごく客体的な平城宮・京（第 83 図）に求められるのが、読み取れる。瓦当中心が判明する地方の飛雲文軒平瓦は、例外なく均整唐草文軒平瓦のモチーフ配置にアレンジした平城宮・京タイプであり（第 84 図-4 〜 7・11）、近江国庁タイプは確認できない。
(4)

　近江国庁タイプ　……中心が無文（第 76 図-2・3）。
　平城宮・京タイプ　……中心飾りを配置（第 83 図-2・5）。

　そうすると、当時の全国的な平城系軒瓦の普及現象（森 1974 他）の一端とも評価されるが、その中で唯一、珠文縁唐草文字瓦第 2 類の顎面文様は近江国庁タイプの飛び石的な分布となる（第 85 図）。したがって、近江国庁から直接伝播したもので、藤原朝獦の陸奥国守就任に契機を求めるのが妥当と結論づけられる。しかも、陸奥国府系瓦の伝統的な重弧文軒平瓦ではなく、平城宮所要瓦をモデルにした均整唐草文軒平瓦であえて顎面施文された点に、特別な意味が見出せる。
(5)

　また、この前提で見ると、モチーフの数が 4 個で中央の 2 個がやや下がった配置なのは（第 81 図下）、近江国庁の実物、あるいは忠実な「様」を実見して

	近江国庁タイプ	平城宮・京タイプ	類飛雲文
陸奥	1 菜切谷廃寺		
下野		4 下野国分寺	
上野			13 上野国分寺
相模		5 千代廃寺他	
三河		6 三河国分寺	
伊勢	2 西方廃寺	7 縄生廃寺	
山城		8 長岡京 6229A・B 6802A・B / 9 長岡京 6801A	
河内	3 長原遺跡他	10 長原遺跡他 6229A・B 6802A・B	
備前	【近江国庁と同系】	【平城宮・京と同范】	14 正儀遺跡
備中		11 内山池遺跡	
出雲		12 高田廃寺 分類は未確定	

第84図 飛雲文軒瓦の伝播

第85図 飛雲文軒平瓦のタイプ別分布

瓦工が笵を製作したためと思われる。近江国庁の飛雲文軒平瓦のモチーフの数は6個であるが、両端が途切れた例（第76図-3）が多く（平井 2011）、それらが彎曲した瓦当面に施文された状態を顎面に写したのであろう。

（8）藤原仲麻呂・朝猟親子の影響

では、これまでの検討結果を踏まえ、冒頭の課題に接近してみたい。

藤原仲麻呂は、近江国内の製鉄経営に熱心だった。7世紀後葉の生産開始以来、散発的な生産にとどまっていた野路小野山遺跡（瀬田丘陵生産遺跡群）の製鉄炉基数が突然増え、生産量がピークを迎えるのは8世紀中葉である（大道 2011）。また、『続日本紀』天平宝字6年（762年）2月25日の条は、近江国守退任（758年）後も実質的に同国支配を続けた彼の動向を、次のように伝えている。

「大師（太政大臣）の藤原恵美朝臣押勝（仲麻呂）に、近江国浅井・高島郡

第6節　生産の転換② 109

第 86 図　飛雲文軒瓦と製鉄遺跡群

の鐵穴（鉄鉱山）各一処を賜う。」

　この史料記録は、当時高島郡の今津饗庭野製鉄遺跡群内に大規模な官衙（日置前遺跡）が突然出現し、その隣接寺院（日置前廃寺）で飛雲文軒瓦が使用される考古学的事実と、見事に合致している（今津町史編集員会 2003）。さらに近江国内全体で、飛雲文軒瓦の出土遺跡と製鉄遺跡群の分布がほぼ重なる状況から（第 86 図）、中西常雄は、「（当時の製鉄遺跡群が）国衙を中心とする政治機構下にあり、飛雲文を使用する建物もまた国衙と何らかの関係を持っていたであろう」と推測した（中西 2010）。

　したがって、仲麻呂は国守在任中から近江全体の製鉄経営に関与しており、

退任後の 762 年の鐵穴入手だけが記録された理由は、その 20 日前人臣として史上初の従一位大師まで昇り詰め、また、浅井・高島郡の鉄鉱石が湖上水運で野路小野山遺跡へ運ばれるほど高品質（大道 2015）だったためであろう。中西の見解は、現在、多くの研究者から支持されている（北村 2018・平井 2010）。

このようにみると、四男の朝獦が行ったのは、父親の近江国支配の模倣といえるのではないだろうか。対蝦夷政策の実行に大量の鉄素材が必要だったのは当然であるが、背後には、この親子関係の影響が考えられる。後方支援側の製鉄経営変化と最前線寺院への飛雲文の伝播は、それを象徴的に示す考古学的所見と位置づけられる。

3　伊勢国庁からの重圏文の伝播

ところが、多賀城政庁第Ⅱ期のシンボルマークには、重圏文が採用された。そこで、この 3 つめのキーワードを手掛かりとして、さらに検討を進めたい。

（1）近江国庁構造の情報伝播

天平 17（745）年に近江国守となった仲麻呂は、1 次国庁を移転して、唐風に荘厳された新しい国庁を創建した（第 87 図-3）。同じ 8 世紀中葉に移転した隣国の伊勢国庁は、周辺官衙を含めほぼ相似形を呈することが知られ（同図-4）、山中敏史が仲麻呂政権の影響を早くから指摘している（山中 1995）。また伊勢国庁ほどではないが、やはり同時期に移転した伯耆国庁は、長大な東・西脇殿と東・西楼の配置が一致しており（同図-5）、一部を切り取った形で模倣した可能性がある。

そして、天平宝字 6（762）年に朝獦が大改修した多賀城政庁第Ⅱ期も、この近江国庁を意識したようである（菅原 2015a・2019、吉野 2020）[6]。「外観を唐風に一新した」（古川 2020）構造は、後殿、東・西脇殿間通路、東・西楼が共通しており（同図-1）、政庁第Ⅰ期の基本配置を踏襲しながらも、特徴的要

第6節 生産の転換② 111

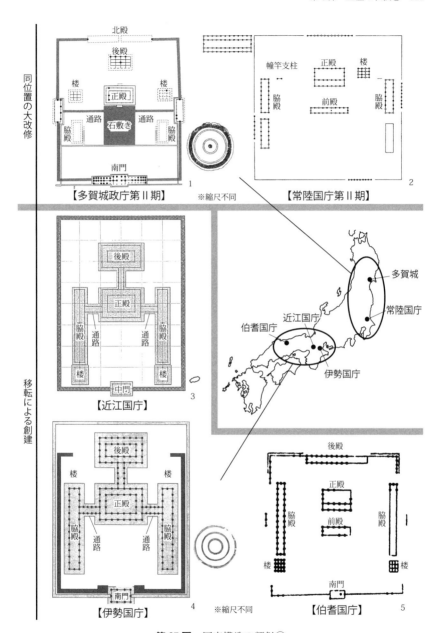

第87図 国庁構造の類似①

112　第Ⅰ章　製鉄をめぐる陸奥国と近江国

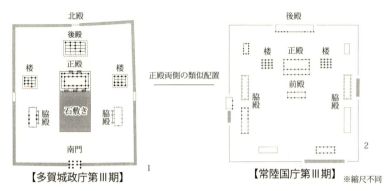

第 88 図　国庁構造の類似②

素を最大限に取り入れた様子が読み取れる。さらに、8世紀中葉に大改修された隣国の常陸国庁第Ⅱ期は、この多賀城政庁第Ⅱ期と正殿両側の施設位置がほぼ重なっており（同図-2）、第Ⅲ期では、西楼・後殿の設置で類似関係がより明瞭となっている（第88図）。
(7)

　したがって、近江国庁構造はまず伊勢・伯耆国庁に情報が伝播し、次いで、仲麻呂が対蝦夷政策の強化に乗り出すと、遠方の多賀城・常陸国庁へ伝播したという見通しが得られる。このことは、前者が1次国庁の移転による創建、後者が同位置の大改修でそれぞれ共通性がみられ、さらに、多賀城政庁第Ⅱ期に伊勢国庁と同じ重圏文軒丸瓦が採用されたことと、符合してくる。いずれにせよ、伊勢・伯耆・常陸国庁の変化の背後には、多賀城の朝獦に相当する官人の動きが想定可能と思われる。しかし、立論前提に若干の問題点があるため、以下に検討したい。

　近江国庁の東・西楼　通説によると、近江国庁の創建期にはまだ東・西楼がなかったとされている。造営時期は9世紀初頭の大改修期に求められており、確かに、1965（昭和40）年の学史的な発掘調査では当初の玉石敷き上面を整地して行われた東楼の造営過程が確認された（平井 2011）。しかし、ほぼ相似形の伊勢国庁はすべての施設が8世紀中葉に造営され、その後建て替えがないまま、8世紀末〜9世紀初頭までには廃絶したことが、西楼の基壇上面に掘り込まれた土坑の多量廃棄遺物（瓦・土器・羽口・鉄滓・焼土など）によって判明

第6節 生産の転換② 113

型式名			国庁跡										小計	%
			正殿	後殿	西脇殿北	北軒廊	西軒廊	東内溝北	東内溝南	西内溝北	西内溝南	西隅楼南溝	SK04	その他		
軒丸瓦	重圏文	ⅠA1						2		16		11	3		32	
		ⅠA2							1	2			1	1	5	
		ⅠA3		1	6	1		4			2				14	
		ⅠA4						1							1	100
		ⅠA5														
		ⅠA6														
		ⅠB1				1						3			4	
軒平瓦	重廓文	ⅠA1	3	1	1	4		1	2	5	7	3			27	
		ⅠA2		1	1	2	2	15	1		3	3	4		32	90
		ⅠA3			2										2	
	唐草文	ⅡA1				1		1		1	3				6	10

重圏文ⅠA1

重廓文ⅠA1

均整唐草文ⅡA1
（平城分類6719A同范）

重圏文ⅠA1に対して、
・重廓文ⅠA1（多）
・均整唐草文ⅡA1（少）
の2セットがみられる。

第89図　伊勢国庁の瓦組成

している。したがって、近江国庁の東・西楼がなかったというのは、不自然にも思える。

　伊勢国庁の発掘調査では、基壇積土中に含まれる瓦の有無から、「創建期」の幅で施設間の施工順序の前後が捉えられており（新田 2011a・2011b）、近江国庁の層位的所見は同様な関係を示す可能性があるのではなかろうか。今後、再発掘調査で証明されない限り断定はできないが、多賀城の東・西楼の造営時期が第Ⅲ期→第Ⅱ期へ遡った経緯（吉野 2017）をみても、より条件に恵まれた関連成果で過去の見解を見直す余地があると思われる。

　伊勢・伯耆国庁の創建年代　しかし、問題はこれだけではない。同范瓦研究の進展によって、伊勢・伯耆国庁の創建年代が再検討され、8世紀第二四半期まで遡るとみる説が提示されたからである。

　このうち伊勢国庁は、均整唐草文軒平瓦ⅡA1が741年下限の平城分類6719Aと同范品であることが、根拠とされている（新田 2011a）。しかし、明瞭な范傷進行に加え、「重圏文＋重廓文」の原則を崩した重圏文軒丸瓦ⅠA1との異例なセットをなし、組成に占める割合は客体的に過ぎない（第89図）[8]。しかも、この重圏文ⅠA1を含め、伊勢国庁の大半の同文軒丸瓦は、平城宮瓦編年との対比で745年～757年、他はそれ以降に比定されており（新田

型式番号	伯耆国庁 点数	%	伯耆国分寺 点数	%	合計 点数	%
単弁蓮華文615型式	1	3.57	6	4.00	7	3.93
素弁蓮華文620型式	24	85.71	88	58.67	112	62.92
627型式			23	15.33	23	12.92
628型式			1	0.66	1	0.56
632型式	3	12.50	3	2.00	3	1.68
複弁蓮華文641型式			29	19.33	32	17.97

型式番号	伯耆国庁 点数	%	伯耆国分寺 点数	%	合計 点数	%
素文651型式	5	33.33	28	11.86	33	13.20
均整唐草文665A型式	9	60.00	78	20.33	87	34.80
665B型式	1	6.66	89	37.71	89	35.60
675型式			41	17.37	41	16.40

素弁蓮華文620
均整唐草文665A

第90図　伯耆国庁・国分寺創建期の瓦組成

2019)、平城分類6719Aの下限（741年）よりすべて新しく位置づけられる。したがって、平城宮・京における6719Aの生産終了後、一時保管されていた使用済み瓦笵が745年以後に伊勢国へ運ばれ、再利用されたとみるのが自然と思われる。

　一方、伯耆国庁は、素弁蓮華文軒丸瓦620・均整唐草文軒平瓦665Aが、747年上限の国分寺創建期同名軒瓦と同笵品であることが根拠とされている（妹尾2015)。確かに、笵傷がみられず、それが明瞭な国分寺創建期瓦に先行するのは間違いないが、上の伊勢国庁ケースとは違い、瓦笵は現地の国府瓦工房で製作されたもので、国府創建期と国分寺創建期の瓦組成に共通して一定比率を占めている（第90図）。したがって、国府直轄事業の間断ない生産が推測され、747年を遡っても2〜3年程度には収まると考えられる。

　以上により、立論前提の問題は一応解決された。

（2）佐伯毛人と高丘連河内

　ここで二人の人物に注目したい（第91図）。
　まず一人は佐伯毛人である。仲麻呂が光明皇太后の家政機関として創設した

第 6 節　生産の転換②　115

1	天平13(741)年	9月12日	智努王・藤原仲麻呂・高丘連河内らが遷都に伴う人民への土地班給のため、恭仁京に派遣される。
2	天平17(745)年	2月24日	佐伯毛人が伊勢国守に就任する。
3		9月4日	藤原仲麻呂が近江国守に就任する。
4	天平18(746)年	9月22日	高丘連河内が伯耆国守に任官する。
5	天平宝字元(757)年	5月20日	藤原仲麻呂が紫微内相に就任する。
6			佐伯毛人が従四位下に叙せられる。
7		7月4日	橘奈良麻呂の乱が発覚する。
8		7月8日	藤原朝獦が陸奥国守に就任する。
9		7月9日	佐伯毛人が右京太夫に就任し、春宮太夫と兼務する。
10	天平宝字2(758)年	6月16日	佐伯毛人が常陸国守に就任する。
11	天平宝字6(762)年	12月1日	藤原朝獦が大改修した多賀城Ⅱ期政庁が完成する。
12	天平宝字8(764)年	9月11～18日	藤原仲麻呂の乱が起きる。仲麻呂・朝獦が惨殺される。
13	天平神護元(765)年	1月26日	藤原仲麻呂の乱に連座して、佐伯毛人が多褹嶋守に左遷する。

第 91 図（240911 修正）　藤原仲麻呂・朝獦関連史料

紫微中台の大忠や、中衛大将の仲麻呂の下で中将を務めるなど腹心として知られ（鷺森 2020 ほか）、最後は762年の反乱に連座して種褹嶋（種ケ島）守に左遷されている（同図-13）。実は、彼は仲麻呂が近江国守になる約半年前に伊勢国守に就任した（同図-3・2）。しかも、伊勢国守の退任後は中央官人として昇進したが（同図-5）、朝獦の陸奥国守就任の翌年に再び地方官人に転じ常陸国守となっている（同図-8・10）。これが、仲麻呂による一体の人事なのは明白で、陸奥国—常陸国間に鉄素材・鉄器生産地の唐突な経営変化が起き、生産量が飛躍的に増加する考古学的事実と合致している。

　もう一人は、高丘連河内である。佐伯毛人より官位は低いものの、遷都に伴う民衆への宅地班給のため、智努王・仲麻呂らと恭仁京へ派遣された経歴をもち（同図-1）、仲麻呂が政権を握った8年間で従五位上→正五位下の異例に早い昇進を遂げている（真田 1980）。彼は仲麻呂が近江国守になった約1年後に伯耆国守に就任した（同図-3・4）。

　上の事実関係から、近江国庁構造は朝獦とこの二人の官人を介して、まず伊勢・伯耆国庁に情報が伝播し、次いで、対蝦夷政策の強化を契機に多賀城・常陸国庁へ伝播したと考えられる。晩年の仲麻呂は、息子三人と女婿一人を畿内

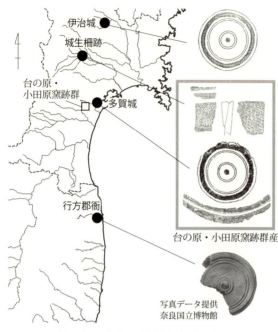

第92図 複線二重圏文軒丸瓦の分布

周辺七か国の按察使・国守に配置したのが知られ（鷺森 2020）、親族・腹心で要所を固めるのは一貫した政治手法だったのがうかがえる。

（3）影響の拡がり

以上、やや迂遠な論証になってしまったが、多賀城政庁第Ⅱ期のシンボルマークに重圏文が採用され、それが伊勢国庁と同じなのは、仲麻呂・朝獦の親子関係の影響と結論付けたい。

そうすると、陸奥国内に分布する重圏文軒丸瓦のうち、多賀城政庁第Ⅱ期とそっくりな複線二重圏文軒丸瓦が行方郡衙と伊治城のみで確認されるのは、その延長上で理解できるのではないだろうか（第92図）。行方郡衙は、沿岸3郡で最大規模の製鉄遺跡群（金沢製鉄遺跡群）の現地経営拠点、伊治城は、仲麻呂政権の対蝦夷政策を引き継いだ称徳・道鏡政権による、当時の陸奥国最北端の城柵である（767年完成）。

また、多賀城政庁第Ⅱ期で複線二重圏文軒丸瓦とセットをなす単弧文軒平瓦の同一生産地品（台の原・小田原窯跡群）が、城生柵跡に供給されたのは見逃せない（菅原 1987a）。城生柵跡の付属寺院は、飛雲文が直接伝播した菜切谷廃寺であり、当時の大崎地方―多賀城間に瓦の共有関係が途絶えていたのを勘案すると、明確な政治的意図がうかがえる。

4　伝統的な地域関係の再現

　これまでの記述は、藤原仲麻呂個人に焦点を当ててきた。しかし、陸奥側との関係契機となった近江国守就任は、奈良時代の藤原氏一族の慣例に倣ったもので、藤原氏一族が近江国支配に拘泥した理由は、「畿内と東国を結節する軍事・交通の要衝の地をおさえる」(平井 2010) ためだったことが知られている。これは、大化前代から陸奥側と継起的交流が展開した近江の地政学的要因そのものであり、長い時間軸で見れば、仲麻呂政権の影響は伝統的な地域関係の一コマという評価が可能であろう。

　では、伯耆国はどうだろうか。そこで、伯耆国分寺創建期（8世紀中葉）の主要軒瓦である複弁蓮華文軒丸瓦 641（第 93 図-3）に注目したい。その文様モデルは、妹尾周三によって国分寺所在郡（久米郡）に隣接した川村郡の郡領層氏寺＝野方・弥陀ヶ平廃寺の軒丸瓦Ⅲ類（同図-2、8世紀前半）に特定され

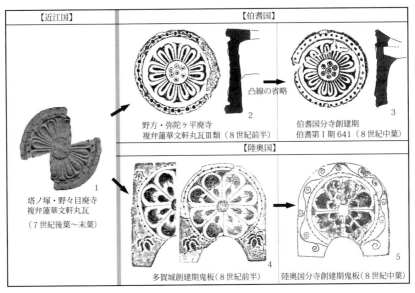

第 93 図　近江国—陸奥・伯耆国の瓦関係

ており（妹尾 2011）、さらに筆者は遡って、近江国愛知郡の渡来系氏族氏寺＝塔ノ塚・野々目廃寺の複弁蓮華文軒丸瓦（同図-1、7世紀後葉～末葉）に起点を推定している。全体の文様構成は瓜二つといってよく、珠文を凸線で数珠状につないだきわめて珍しい新羅系モチーフの共有は（真田 1980、濱田 1934）、決定的根拠になると思われる。[11]

そして、このモチーフが同時進行で多賀城創建期鬼板（同図-4、8世紀前半）→陸奥国分寺創建期鬼板（同図-5、8世紀中葉）にも継続施文されたのは、重要である。伯耆・陸奥国の有力者が、近江国の同一渡来系氏族と交渉を持っていたことを示唆し、やはり、伝統的な地域関係の背景を指摘することができる。[12]現状では、それがどこまで遡るのかは明らかでないが、信夫郡安岐里をめぐる陸奥国―備後・安芸国間の交流（第3節）をみると、同じ中国地方の一体動向として、天智朝期まで遡る可能性を指摘したい。

註
（1）大領に関わる館院が営まれたということは、付近一帯（坂本郷域）が大化前代の国造本拠地であり、製鉄は、評督・大領の勢力基盤を受け皿にして開始されたという、第3節の見解と整合する。
（2）当該期の生産目的の1つに、国分寺造営の需要が指摘されており（黒澤 2014）、妥当な見解と考えられる。ただ、全国一斉にその必要性が生じたにもかかわらず、鹿の子遺跡群に匹敵する規模の鍛冶工房群は他国で確認できない。したがって、巨大化の最大要因は、陸奥国の隣接国に課せられた対蝦夷政策の後方支援に求めるのが自然と思われる。なお、誤解のないように断っておくと、鹿の子遺跡群で使用された鉄素材が陸奥国側からの供給と単純に考えているわけではない。常陸国内の徹底した鉄製品のリサイクル・リユースや、未発見の大規模製鉄遺跡群の存在を模索する見解がある（小杉山 2020）。慎重に今後の動向を見守りたい。
（3）その結果、国分寺のシンボルマークは偏行唐草文となり、多賀城の重圏文と別になった。これは、寺院の瓦には蓮華文・唐草文、官衙の瓦には重圏文・重廓文が適しているという全国的な共通認識（梶原 2008）と合致している。偏行唐草文軒平瓦については、それまでごく少数派だった意匠が、なぜ国分寺軒平瓦の瓦当文様に採用されたのかという疑問に対する回答になるかもしれない（菅原 2017c）。

（４）下野国分寺の飛雲文軒平瓦の上限は、740年代に求められており、上限が767年の平城宮瓦編年（第83図）との間に齟齬が生じてしまう。今後の研究の進展を見守る他ないが、中心モチーフの雲尾が左右に分かれる特徴は、明らかに平城分類6802の影響である。したがって、相対的な前後関係は逆転しないと判断している。また、モチーフ配置の原則から外れた雲頭の向きが上下互い違いの上野・備前国例（第84図-13・14）は、飛雲文ではなく、類飛雲文と共通理解されている。そのため、瓦当中心は無文であるものの、近江国庁タイプに該当しないと判断した。

　なお、このうち備前国正儀遺跡の軒平瓦（同図-14）は、公表された拓影図に中心飾りのような縦位の線刻が認められるため、長谷川一英に鮮明な画像データの提供を受けた結果、意図的なものではないことが判明している。

（５）今回は、菜切谷廃寺の発掘出土品の実見がかなわなかった。今後、所蔵する東北大学の条件が許せば、セットの軒丸瓦の有無だけでなく、丸瓦・平瓦を含めた瓦群全体の製作技術特徴が明らかになるはずである。現在、軒丸瓦の製作技術が論点になっているのは承知しているが、言及できなかったのはそのためである。

（６）吉野武が指摘するように、前任者の段階から既に計画された可能性があるが（吉野2017）、近江国庁との類似から、具体的な設計プランを決定したのは彼とみられる。

（７）8世紀後半の肥前国庁Ⅱ期は、後殿と東西脇殿間通路（軒廊）を備えている。しかし、東・西楼を欠く点で、近江・伊勢・伯耆・常陸国庁、多賀城と異なる。隣国の大宰府政庁の影響と考えられている（矢澤2020）。

（８）多賀城政庁Ⅱ期では重圏文軒丸瓦と単弧文軒平瓦がセットをなす。後者は伝統的な重弧文軒平瓦を変形し、重廓文軒平瓦に見立てたもので、基本原則を意識している。

（９）圏線の太さでは両者の違いは大きいが、伊勢国庁は二重圏文（新田2019）、多賀城政庁第Ⅱ期は珠点を持つ複線二重圏文（廣谷2014）でどちらも難波宮・京タイプでなく、平城宮・京タイプに分類されるのは、この見方を追認すると思われる。

（10）中新田町教育委員会（現加美市）の協力で、1次調査の築地崩壊土出土資料中から発見した報告書不掲載品である（菅原1987a）。桑原滋郎・進藤秋輝・高野芳宏・白鳥良一と共同観察した結果、特徴的な粒子の粗い胎土・濃赤褐色の粗雑な焼成状態の一致から、仙台平野の台原・小田原窯跡群の製品であることが判明した。正式な発掘調査の手続きを踏んだ資料なので、後世の紛れ込みでないことは確実視できる。

（11）第93図-1は第30図掲載品と同一資料である。文様構成の類似をわかりやすくするため、反転合成した。

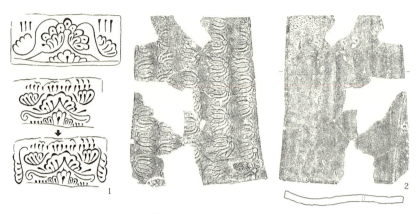

第94図 飛雲文関連資料

(12) 野々目廃寺は、有力渡来系氏族の秦氏（依知秦公）建立の尼寺である。また、塔ノ塚廃寺と共有される別タイプの渡来系瓦（湖東式軒丸瓦）は、白村江の戦いの敗北を契機に誕生したと考えられている（清水2022）。

補論1

　本文の成稿後、多賀城政庁第Ⅱ期と近江・伊勢国庁の類似構造を扱った、吉野武の論文に接した（吉野2022「多賀城の改修と近江国府」『史聚』第55号）。背後に介在する官人動向で、筆者と共通見解が導き出されている。ご一読いただきたい。

　また、菜切谷廃寺の珠文縁唐草文字瓦第2類の顎面文様について、技法上の観点から、佐川説を支持する藤木海の見解が提出されたので、触れておく（藤木2023）。藤木は、その単位文様（筆者のモチーフ）が腰浜廃寺の顎面文様系統ウ（第94図-1）の半パルメット状文と共通し、腰浜・植松廃寺などで多用される、同一単位文様を並列配置した型押し顎面施文（たとえば第78図-5）で表現したものとみる。そして、植松・腰浜廃寺などの瓦群を新羅系と位置づけ、同時期の多賀城Ⅳ期軒丸瓦に端を発した宝相華文と分布の重なりをみせることから、珠文縁唐草文字瓦第2類の顎面文様を仲間に加えた。しかし、施文方法は型押しでないが、陸奥国内では郡山遺跡Ⅱ期官衙期から一貫して、同一単位文様を並列配置した軒平瓦の顎面文様がみられる（第79図）。また施文位置は軒平瓦の顎面でないが、多賀城創建期瓦窯の大吉山窯跡に、型押しで側視蓮華文を並列配置した道具瓦＝陽出蓮花文瓦の凸面文様が確認できる（第94図-2）。既に完成した両面ナデ調整の平瓦ⅠA類に追加施文したもので、一見類似しても、成形工程に伴う名生館官衙遺跡平瓦第1類（8世紀初頭）の花文状叩き目とは、明確に区別できるものである。したがって、藤木のいう技法は、明らかに朝獦の陸奥国守就任（757年）前には存在しており、ことさら貞観大地震の復興瓦と関連付

けることはできない。珠文縁唐草文字瓦第2類の顎面文様は、近江国庁から伝播した飛雲文と在来技法が融合して生まれたとみるのが、妥当と結論付けられる。
　なお、藤木説に従えば、珠文縁唐草文字瓦第2類と変形複弁蓮華文軒丸瓦のセット関係を認めることになるが、それが成り立たないのは本文中で詳述したので、繰り返さない。

補論2
　8世紀中葉～後葉＝仲麻呂政権期の筑前国では、新羅との緊張関係を背景に、元岡・桑原製鉄遺跡群が急拡大している。直接関わった官人は、仲麻呂と敵対した吉備真備であり、陸奥国と同列に扱うことはできないが、同時多発的に類似現象が起きた事実は興味深い。すなわち、白村江の戦いの敗北を背景に、対外国・対蝦夷政策が一体強化され、武井・金沢製鉄遺跡群の生産が開始された7世紀後葉＝天智朝期になぞらえることができる（第7節参照）。製鉄のもつきわめて強い軍事・政治的性格を象徴した現象といえよう。菅波正人の教示により、認識した。

補論3
　本文の成稿後、仲麻呂は当時建設が禁止されていた楼閣を自宅の田村第に建て、過度に自宅を豪華にしていると批判された史料記録があることを知った（青木 2022）。既に、創建当初の近江国庁に東・西楼が存在したとみる筆者の見解の裏付けとなる。

第7節　技術の導入要因（再論）

　前節まで、近江の製鉄技術の直接伝播とその後の継起的関係の展開は、東日本レベルの対称的な地政学的位置関係に起因したものであると、記述してきた。この点に変更の必要は認められないが、それを背景にしたより具体的要因があるのではなかろうか。この点は、本章の根幹に関わるだけに検討が必要と思われる。そこで、最終節は「渡来系の受け皿」（第3節）をキーワードに課題の再接近を試みる。

1　問題提起

　天智朝期の近江国内に、蝦夷の移配が行われたことが推測される。対蝦夷政策では常に最前線と後方支援側の動きが連動し、当時、栗太郡周辺の蒲生・神前（崎）郡に亡命百済人が移配されたのが理由である（『日本書紀』665・669年）。東北系遺構・遺物が径4km範囲に広がる野洲川南岸遺跡群中に、製鉄技術習得の目的だけでなく、「また別の理由で移動してきた集団」＝蝦夷の存在を示唆したのは、そのためで（第2節）、白村江の戦いの敗北を契機に対外国・対蝦夷政策が一体強化され、製鉄技術導入は一環で行われたという、これまでの基本前提と符合してくる。
　そして、さらに注目したいのは、周辺郡でその後も継続移配が行なわれたとすれば、文献史学側が蒲生郡に与えている「移住民の受け皿」的な性格（後述）を補強し、筆者が陸奥国宇多・行方・信夫郡に指摘した「渡来系の受け皿」的な性格と共通性をもつことである。このことから、稀有な遠隔地関係の要因であった可能性が想定される。
　しかし、蝦夷の移配記録は三十八年戦争期しか認められず、しかも当該期を

含め、確実な考古学的（遺構・遺物）痕跡は未確認の状態となっている。そこで、まず研究の現状と課題を整理して、手がかりを探っていく。

2　研究の現状と課題

（1）史料上にみえる三十八年戦争期の移配

かつて百済人が移配された蒲生郡に、陸奥北部の有力蝦夷集団の爾散南公・宇漢米公が移配された記録がある（『日本後記』812 年以前）。また、他にも記録されなかった多くの蝦夷の移配が想定され、戦争終盤の近江国内の人口は、640 人を防人として大宰府に移すことが可能な数まで達し（『類聚国史』806 年）、その後、9 世紀中葉の夷俘長には播磨国の夷俘長との恒常的交流が生まれ（『日本三大実録』866 年）、平安時代中期以降は節会等の宮中行事に半ば恒常的に参列したことが、明らかにされている（武廣 2017a、平川 2017）。

こうした人数・処遇は、畿内と東国を結節する地政学的位置に起因することが明らかで、播磨国との関係を含め、周囲と隔絶した俘囚料（『延喜式』）と整合している（第 95 図）。これは、まさに製鉄技術導入と同じ要因であり、天智朝期の蒲生郡に亡命百済人が移配されたことを踏まえると、当時、蝦夷の移配が一体で行われた可能性は高いといえる。

（2）どのように移配を認定するか

この点を踏まえ、次に周知の他国事例を参考に、遺構・遺物痕跡の認定基準を明確にしておく。

西日本　以下の 6 カ国の事例がある（小田 2010、片桐 1997、松村 2013）。
A：宮都の服属儀礼で使用された東北系土師器…大和国石神遺跡
B：移配途中の官衙に廃棄された東北系土師器… a 讃岐国森広遺跡・筑後国府、b 讃岐国府・筑後国府
C：移配地の居住集落に伴う東北系竪穴建物・土師器…豊前国黒添・赤木遺跡、筑前国雑餉隈遺跡、肥前国浦田遺跡

第Ⅰ章 製鉄をめぐる陸奥国と近江国

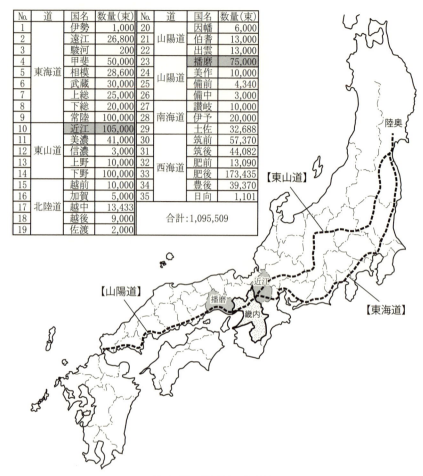

第95図 俘囚料の計上国

それらは史料と、次のような対応関係がみられる。

A→飛鳥寺西の「斎槻の広場」で行われた蝦夷の饗応(『日本書紀』688年)

Ba→伊予国と筑紫に行われた陸奥国俘囚の移配(『続日本紀』725年)

Bb・C→讃岐国と大宰府管内に行われた陸奥・出羽国俘囚の移配(『続日本紀』776年)

このうち最も重要なCは、故地そっくりな集落様相を呈している。大・中・

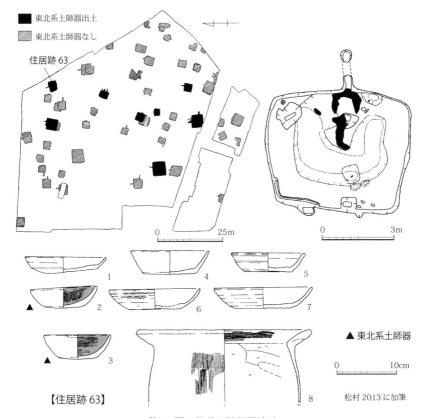

第 96 図　筑前国雑餉隈遺跡

小の長煙道カマド付き竪穴建物が弧状に分布して、定量の東北系内黒土師器坏が伴う（第 96 図）。しかし、須恵器はすべて在地製品が供給されており、カマド構造の 3 〜 5 割程度は九州系が占めている。したがって、移配後の生活は、在地社会の一定供給で支えられたと考えられる。

東日本　上記の C に類似した、武蔵国多磨郡域の帝京大学八王子キャンパス遺跡群例が知られる（第 97 図）。カマド構造は長煙道タイプが約半数を占め、集落内の土師器焼成坑で自給生産された東北系土師器の中には、「蝦夷の土器」とも呼ばれる赤彩球胴甕が含まれる。これは、三十八年戦争の最大激戦地＝陸奥北部の北上地方（江刺）に特徴的な祭祀具で、居住集団の出自が特定さ

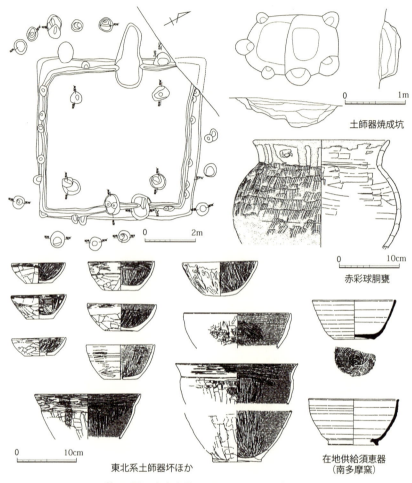

第97図　帝京大学八王子キャンパス遺跡群

れる。
(2)
　ところが、この画期的発見（平野 2013）を契機に、関東全域の調査成果が再検討された結果、帝京大学八王子キャンパス遺跡群のように定量の遺構・遺物が揃うのはむしろ例外である事実が判明した（帝京大学文化財研究所 2017）。しかし、確実な東北系土師器は伴わなくても、長煙道カマド付き竪穴建物の集中分布が明瞭な地域変化とリンクして、移配痕跡と認定可能な事例が

ある（栗田 2017、佐々木・早川 2017・立原 2022[3]）。
A：常陸国鹿島神宮周辺
- 大規模な柵戸輩出（『続日本紀』715年）
- 鹿の子遺跡群の鉄器生産拡大（8世紀中葉〜後葉）

B：上総国府・国分寺周辺
- 規格的配置の掘立柱建物群の成立に結びつく開発（8世紀前葉）
- 土師器の大規模生産（9世紀後半〜10世紀前半）

 とくにAは、鹿島神宮が対蝦夷政策の軍神として崇敬され、陸奥国内に多くの分社が存在することから、信頼性は高い。また東北系土師器が伴わないのは、在地製品の全面供給を受けたためであろう。
 では、この認定基準をもとに、近江国の具体的事例を検討したい。

3　天智朝期の移配——甲賀郡下川原遺跡の事例検討——

 対象とするのは、甲賀郡所在の下川原遺跡である（第6図）。当該郡は瀬田丘陵生産遺跡群のある栗太郡と隣接し、遺跡は大津宮から野洲川南岸遺跡群を経由して、鈴鹿峠越えで伊勢平野へ至る野洲川・杣川ルート（近世東海道）の分岐点付近に立地している（第98図右）。畑中英二・木下義信によれば、7世紀中葉〜後葉に伝統的な拠点集落（植遺跡）の衰退と入れ替わるように急成長し、同時に、近江では稀な煙道突出型カマド付き竪穴建物が出現して全体の73％を占め、内黒土師器坏が少数伴うという[4]。畑中・木下は、それらの出自を関東北部〜東北地方に求めたうえで、大津宮遷都を契機に交通の要衝が整備され（第98図左→右）、遠国の人々が強制移住させられたと推定した（畑中・木下 2008）。確かに、唐突な変化の要因としては妥当であり、遺跡が瀬田丘陵生産遺跡群から一定距離の離れた隣郡に所在するのを勘案すると、理由は製鉄に直結しないと考えられる（辻川 2015）。
 ただ、個別図面が公表された竪穴建物は2棟しかなく、推定故地の範囲は関東北部を含んでいる。そこで、原資料にあたった結果を記す[5]。

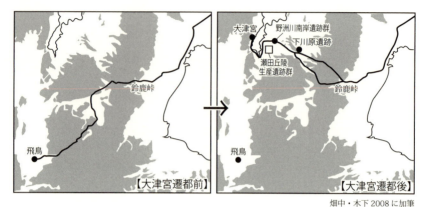

畑中・木下 2008 に加筆

第 98 図　ルートの変更

(1) カマド構造と集落構造の特徴

　遺構原図と細部写真によって、17棟に煙道突出型カマドを確認した（第99図）。長煙道と呼べる長さのものは1棟しかないが（543竪穴）、報告書（甲賀市教育委員会 2004）によると、各遺構は当初の確認土層をさらに掘り下げて検出されており、本来の長さより短くなったケースの存在が想定される。また、近江在来のカマドの影響を受けた可能性がある。帝京大学八王子キャンパス遺跡群の長煙道カマドは、故地の事例より明らかに短めで（第97図など）、類似現象が生じたのかもしれない。この点は、陸奥中部の関東系（短煙道）カマドに、燃焼部が竪穴周壁内に構築されるなど、東北在来の要素が融合した例が含まれることと対応する。したがって、東北出自の可能性は否定されず、この見方は、大・中・小の竪穴建物が弧状に分布した集落様相の一致が、補強してくれる（第99図）。

(2) 内黒土師器坏の出自

　報告書不掲載の小破片まで目を通し、掲載の5点のほかに漏れのないのを確認した（第100図）。食器組成に占める割合は5％未満であり、基本的に、使用土師器は在地製品の供給で支えられたことを示している。それらは、野洲川南岸遺跡群の資料4（第19図-4）と、無段丸底の器形・粗い胎土・質感が類

第 7 節　技術の導入要因（再論）　129

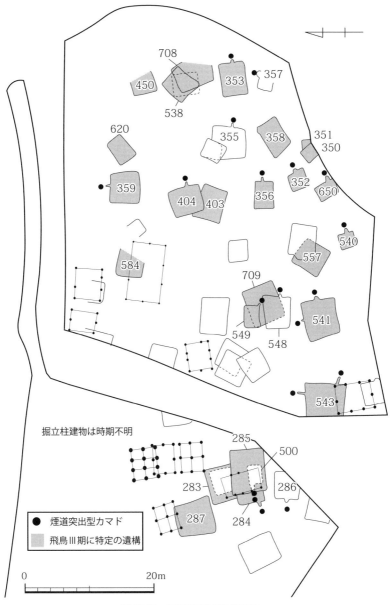

第 99 図　下川原遺跡遺構配置

130 第Ⅰ章 製鉄をめぐる陸奥国と近江国

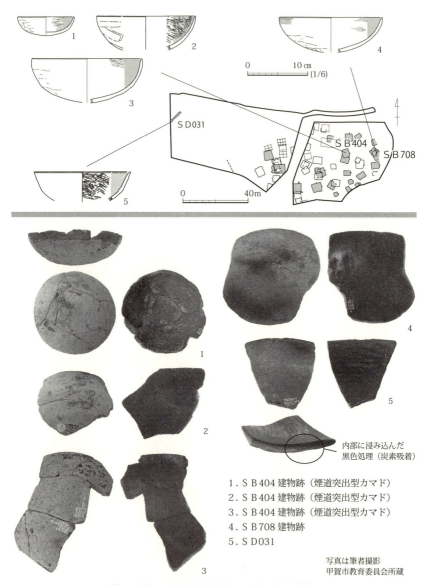

第100図 下川原遺跡出土の東北系土師器坏

似する。また、内面黒色処理は同一技術（炭素吸着）で行われ、表面のみ茶褐色化する常陸南部型坏の漆仕上げとは明確に識別できる。したがって、栗囲式中段階（7世紀中葉〜後葉）の土師器坏に比定され、共伴須恵器の年代観とも整合している。

　こうしたことから、移住の際にごく少数持参された搬入品と判断され、栗囲式に一般的な有段丸底坏がみられず、器壁がやや薄いことを重視すると、移配地で製作された製品の可能性も捨てきれない。後者の選択肢は、同時期の陸奥中部の関東系土師器坏が、故地の組成で一定比率を占める鬼高系坏や有段口縁坏（田中1991）を欠き、器壁がやや厚く、暗文を省略した新型土師器坏（鶴間2004）のみで構成される状況に、類似している。ただ、どちらにせよ、東北の出自に変わりはない。

　したがって、甲賀郡下川原遺跡は天智朝期の蝦夷の居住集落と考えられ、隣郡の栗太郡野洲川南岸遺跡群中にも、同様の一角が存在したとみられる[6]。

（3）交錯する人の移動

　上の結論から、近江国への工人の派遣を伴う製鉄技術導入は、蝦夷・渡来人の移配と一体の人の動きであり、天智朝中枢の大津宮近郊で集中展開したことが判明した。この事実は、白村江の戦いの敗北を契機に対外国・対蝦夷政策が一体強化され、製鉄技術導入は一環で行われたことを、象徴的に示すといえる。

　さらに議論を発展させると、天智朝期は近江国内だけでなく、東国にも亡命百済人が移配されており（『日本書紀』666年）、また、東国から九州北部へ防人が派遣され（『日本書紀』664年）、同じ頃、武蔵北部から陸奥中部へ住民が大規模移配されたことが、考古学的に判明している（菅原2015b）。同様な関係は、8世紀前半の史料上にもみえ、柵戸の負担がとくに大きかった武蔵国に対し（『続日本紀』715年）、翌年には穴埋めとして関東各地の高麗人1,799人が移配され、防人が「本郷」に戻された（『続日本紀』716年）[7]。したがって、当該期はこうした交錯する人の動きのパターンの起点に位置づけられ、陸奥国

信夫郡安岐里の成立契機となった安芸国渡来人の移住（移配）は（第3節）、その一環で行われた可能性が高いと思われる。

4　8世紀前半の移配をめぐって

　その後の展開をみておきたい。取り上げるのは、多賀城創建の契機となった未曽有の規模の蝦夷反乱が起き（『続日本紀』720年）、西日本各地へ大規模な移配が行われた8世紀前半である（『続日本紀』725年）。関連史料の中に直接近江国名は見えないが、琵琶湖東岸の扇状地上に多賀城創建期鬼板第1類と関わる4寺院（第30図）のうち、3寺院が所在するのは注目すべきと思われる（第101図）。

- 愛知郡………塔ノ塚・野々目廃寺
- 東浅井郡……八島廃寺

　そこで、滋賀県全域の発掘調査報告書を悉皆検索した結果(8)、まさにその琵琶湖東岸の扇状地上で、8世紀前半＝多賀城創建期にピークをもつ長煙道カマド付き竪穴建物の4つの分布圏（A～D）を抽出することができた（第101・102図）(9)。

　では、具体的にどのような背景が考えられるだろうか。琵琶湖東岸の扇状地上では、奈良時代に入ってそれまでとは異なる規模の開発が始まっている（滋賀県教育委員会 2009）。神崎郡（D）では、8世紀前半に灌漑条件の悪い段丘上まで長距離水路が開削されたのを契機に、径1kmほどの範囲に長煙道カマド付き竪穴建物を含む小規模集落が分散出現し、8世紀後葉（第3四半期）になると、一画に規格的配置の掘立柱建物群が成立した（第103・104図）。この変遷は、前述の上総国府・国分寺周辺の事例（栗田 2017）になぞらえることができ、掘立柱建物群の成立に結びつく開発に、移配された蝦夷集団が携わったことをうかがわせる。類似状況は、同郡の斗西遺跡・中沢遺跡（B）・山本遺跡（C）、犬上郡の長畑遺跡・尼子南遺跡（A）、東浅井郡の柿田遺跡（E）でも確認され、琵琶湖東岸全体の傾向であったと推定される。

第 7 節　技術の導入要因（再論）　133

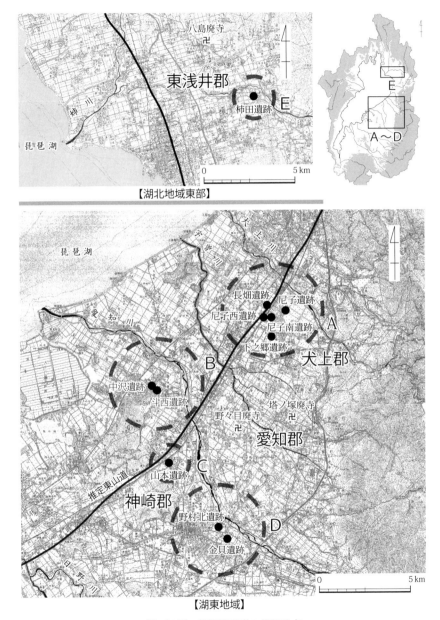

第 101 図　琵琶湖東岸の遺跡分布

郡	分布	遺跡	遺構	時期	規模(m)	面積(㎡)	軸線方位	カマド
東浅井	E	柿田	SH53	7世紀後半～末	6.1×5.9	36	N-10°-E	北
犬上	A	長畑	SB1	8世紀前半	—	—	N-40°-W	北
			SH23	8世紀前半	3.6×2.9	10.4	N-31°-E	東
		尼子	SH-10	8世紀前半	3.1×2.8	8.68	N-40°-E	北東
		尼子南	SH1	8世紀前半	5.5×5.4	29.7	N-20°-W	東
			SB8411	8世紀前半	2.9×2.8	8.12	N-170°-W	南東
			SB8703	8世紀前半	4.0×3.0	12	N-79°-E	北
		尼子西	SH1	8世紀前半	4.4×3.9	17.2	N-20°-E	南東
			SH7	8世紀前半	3.7×3.6	13.3	N-34°-E	東
			SH10	不明	3.5×不明	—	N-43°-E	東
			SH11	8世紀前半	4.2×3.5	14.7	N-51°-E	東
		下之郷	SH3503	7世紀中～後葉	3.9×3.0	11.7	N-43°-W	西
			SH3701	7世紀前半	3.0×不明	—	N-62°-E	東
			SH3801	7世紀後葉	5.1×4.4	22.4	N-51°-E	東
			SH3804	7世紀前半	4.3×3.4	14.6	N-63°-E	東
			SH4403	8世紀前半	不明×不明	—	N-20°-W	北
神崎	B	中沢10・11次	SB-9	5世紀末?	4.8×3.3	15.8	N-2°-E	北
		中沢12次	SB-1	7世紀	不明×不明	—	N-46°-W	西
		斗西12次	SB-5	7世紀	3.0×不明	—	N-46°-E	東
		斗西19次	SB-2	8世紀前半	5.2×3.5	18.2	N-5°-W	北
	C	山本2次	ST201	8世紀中～後葉	4.2×3.2	13.4	N-160°-E	東・南
		山本2次	ST203	8世紀後葉	3.8×3.2	12.2	N-100°-E	東
		山本2次	ST213	8世紀	3.8×3.7	14.1	N-17°-W	北
	D	野村北	SH1	8世紀前半～中葉	4.1×不明	—	N-3°-W	東
		金貝	S77	8世紀前半	4.4×3.9	17.2	N-31°-W	北
野洲	—	下々塚	SI01	6世紀後半	4.1×不明	—	N-8°-W	北
			SI03	6世紀後半	4.7×3.5	16.5	N-62°-W	西

第102図 長煙道カマド付き竪穴建物一覧（琵琶湖東岸）

　こうしたことから、8世紀前半における近江国への蝦夷の移配を指摘したい。上記の瓦関係（第30図）は、その反映と考えられる。そうすると、当該期の移配地（神崎・犬上・東浅井郡）が前後の時期の移配地（栗太・蒲生・甲賀郡）と連続した地形範囲なのは、一貫した政策上に位置づけられることを示している。

　なお、確実な三十八年戦争期の長煙道カマド付き建物は、確認できなかった。最大規模の移配後の生活は、使用土師器だけでなく、居住施設まで在地社会の完全供給を受けたためと思われる。

第7節 技術の導入要因（再論） *135*

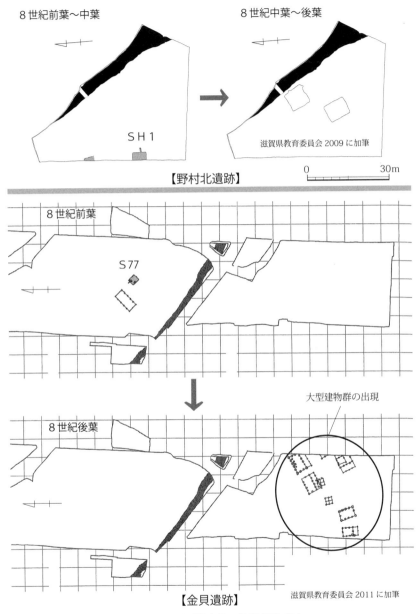

第103図　琵琶湖東岸の集落変遷（D）

136 第Ⅰ章 製鉄をめぐる陸奥国と近江国

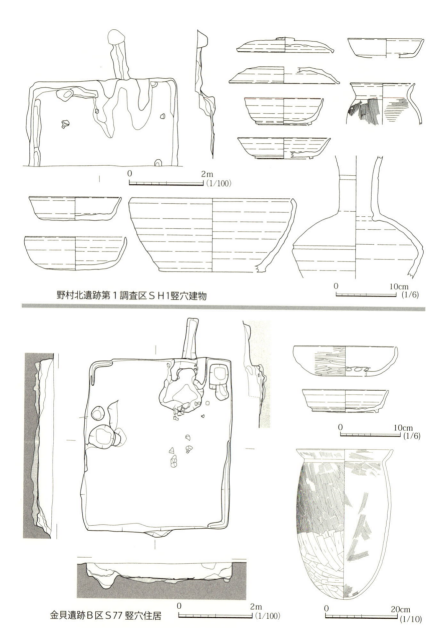

第104図 琵琶湖東岸の長煙道カマド付き竪穴建物（D）

5 「渡来系の受け皿」と製鉄

　最後に、冒頭の課題に再接近したい。文献史学の立場から、武廣亮平は古墳時代以来の渡来人の集住地で、天智朝期は亡命百済人、三十八年戦争期は蝦夷が移配された近江国蒲生郡に、一貫した「移住民の受け皿」的な性格を与えている（武廣 2017a）。今回、周辺郡で明らかにした蝦夷の継続移配はそれを補強する結果となり、筆者が陸奥国宇多・行方・信夫郡に指摘した、「渡来系の受け皿」的な性格（第3節）になぞらえることができる。したがって、製鉄技術の直接伝播とその後の継起的関係を可能にした、具体的要因の1つであったと評価される。

　この視点から、遠隔地関係の必然性はいっそう鮮明になると考えられる。

註
(1) 俘囚料計上国（第95図）は、俘囚・夷俘郷の一部と不一致がみられ、『延喜式』の記述を疑問視する見解がある。しかし、畿内と西国を結節する播磨国、陸奥国に接した下野・常陸国の数値が突出して高いなど、整合的な所見が多い。そのため、全体に及ぶものではないと判断している。
(2) 共伴の在地産須恵器（南多摩窯跡群）は、南多摩編年の9世紀後半に比定される。したがって、三十八年戦争に伴う移配の後、50年あまり経過しても故地の生活様式を保持し続けたことになり、これは異例である。
(3) 9・10世紀の全国各地で普及した内黒ロクロ土師器坏（黒色土器A）を、移配された蝦夷の影響とみる見解がある（巽 1983）。筆者も十分可能性はあると考えているが、一般的な共通理解には至っていない。したがって、ここでは確実に在地土師器と識別できる8世紀後半（三十八年戦争期前半）以前の非ロクロ土師器を指標とする（第96・97図など）。ただし、この問題が解決されれば、移配痕跡の確認遺跡数は飛躍的に増加し、史料上に見える移配国分布とおおむね整合することになるのを、付記しておきたい。
(4) 植遺跡は、5世紀後半に全国で数例しかない大型倉庫群が出現し（大阪府法円坂遺跡など）、その後も、7世紀前半まで地域拠点として継続展開した。
(5) 甲賀市教育員会の協力を得た。
(6) なお、野洲川南岸遺跡群では、製鉄技術習得の目的で派遣された工人達（善光

寺窯跡群）の滞在痕跡と、移配された蝦夷の居住痕跡をどのように識別するのかが今後の課題となってくる。長煙道カマド付き竪穴建物＋内面黒色土師器は、東北内部で緩やかな地域性が認められ、今後資料の蓄積が進めば、ある程度可能になると思われる。
（7）武蔵国の負担の大きさは、同国賀美郡の同一郡郷名が、大崎・牡鹿地方に広く分布しており、関東系土師器の中で北武蔵系が一貫して主体を占める状況に示されている（菅原 2015b）。
（8）2日間をかけ奈良大学図書館を利用させていただいた。
（9）大化前代（5世紀末？～7世紀前半）の小数例は、蝦夷の移配と直接関わらない伝統的な在地の客体的系譜と考えられる。ただし、7世紀前半の事例は仙台平野に大規模な関東移民が行われる時期であり、中国地方などに類例が多くみられることから、前史として気になる存在ではある。
（10）鈴鹿山脈を越えた伊勢・美濃国域にも、長煙道カマド付き竪穴建物の分布が確認され、ことさら蝦夷の移配を強調する必要はないのではないか、との指摘を地元研究者から受けた。そこで、全国遺跡報告書総覧などを活用し可能な限り探索したが、他国同様に一貫して時期と分布範囲にまとまりのない系譜として、ごく少数確認できた程度であった。したがって、現時点では直接の影響はないと判断しておきたい。なお、今後、両国で特定の時期と分布範囲の集中傾向が確認されることになれば、実質的な東山道・東海道の窓口であるだけに、重要な所見となる。
（11）犬上郡（A）の犬上川対岸に、式内社多賀大社が鎮座している。全国で200数10箇所を数える末社の1つは、多賀城の至近距離に鎮座する式内社多賀神社である。ここでは深入りしないが、気になる存在なので付記しておく。

補論

　本文の成稿後、大橋信弥が奈良時代の琵琶湖東岸の未開墾地開発に、優れた土木技術を保持した秦氏の関与を指摘していることを知った（大橋 2023）。文献史学の立場から、本節の結論を裏付ける重要な見解といえる。

第Ⅱ章
土師器動態からみた律令国家形成期

第1節　国造域の土師器様相と栗囲式

　律令国家形成期の陸奥中部は、6世紀前葉〜中葉の著しい停滞状況（第Ⅰ章第1節）から、劇的復活を遂げている。起点は6世紀末〜7世紀前半の仙台平野に求められ、飛躍的な人口増加と生産力の向上が起き、7世紀中葉に行われる郡山遺跡Ⅰ期官衙設置の受け皿となる地域基盤が形成された。

A：河川沿岸で新たな集落形成が徐々に始まり、のちの郡山遺跡と多賀城の周辺集落は拠点集落に成長する。また、名取川南岸の清水遺跡一帯も、それに準じる規模・性格をもつようである（第3図）。

B：多くの集落には、定量の短煙道カマド付き竪穴建物と関東系土師器（常陸南部型坏）が認められる。また、少数の東北北部系土師器がみられるケースもある。

C：連動して、関東系譜を含む横穴式石室・横穴墓を採用した造墓活動が開始され、郡山遺跡の近距離には、仙台平野全体を統括する有力首長墓（法領塚古墳：円墳、墳長約55m）が築造された。

D：また、関東の技術系譜によって、5世紀後半以来途絶えていた在地須恵器生産が再開される。

　次いで、これらの基本属性は、7世紀中葉〜後葉の黒川・大崎地方→8世紀前半の栗原地方へ段階的に北上し、前者については厳重な防衛ラインの形成（熊谷 2015）[1]に帰結している。こうした前後のわかりやすい変化のため、従来の研究はどうしても当該域に注目が集まってきた。しかし、それだけでは不十分だと思われる。そこで、本章では従来看過されがちだった陸奥南部の国造域（浜・中通り地方）に焦点を当てることで、相対評価を示したい。

　具体的に注目するのは、遺跡から普遍的に出土する土師器である（第105図）。陸奥中部の変化の起点となった6世紀末〜7世紀前半は、国造・城柵域

の境界をまたぐ広大な栗囲式が成立したが（辻 1990）、一方で、国造域の浜・中通りにはそれまで会津盆地内に分布範囲がとどまっていた会津型土師器が波及する（菅原 2007a・2021a）。また、少数ながら関東系土師器の分布も確認され、栗囲式・会津型・関東系の3つの土師器動態が交錯した。そこで、この同時多発現象の背後関係を検討し、上記の課題に取り組みたい。

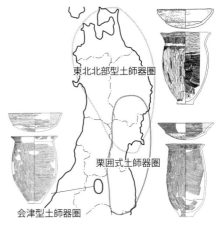

第105図 主要土師器圏（6世紀末〜7世紀前半）

　手順としては、まず中通り→浜通りの順に、国造域の土師器様相と栗囲式の成立要件を提示する（第1節）。次いで、その結果を踏まえ、本章の根幹である会津地方の土師器様相と会津型土師器をめぐる諸問題を検討し（第2節）、最後に、3つの土師器動態の交錯背景を明らかにしていくことにしたい（第3節）。

1　中通り中・南部の様相

　中通り地方は、国造域の内陸側に相当し、阿武隈川中・上流域の信達・郡山・白河盆地を中心とした地域である（第1図）。関東―東北間を結ぶ一貫した交通の大動脈上に位置しており（古代東山道→中世奥大道→近世奥州道中→国道4号線）、南は下野の那須地方、北は城柵域の柴田地方（柴田・苅田郡）と接している。また、会津地方とは、猪苗代湖を挟んで東西関係にある。

　ここでは先行編年研究に学びながら、豊富な一括資料に恵まれた中・南部の細別器種（辻 2007）の消長を提示していく（第106・107図）。なお、第106図に示した6期区分のうち、栗囲式が成立するのはⅣ期にあたる。

	時期	実年代	畿内編年	氏家編年ほか
前半期	Ⅰ期	5世紀末～6世紀初頭	ＴＫ23～ＴＫ47	引田・佐平林式
	Ⅱ期	6世紀前葉～中葉	ＭＴ15～ＴＫ10	住社・舞台式（前）
	Ⅲ期	6世紀後半	ＴＫ10～ＭＴ85	舞台式（後）
	Ⅳ期	6世紀末～7世紀前半	ＴＫ43～ＴＫ209	栗囲式（古）
後半期	Ⅴ期	7世紀中葉～後葉	飛鳥Ⅱ・Ⅲ	栗囲式（中）
	Ⅵ期	7世紀末～8世紀前半	飛鳥Ⅳ～平城Ⅱ	栗囲式（新）

第106図 土師器の時期区分と編年

（1）細別器種の消長

坏、埦、高坏、大型坏、鉢、壺、甕、台付甕、甑、片口に大別され、器形・器面調整の違いから、36の細別器種が設定できる（第108～110図）。以下、指標となる坏Ａ・Ｃ・Ｅ、甕Ａに主眼を置いてみていく（第111～119図）。

〔Ⅰ期〕

佐平林式に比定される。5世紀後半に成立した土師器様式（辻 1989）が、まだ色濃く残る。食器・貯蔵具類はヘラミガキを施す確率が高く、南部では、坏Ａ中心に「赤褐色土器」（玉川 1981）が一定量認められ、関東の影響が指摘されている。

坏は、坏Ａ（1～4）主体、坏Ｂ（11）客体の基本組成が維持される。このうち坏Ａは口縁部が伸長し、口径に対して器高が低くなり始め、内面の稜が消失へ向かう。この器形変化の方向が、やがてⅣ期の栗囲式坏の成立に帰結する。また、内面黒色処理（3）の出現も、同型式成立の前提となる技術要素である。しかし、普及率はまだ1割に満たない。新しい細別器種は、須恵器の器形影響を受けた坏Ｃ（13・14）・Ｄ（23）の出現がみられる。他の器種は、目立った変化はない。甕Ａで主体をなすのは、外面ヘラナデ調整の甕Ａ1a（59）である。まだ胴部が大きく膨らみ、壺Ｃとの識別が器形だけでは困難な個体が認められる。口縁部の立ち上がりは、甕を含めて、直立ないし直立気味の緩いカーブを描く。甑Ａ（68）は、胴部最大径が口径より大きいものが多く、

第1節　国造域の土師器様相と栗囲式　143

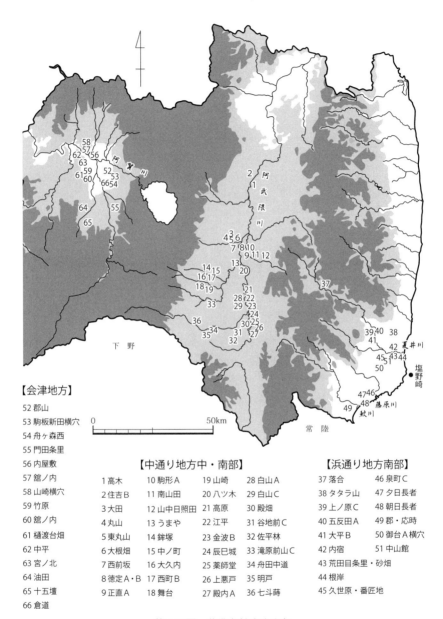

【会津地方】
52 郡山
53 駒板新田横穴
54 舟ヶ森西
55 門田条里
56 内屋敷
57 舘ノ内
58 山崎横穴
59 竹原
60 舘ノ内
61 樋渡台畑
62 中平
63 宮ノ北
64 油田
65 十五壇
66 倉道

【中通り地方中・南部】
1 高木
2 住吉B
3 大田
4 丸山
5 東丸山
6 大根畑
7 西前坂
8 徳定A・B
9 正直A
10 駒形A
11 南山田
12 山中日照田
13 うまや
14 鉾塚
15 中ノ町
16 大久内
17 西町B
18 舞台
19 山崎
20 八ツ代
21 高原
22 江平
23 金波B
24 辰巳城
25 薬師堂
26 上悪戸
27 殿内A
28 白山A
29 白山C
30 殿畑
31 谷地前C
32 佐平林
33 滝原前山C
34 舟田中道
35 明戸
36 七斗蒔

【浜通り地方南部】
37 落合
38 タタラ山
39 上ノ原C
40 五反田A
41 大平B
42 内宿
43 荒田目条里・砂畑
44 根岸
45 久世原・番匠地
46 泉町C
47 夕日長者
48 朝日長者
49 郡・応時
50 御台A横穴
51 中山館

第107図　基準資料遺跡分布

144　第Ⅱ章　土師器動態からみた律令国家形成期

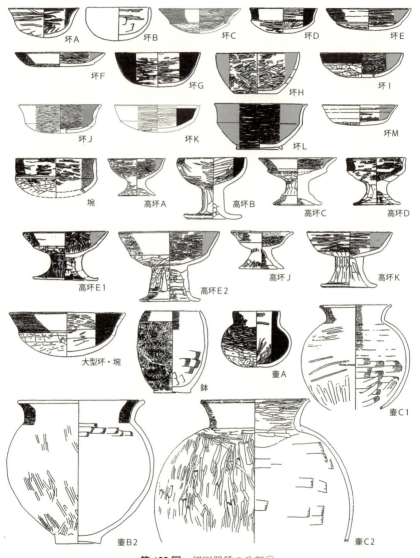

第108図　細別器種の分類①

第1節 国造域の土師器様相と栗囲式　145

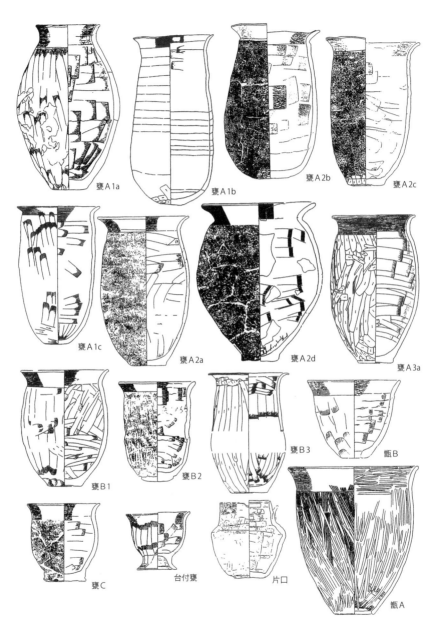

第109図　細別器種の分類②

坏：器形の基準で分類。坏C・Eは、後期編年の指標とされる「有段丸底坏」（仲田1997他）に相当。
A　丸底で、体部が屈曲し、口縁部が外反。
B　半球形を呈するもの
C　広義の須恵器模倣坏。丸底で、体部が屈曲し、下端に段を形成して、口縁部が外反。
D　狭義の須恵器模倣坏。坏C・Eより口縁部が短く、立ち上がりは急である。
E　広義の須恵器模倣坏。丸底で、体部が屈曲し、下端に段を形成して、口縁部が内彎。
F　平底指向で器高が低い、坏Eを変形したもの。金属器盤ないし皿を意識。
G　半球形の金属器系器種。両面をヘラミガキ・黒色処理の傾向。
H　平底無段の金属器系器種。両面をヘラミガキ・黒色処理の傾向。
I　坏Eと似るが、段が曖昧なもの。
J　基本形は坏Eの分類基準とほぼ一致。しかし、出現当初から口径／定径比が小さく、外面ヘラミガキに固執。
K　基本形は坏Cの分類基準とほぼ一致。しかし、出現当初から口径／定径比が小さく、外面ヘラミガキに固執。
L　有台の金属器鋺の模倣。両面をヘラミガキ・黒色処理。
M　初源的なロクロ土師器坏。平城Ⅰの須恵器坏の模倣。

埦：身の深い食器を一括する。
A　坏Dの身を深くしたもの。

大型坏・埦：口径20cm以上の大型品。

高坏：坏部の器形（A～E）、脚部窓の有無（1・2）の基準で分類。中期高坏とは別系譜。
A　坏Aを無窓脚部に乗せたもの。　　B　坏Bを無窓脚部に乗せたもの。　　C　坏Cを無窓脚部に乗せたもの。
D　坏Dを無窓脚部に乗せたもの。　　E1　坏Eを無窓脚部に乗せたもの。　　E2　坏Eを有窓脚部に乗せたもの。
J　坏Jを無窓脚部に乗せたもの。　　K　坏Kを無窓脚部に乗せたもの。

鉢：胴部と口縁部の境界が曖昧な小型品。煮炊き痕跡はない。

壺：器形（A～C）、大きさ（1・2）の基準で分類。
A　いわゆる直口壺。　　B2　頸部径が大きく、胴部下窄まり。　　C1　中・小型の大型球胴甕。
C2　大型の球胴甕。

甕：大きさ（A～C）、外面調整（1・2）、胴部形態（a・b・c）の基準で分類。
A1a　大型の外面ヘラナデ、胴部中膨らみ。　　A1b　大型の外面ヘラナデ、胴部下膨らみ。
A1c　大型の外面ヘラナデ、胴部寸胴。　　A2a　大型の外面ハケメ、胴部中膨らみ。
A2b　大型の外面ハケメ、胴部下膨らみ。　　A2c　大型の外面ハケメ、胴部寸胴。
A2d　大型の外面ハケメ、胴部下窄まり、底部内径が小さい。
A3a　大型の外面ヘラケズリ、胴部中膨らみ→下窄まりに変化。
B1　中型の外面ヘラナデ。　B2　中型の外面ハケメ。　C3　中型の外面ヘラケズリ。　C　小型品一括。

台付甕：甕Cを台に乗せたもの。

甑：大きさ（A・B）の基準で分類。
A　大型の甕Aとセットで使用。　　B　中型の甕Bとセットで使用。

片口：容器に片口を付けたもの。

第110図　細別器種の分類基準

内外面は丁寧にヘラミガキされる。
〔Ⅱ期〕
　舞台式前半段階に比定される。坏は、保守的だった組成に変化が生じ、坏C（15～18）が増加して坏A（5～9）と拮抗する。同時に、両者では口縁部の伸長と器高の低平化が加速して、内面の稜が当該期を最後に完全に消失していく。また技術面では、外面ヘラミガキ調整が坏C中心に省略され始め、内面黒色処理の普及率は3～5割程度に達した。加えて、埦A（27・28）が出現し、坏B（12）が当該期を最後に脱落することで、新旧細別器種の交代が起きている。また、南部の赤褐色土器も当該期で姿を消す。甕A（58・60・61・63）は、停滞気味だった長胴化が明瞭になり、壺C（48・51）との器形の違いがはっきり区別できるようになる。甑A（69・70）に変化は認められない。

　ところで、こうした動きに反する小土師器圏が、中部の阿武隈川西岸の一角に形成されている（第107図-3～6）。口縁部が伸長し、内面黒色処理のほぼ例外なく施された坏Aが、食器組成の8～9割を占め、同時期の日本海側沿岸に横たわる長大な土師器圏（坂井1989、内田2002）と類似様相がみられる（第120図）。そこで所在地を俯瞰してみると、新潟平野から会津盆地経由で中通り地方へ至るルートが阿武隈川とぶつかる場所にあたっており、飛び石的な分布の拡大と考えられる。この見方は、太田遺跡4号住居跡で信州・北陸に普遍的な高坏Bが5個体まとまって出土しており（第121図）、東岸の一部の遺跡を含め、日本海側では既に定着している外面ハケメ調整の甕（63）が1割程度確認されることからも、裏付けられる。ただし、中心範囲はごく狭く（径3km）、後続期に展開しないことから、地域全体の特徴とはならない。
〔Ⅲ期〕
　栗囲式成立直前の舞台式後半段階に比定される。坏の組成は、坏A（10）が激減し、ほぼ坏C（19～22）に独占される。そして、坏Cは口縁部の伸長がより進み、製作技術は、外面ヨコナデ・ヘラケズリ、内面黒色処理に固定化する。この結果、坏に関しては、栗囲式の成立要件がほぼ満たされる。それに対して、甕Aは動きが鈍く、まだ胴部のふくらみが強い甕A1a（62）が組成

148 第Ⅱ章 土師器動態からみた律令国家形成期

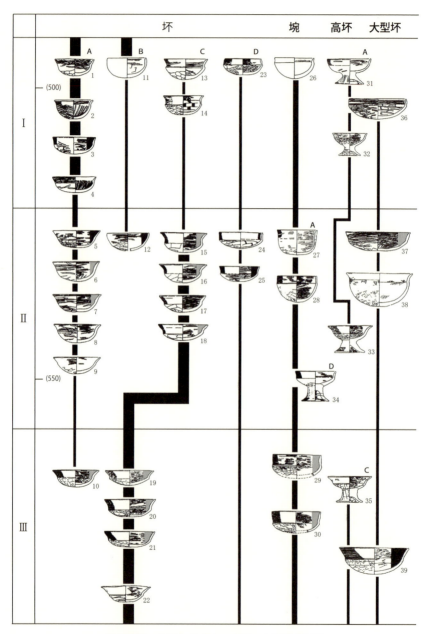

第111図 中通り地方中・南部の土師器変遷①

第1節　国造域の土師器様相と栗囲式　149

第112図　中通り地方中・南部の土師器変遷②

150　第Ⅱ章　土師器動態からみた律令国家形成期

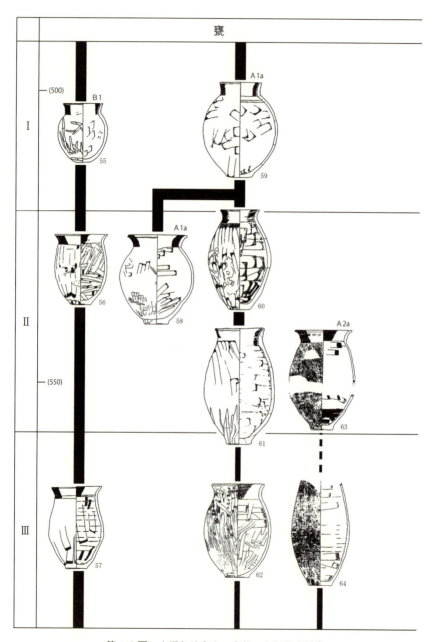

第113図　中通り地方中・南部の土師器変遷③

第1節 国造域の土師器様相と栗囲式　*151*

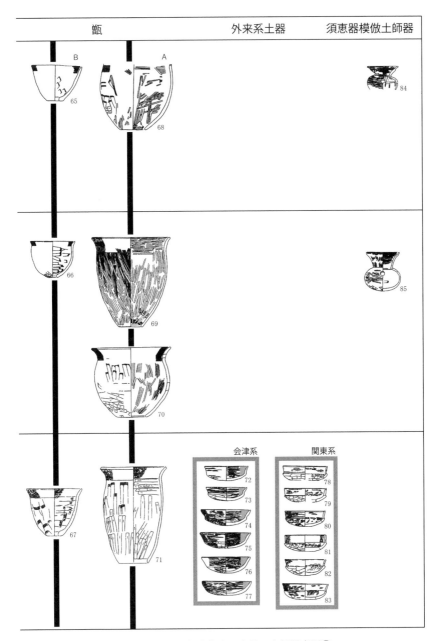

第114図 中通り地方中・南部の土師器変遷④

152　第Ⅱ章　土師器動態からみた律令国家形成期

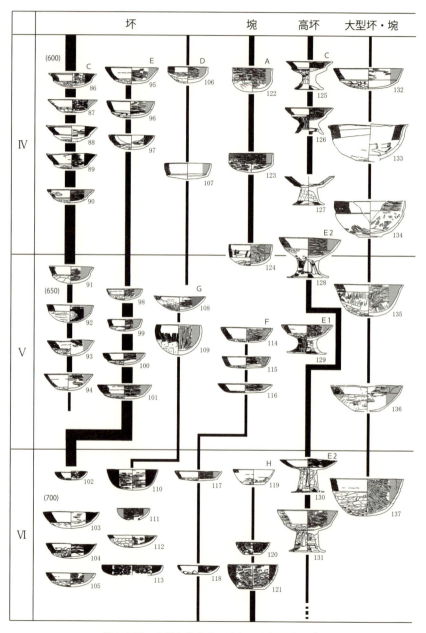

第115図　中通り地方中・南部の土師器変遷⑤

第1節 国造域の土師器様相と栗囲式 153

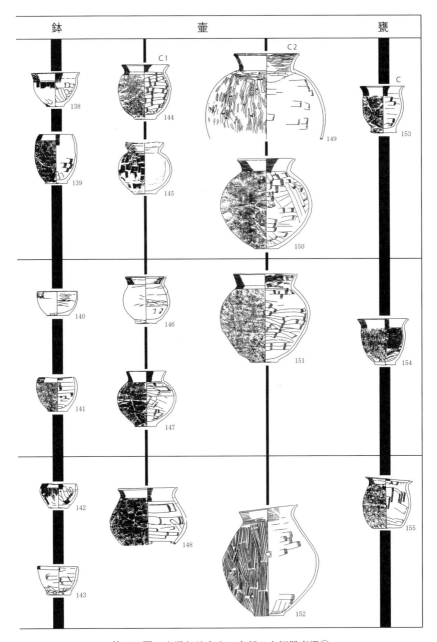

第116図 中通り地方中・南部の土師器変遷⑥

154 第Ⅱ章 土師器動態からみた律令国家形成期

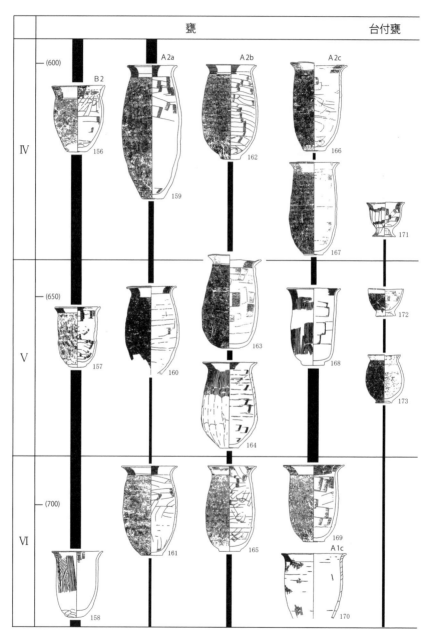

第117図 中通り地方中・南部の土師器変遷⑦

第1節 国造域の土師器様相と栗囲式　155

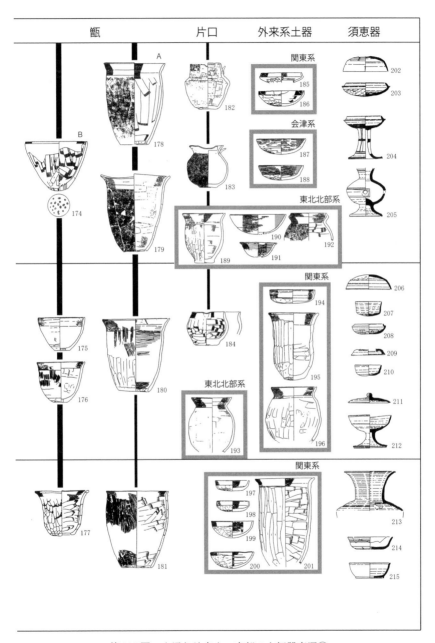

第118図　中通り地方中・南部の土師器変遷⑧

156　第Ⅱ章　土師器動態からみた律令国家形成期

図示資料出土遺跡・遺構一覧

【Ⅰ期】
山中日照田遺跡Ｃ区７号住居跡　11
山中日照田遺跡Ｃ区11号住居跡　1, 2, 4, 13, 13, 26, 43, 52, 55, 65
正直Ａ遺跡４号住居跡　14, 23, 40, 46, 47, 50, 59, 68, 84
南山田遺跡３号住居跡　3, 31, 36
高木遺跡Ⅸ区第２層　32

【Ⅱ期】
東山田遺跡４号住居跡　5, 9, 12 44, 45, 51, 58, 66, 70, 85
太田遺跡４号住居跡　34
丸山遺跡１号住居跡　27, 28
丸山遺跡２号住居跡　60
丸山遺跡８号住居跡　38
大根畑遺跡２号住居跡　6～8, 15～18, 24, 37
大根畑遺跡４号住居跡　25
大根畑遺跡８号住居跡　61
大根畑遺跡９号住居跡　41
高木遺跡Ⅸ区75号住居跡　33, 53, 56, 63, 69
住吉Ｂ遺跡１号住居跡　48

【Ⅲ期】
高木遺跡Ⅸ４号住居跡　19, 20, 49
高木遺跡Ⅸ区60号住居跡　42, 57, 74～77
丸山遺跡１号住居跡　27, 28, 29, 30, 54, 62, 64, 67, 71
百目木遺跡Ⅳ区147号住居跡　39
大根畑遺跡８号住居跡　72, 73
徳定Ｂ遺跡Ⅰ区10号住居跡　22, 78～83
徳定Ｂ遺跡Ⅱ区34号住居跡　35

【Ⅳ期】
山王川原遺跡Ⅱ区２号住居跡　87
山王川原遺跡Ⅱ区８号住居跡　204
山王川原遺跡Ⅱ区10号住居跡　86, 88, 133, 179, 182
山王川原遺跡Ⅱ区21号住居跡　145
山王川原遺跡Ⅱ区22号住居跡　89, 97, 166
北ノ脇遺跡Ⅳ区15号住居跡　149
北ノ脇遺跡Ⅳ区41号住居跡　90, 107, 126, 203
北ノ脇遺跡Ⅳ区46号住居跡　139
北ノ脇遺跡Ⅴ区32号住居跡　167, 183
北ノ脇遺跡Ⅴ区95号住居跡　191
高木遺跡Ⅳ区201号住居跡　127, 186
高木遺跡Ⅳ区222号住居跡　171
高木遺跡Ⅸ区27号住居跡　188
高木遺跡Ⅸ区40号住居跡　185
高木遺跡Ⅸ区59号住居跡　202
高木遺跡Ⅸ区82号住居跡　95, 96, 132, 178,
高木遺跡Ⅸ区103号住居跡　106, 122, 138, 156, 162
高木遺跡Ⅸ区旧142号住居跡　123, 125, 153, 159, 187
高木遺跡Ⅸ区１号溝跡　100
高木遺跡Ⅸ区Ｆ群祭祀遺構　205
高木遺跡Ⅸ区１号遺物包含層　144, 150
高木遺跡Ⅸ区第２層　189, 192
百目木遺跡Ⅳ区59号住居跡　134, 174

【Ⅴ期】
山中日照田遺跡Ｃ区２号住居跡　91, 99
山中日照田遺跡Ｃ区17号住居跡　168
丸山遺跡76号住居跡　210
丸山遺跡78号住居跡　92
百目木遺跡Ⅱ区10号住居跡　93
百目木遺跡Ⅳ区123号住居跡　211
高木遺跡Ⅳ区222号住居跡　207
高木遺跡Ⅴ区６号祭祀遺構　151
高木遺跡Ⅸ区30号住居跡　124, 128, 147
高木遺跡Ⅸ区31号住居跡　116, 164
高木遺跡Ⅸ区34号住居跡　114, 129, 154
高木遺跡Ⅸ区44号住居跡　184
高木遺跡Ⅸ区66号住居跡　141, 157
高木遺跡Ⅸ区105号住居跡　94, 109, 115
高木遺跡Ⅸ区１号溝跡　135, 208, 209
駒形Ａ遺跡２号住居跡　98, 100, 101, 140, 175, 180, 194～196, 206
駒形Ａ遺跡３号住居跡　146, 176
北ノ脇遺跡Ⅴ区65号住居跡　108
北ノ脇遺跡Ⅴ区39号住居跡　212
北ノ脇遺跡Ⅴ区40号住居跡　173
北ノ脇遺跡Ⅴ区52号住居跡　163
北ノ脇遺跡Ⅴ区54号住居跡　136, 160
北ノ脇遺跡Ⅴ区65号住居跡　193
北ノ脇遺跡Ⅴ区66号住居跡　172

【Ⅵ期】
百目木遺跡Ⅳ区108号住居跡　102～105
百目木遺跡Ⅳ区128号住居跡　130
百目木遺跡Ⅴ区65号住居跡　214
高木遺跡Ⅸ区16号住居跡　197, 198, 201
高木遺跡Ⅸ区17Ａ号住居跡　137, 165
高木遺跡Ⅸ区80号住居跡　169
高木遺跡Ⅸ区85号住居跡　142, 200
高木遺跡Ⅸ区118号住居跡　131, 161
北ノ脇遺跡Ⅳ区16号住居跡　117, 143, 148, 215
北ノ脇遺跡Ⅳ区27号住居跡　115
北ノ脇遺跡Ⅴ区48号住居跡　199
住吉Ｂ遺跡５号住居跡　152, 158
西坂前遺跡　105, 119, 170, 213
柿内戸遺跡４号住居跡　177, 181
柿内戸遺跡11号住居跡　118, 120, 121

第119図　出土遺跡・遺構（中通り地方中・南部）

の大半を占めている。しかし、少数とはいえ、ラグビーボール状に長胴化したハケメ調整の甕 A2a（64）が出現し、次へつながる要素として注目される。壺・甑は、ヘラミガキ調整の省略傾向がうかがえ、甑 A（71）は胴部の張りが失われていく。また壺 A はⅣ期以降に確認できず、当該期以前に基本組成から脱落したのは確実と考えられる。

第120図 坏 A 主体の土師器圏

〔Ⅳ期〕

栗囲式成立期（同式古段階）に比定される。坏の組成は、Ⅲ期と基本変化はない。口縁部が大きく開き、外面ヨコナデ・ヘラケズリ、内面黒色処理に画一化された坏 C（86〜90）で、ほぼ独占される。Ⅲ期との違いは、坏 A がまったくみられず、坏 C の口縁部の伸長がピークに達して、器高がさらに低く、底径が小さくなり、内面黒色処理がほぼ例外なく施されることにある。その中で、後半期につながる要素としては、坏 E（95〜97）の出現があげられる。有段丸底坏の口縁部が短く委縮し、内彎化へ向かう起点に、位置づけられる。また、高坏 C（125〜127）が組成の中で安定し、脚部は長くなる。この動きはⅢ期に始まっており、当該期に普遍化した。一方で、埦 A（122・123）は後続期にほぼ継続せず、組成から脱落していく。

当該期は甕に顕著な変化が起きている。甕 A の長胴化がピークに達し、完成された長胴甕となる。同時に、胴部形態は崩れ始め、従来の中膨らみの甕 A2a（159）とともに、新しく下膨れの甕 A2b（162）と、寸胴の甕 A2c（166・167）が出現する。また細部では、口頸部が「く」の字状に屈曲して、下端に段が形成され、外面調整はヘラナデ→ハケメに画一化される。これが、栗囲式成立段階の典型的な甕の様相である。さらに、甕に生じた口頸部・外面調整の変化は、壺・甑にも共通して認めることができる。

158　第Ⅱ章　土師器動態からみた律令国家形成期

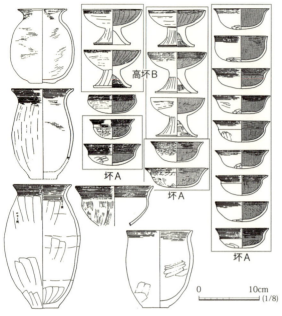

第121図　太田遺跡4号住居跡の土器群

〔Ⅴ期〕

　栗囲式中段階に比定される。前半期（Ⅰ～Ⅳ期）の器形変化の方向が完全に止まり、律令的土器様式の一部要素を備え始める。坏は、坏Ｅ（98～101）が坏Ｃ（91～94）を徐々に圧倒し、坏Ｄは当該期の早い段階で脱落したとみられる。同時に、主体を占める坏Ｅでは、口縁部が短く萎縮していき、内面のくびれが消失へ向かう。一方、金属器系器種の坏Ｆ（114～116）・Ｇ（108・109）、有窓脚の高坏Ｅ2（128）が出現しているが、同一器形の法量分化は伝統的な坏Ｅ中心に認められる。口径 10cm 前後の小型品もあり、須恵器（飛鳥Ⅱ～Ⅲ期）の法量変化に連動したものと考えられる。甕Ａは長胴化が止まり、旧来型の甕Ａ2a（160）は次第に減少していく。甑Ａは、頸部のくびれがほとんどなくなって、台形状を呈するようになる。

〔Ⅵ期〕

　栗囲式新段階に比定される。有段丸底坏は、形骸化した坏Ｅ（102～105）で独占される。同一器種の法量分化はこの細別器種中心に認められる。金属器系器種Ｇ（110～113）・Ｈ（119～121）、高坏Ｅ2（130・131）は、官衙・官衙関連集落・寺院・墳墓で顕著になる。甕Ａは、器形が寸胴タイプの甕Ａ1c（170）・Ａ2c（169）へ集約され、器面調整にＡ1c の外面ナデ調整が現れる。そして、当該期の終末（8世紀中葉、一部第3四半期）を最後に、大型坏・高

坏・甑・壺Cが組成から相次いで脱落し、古墳時代以来の多様な細別器種構成が単純化していく。

以上の消長は、仙台平野の資料中心に設定された氏家型式編年（氏家 1957・1968）と

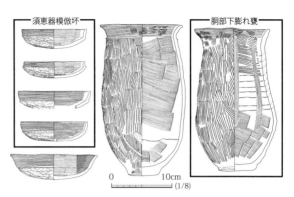

第 122 図　清水遺跡Ⅲ群土器

ほぼ共通しており（辻 2007）、中間域の中通り北部でも同様の見通しが得られている。また、全体の傾向には及ばないものの、一部に関東や日本海側沿岸の影響がみられた。

（2）仙台平野との様相関係——住社式と舞台式——

ところで、研究の初期段階では、中通り南部に引田式と住社式（氏家 1957）の中間型式として佐平林式（目黒 1979）、住社式の併行型式として舞台式（玉川 1981）が福島県独自に設定され（第 106 図）、現在は、浜・中通り地方＝国造域全域でほぼ適応されている。このうち前者の関係は、その後、藤沢敦によって再検証されたが（藤沢 1992）、後者は手つかずのままとなっていた。そこで、学史の総括の意味を込め、触れておきたい。

問題点の確認　住社式は、仙台平野の標識資料中心に設定された氏家諸型式の中で、唯一、宮城県南部の国造域（伊久国造域：角田盆地）の標識資料で設定されている（氏家 1957）。その後、しばらく研究の進展はみられなかったが、1980 年代に入ると、転機が訪れる。仙台平野の清水遺跡Ⅲ群土器の公表（宮城県教育委員会 1981）を契機に、須恵器模倣坏（第 122 図左）と胴部下膨れの甕（同図右）をメルクマールとして強調する見解が示され（加藤 1989）、有力となった。しかし、併行型式として福島県独自に設定された舞台式（玉川 1981）は、これまで確認したように坏A・Cと、胴部中膨らみの甕A1aを変

160 第Ⅱ章 土師器動態からみた律令国家形成期

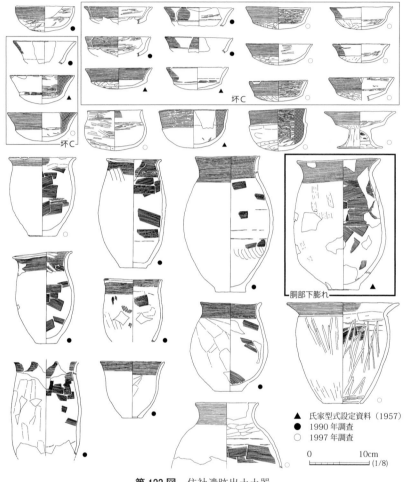

第 123 図　住社遺跡出土土器

遷の軸としている。

標識遺跡出土の土師器群の再検討　そこで、型式設定後の調査分を含め、第123図に住社遺跡出土の土師器群を網羅した。これをみると、須恵器模倣坏（坏 D）は皆無であり、坏組成の 9 割以上は口縁部の伸長した坏 C が占めているのがわかる。また、胴部下膨れの甕は標識資料中の 1 点に過ぎず、実見した

ところ、底部土台の乾燥が不十分なまま粘土紐を積み上げたため、重さで沈んだ器形であることが判明した[2]。したがって、この特徴はイレギュラーと考えて差し支えない。左隣資料が典型を示すように、他の甕の胴部形態は中膨らみを呈し、外面調整は当該資料を含め、例外なくヘラナデである。

　こうした特徴から、住社遺跡出土の土師器群は舞台式後半段階、つまり、中通り地方中・南部のⅢ期に相当するものと判断される。厳密にいえば、その中でも坏の底径がやや大きめで、内面黒色処理の比率が低いこと、外面ハケメ調整の甕がみられないことから、やや古相の位置づけが与えられる。

　したがって、県境を挟んだ基本的違いはないと結論付けることができる。

　清水遺跡Ⅲ群土器の再評価　また、今日の視点でみると、清水遺跡Ⅲ群土器は栗囲式古段階、つまり、中通り地方中・南部のⅣ期の位置付けが与えられる。実は、混乱要因の1つとなった4点の須恵器模倣坏（第122図左）は、表面漆仕上げの鬼高系坏（常陸南部型坏）である[3]。そして、これを除く、口縁部の伸長した内面黒色処理の坏C＋外面ハケメ調整の甕A2a（中膨らみ）・A2b（下膨れ）の構成は、典型的な当該期のセットといえる。

2　浜通り南部の様相

　浜通り地方は、陸奥南部の国造域の太平洋沿岸部に相当し、阿武隈高地から派生した低丘陵が海岸線付近まで迫る地域である。南は常陸の北茨城地方と接しており、弓なりの海岸線がそのまま連続する塩屋崎以南では、地形の境界判別がつきにくい。この点で、下野との間に分水嶺を挟む中通り南部とは、境界様相のあり方に違いが認められる。また、北は阿武隈川河口付近を挟み、城柵域の仙台平野と接している。

　先に結論をいえば、浜通り地方も氏家型式編年のほぼ適応範囲内にある。しかし、南部に関しては、上記の地形特性が反映されるため、ここでは当該域を対象に細別器種の消長を提示する。

（1）細別器種の消長

　坏、埦、高坏、大型坏、鉢、壺、甕、台付甕、甑、片口に大別され、器形・器面調整の違いから、34の細別器種が設定できる。以下、指標となる坏A・C・E、甕Aに主眼を置いて、みていく（第124～132図）。

〔Ⅰ期〕

　坏は、主体をなす坏A（1～4）の口縁部が伸長し、器高が低くなり始め、内面の稜が消失へ向かう。また、塩屋崎以南では、中通り南部と共通の赤褐色土器が確認される。しかし、内面黒色処理はまだ採用されない。新しい細別器種は、坏C（14・15）・D（22・23）が出現した。高坏は、脚部の欠損した高坏Aと考えられる資料（31・32）が確認される。甕Aで主体をなすのは、塩野崎以南中心に当地域固有の細別器種で、外面ヘラケズリ調整の甕A3a（52・56）である。まだ胴部が大きく膨らみ、壺C（45）との識別が器形だけでは困難な個体がある。口縁部の立ち上がりは、甕を含めて、直立ないし直立気味の緩いカーブを描く。甑A（60）は、胴部の張りが強い。壺A（40・41）が安定して確認できるのは、当該期が最後になる。

〔Ⅱ期〕

　坏は、保守的だった組成に変化が生じている。坏A（5～7）・C（16～19）が拮抗し、坏B（12・13）は当該期前半に組成から脱落する。また、坏A・Cの器形は、口縁部の伸長と器高の低平化が進む。しかし、内面黒色処理は相変わらず行われていない。他の器種に目立った変化はない。

〔Ⅲ期〕

　坏の主体は、口縁部が大きく開いた坏C（20・21）が占め、坏A（9）は、当該期を最後に組成から脱落する。さらに重要なのは、内面黒色処理がようやく普及することである。同時に、外面ヘラミガキ調整は省略へ向かう。高坏は、この坏の動きに連動して、高坏C（34）が確認される。甕Aは細身となり、外面ハケメ調整の甕A2a（57）が現れる。しかし、外面ヘラケズリ調整の甕A3a（54・55）は塩屋崎以南中心に根強く残り、完全な地域性の解消とはならない。甑A（62）は、胴部の張りが弱まっていく。

〔Ⅳ期〕

　これまでの経過を経て、栗囲式が成立した。坏の組成は、坏C（76〜78）でほぼ統一される。後半期につながる要素としては、坏E（80）の出現があげられ、高坏C（107・108）が組成の中で安定する。埦は当該期を最後に組成から脱落した。甕Aも、典型的な栗囲式の甕A2a（139・140）が確認できる。しかし、塩野崎以南で主体を占めたのは地域色の強い甕A3aだったとみられ、器形は甕B3（132）の様子から、口頸部が「く」字状に屈曲し、胴部最大径が上位に移動したようである。短頸の壺A（122）は、前後の変遷が追えず、短発で終わっている。

〔Ⅴ期〕

　坏は有段丸底坏の内彎化が進み、口縁部の短くなった坏E（81〜85）が次第に坏C（79）を上回る。また、当該期を最後に坏D（92〜95）と大型坏（115・116）が組成から脱落した。一方、金属器系器種の坏H（101）、有窓脚の高坏E2（111）が出現している。同一器形の法量分化は、坏D・E・Iで認められ、その中には口径10cm前後の小型品が含まれる。甕Aは、塩屋崎以南中心に甕A3a（138）が主体を占めている。胴部最大径が上位にあり、これに外面下半のヘラミガキ調整さえ伴えば、初源的な常総型甕そのものといえる。栗囲式の特徴を備えた甕A2a（141・142）に、大きな変化は認められない。甑A・B（148〜150）は、当該期が最後の確認例となるが、Ⅵ期までは存続したと推定される。

〔Ⅵ期〕

　有段丸底坏は、形骸化した半球形の坏E（86〜88）で独占される。金属器系器種は坏G（96〜99）・H（102〜105）がみられ、特殊なものとしては、須恵器工人集落（107図-40）の自家消費品として生産された坏M（117・118）がある。甕Aは、粗雑な外面ヘラナデ調整の甕A1b（136）・A1c（137）が出現し、器形は寸胴へ集約されていく。

164 第Ⅱ章 土師器動態からみた律令国家形成期

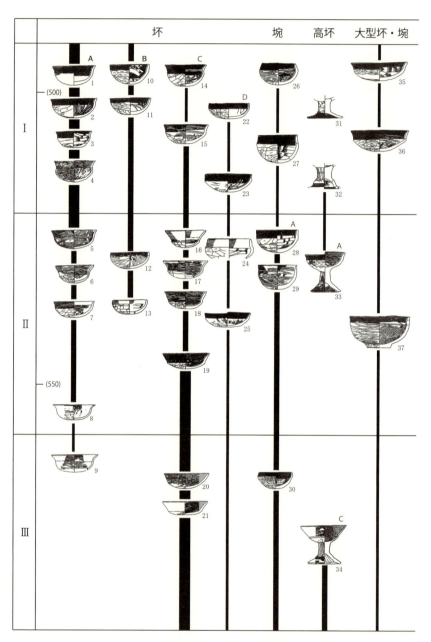

第124図 浜通り地方南部の土師器変遷①

第1節 国造域の土師器様相と栗囲式　165

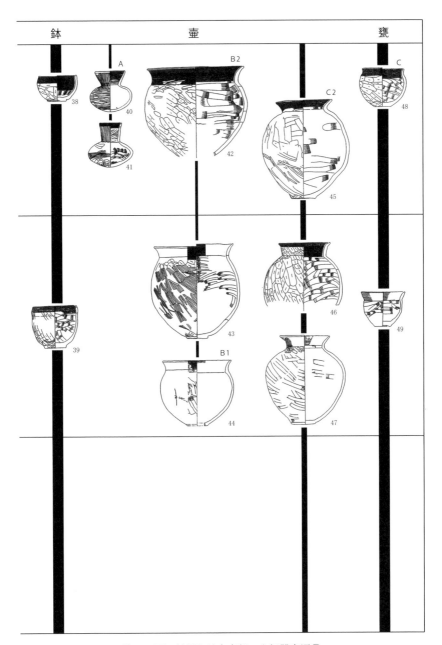

第125図　浜通り地方南部の土師器変遷②

166 第Ⅱ章 土師器動態からみた律令国家形成期

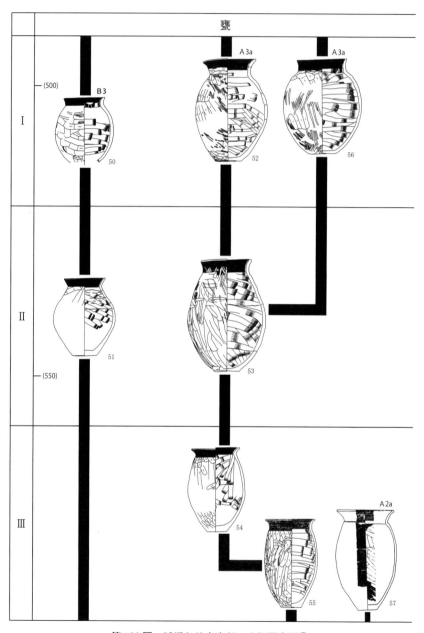

第126図 浜通り地方南部の土師器変遷③

第1節 国造域の土師器様相と栗囲式 167

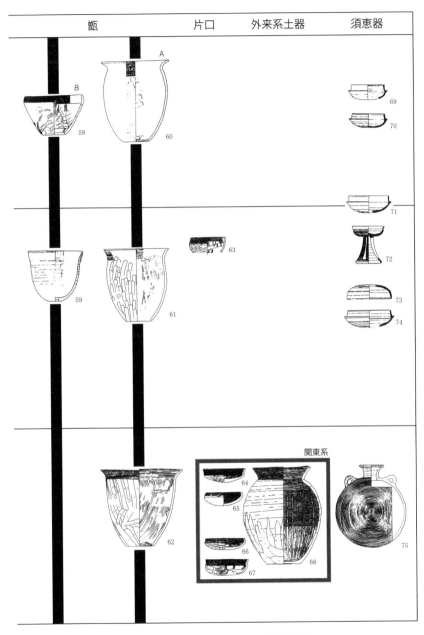

第 127 図 浜通り地方南部の土師器変遷④

168　第Ⅱ章　土師器動態からみた律令国家形成期

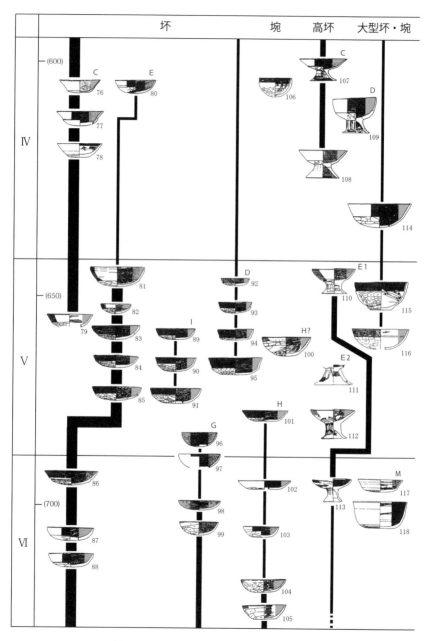

第128図　浜通り地方南部の土師器変遷⑤

第1節 国造域の土師器様相と栗囲式　169

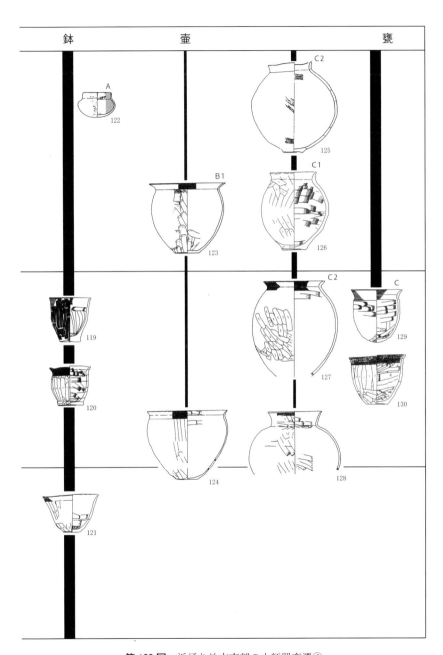

第129図　浜通り地方南部の土師器変遷⑥

170　第Ⅱ章　土師器動態からみた律令国家形成期

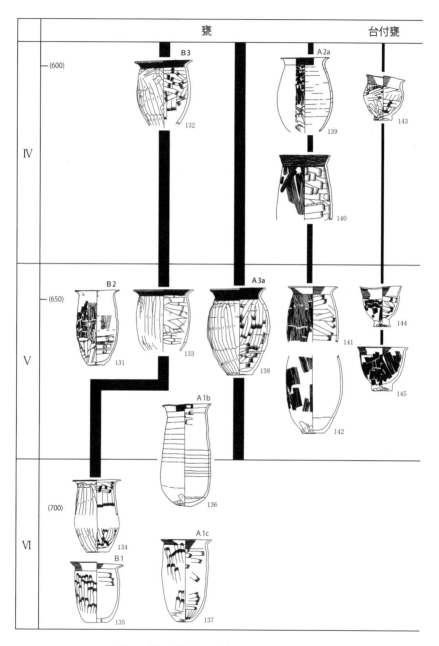

第 130 図　浜通り地方南部の土師器変遷⑦

第1節 国造域の土師器様相と栗囲式　*171*

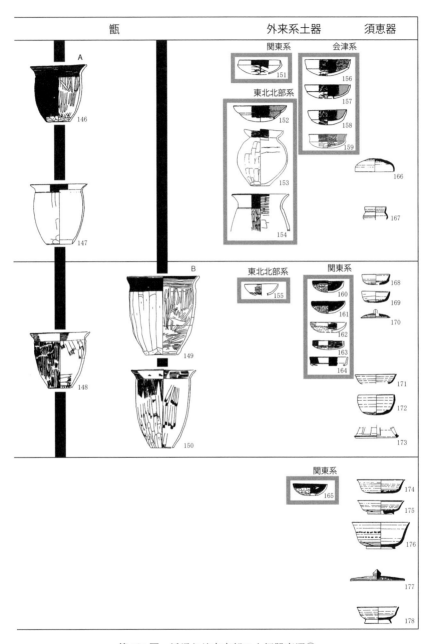

第131図 浜通り地方南部の土師器変遷⑧

図示資料出土遺跡・遺構一覧

【Ⅰ期】

遺跡	番号
応時遺跡2号住居跡	3, 4, 10, 11, 14, 15, 26, 27, 31, 32, 35, 36, 38, 41, 42, 48,
応時遺跡10号住居跡	1, 2, 22, 23, 45, 50, 56, 58,
応時遺跡20号住居跡	52
荒田目条里制遺構・砂畑遺跡56号土坑	40
久世原館・番匠地遺跡3号住居跡	60
夕日長者遺跡40号住居跡	69
朝日長者遺跡41号住居跡	70

【Ⅱ期】

遺跡	番号
タタラ山遺跡10号住居跡	3, 13, 16, 24, 73
タタラ山遺跡17号住居跡	26, 72,
タタラ山遺跡26号住居跡	49,
タタラ山遺跡27号住居跡	17, 18, 47
タタラ山遺跡36号住居跡	61
応時遺跡3号住居跡	7, 12, 33, 37, 39, 46, 53
応時遺跡10号住居跡	71
応時遺跡15号住居跡	5, 19, 25, 28, 51
応時遺跡20号住居跡	63
朝日長者遺跡103号住居跡	8
夕日長者遺跡1号住居跡	59
中山館跡Ⅰ区1号住居跡	43, 44, 74

【Ⅲ期】

遺跡	番号
応時遺跡21号住居跡	9, 21, 54, 64, 65
応時遺跡23号住居跡	30, 55, 62, 66, 67
御台横穴A群第1号横穴	20, 68, 75
内宿遺跡9号住居跡	34, 57

【Ⅳ期】

遺跡	番号
タタラ山遺跡2号住居跡	143,
応時遺跡9号住居跡	78, 106, 126, 132, 166
久世原・番匠地遺跡1号住居跡	114,
久世原館・番匠地遺跡3号住居跡	76, 77, 80, 107, 123, 139, 147, 152,
久世原館・番匠地遺跡3号住居跡	153, 167
夕日長者遺跡5号住居跡	108, 109, 122, 125,
夕日長者遺跡5号住居跡	151
夕日長者遺跡13号住居跡	156〜159
夕日長者遺跡73号住居跡	154
大平B遺跡2号住居跡	140
大平B遺跡7号住居跡	146

【Ⅴ期】

遺跡	番号
泉町C遺跡2号住居跡	79, 82, 116, 127, 155, 102, 164, 171, 172
タタラ山遺跡10号住居跡	141, 142
タタラ山遺跡12号住居跡	112
タタラ山遺跡15号住居跡	100, 150
タタラ山遺跡16号住居跡	131
タタラ山遺跡18号住居跡	119, 129, 144
タタラ山遺跡19号住居跡	140, 110, 145, 148
根岸遺跡DⅠ区	111
応時遺跡13号住居跡	83〜85, 89〜91, 93〜95, 101, 115, 120, 138, 149, 160, 161, 168〜170, 173
応時遺跡24号住居跡	92, 130, 133

【Ⅵ期】

遺跡	番号
タタラ山遺跡2号住居跡	104, 105, 178
タタラ山遺跡10号住居跡	135, 137
落合遺跡17号住居跡	87, 82,
落合遺跡46号住居跡	98, 99, 103, 177
落合遺跡38号住居跡	96, 97, 124, 128
荒田目条里制遺構・砂畑遺跡15号溝	102
上ノ内C遺跡1号住居跡	136
五反田A遺跡1号住居跡	113, 118, 134, 165, 174〜176,
五反田A遺跡5号住居跡	86, 117, 121

第132図　出土遺跡・遺構（浜通り地方南部）

（2）地域性

次に、上の結果を、中通り中・南部の様相と対比してみる（第133図）。

A：Ⅰ〜Ⅲ期の浜通り南部では、甕の外面調整がヘラケズリ主体に推移した。また、坏の内面黒色処理の受容に消極的で、Ⅲ期まで認められない。これは、関東地方の様相に近似している。

B：しかし、Ⅳ期には内黒坏＋ハケ甕を基本とした栗囲式が成立し、中通り中・南部と共通の画期を迎える。

C：ただし、塩屋崎以南中心に、甕の外面調整はヘラケズリ主体のままで推移しており、食器を含め、栗囲式の単純組成（Ⅳ期：夕日長者5住、Ⅴ期：応時13号住）と、関東系主体の組成（Ⅳ期：泉町C46住、Ⅴ期：同遺跡

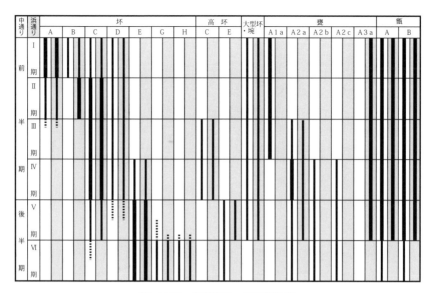

第133図　細別器種の消長対比①

41住）がモザイク状に分布した（第134図）[4]。

したがって、「関東（常陸）寄りの浜通り南部」という地域性を読み取ることが可能である。とりわけ塩屋崎以南ではその傾向が強く、遺跡によっては、関東系土師器が東北の土師器と共に在地土師器組成を構成するとさえいえる[5]。

このように、常陸との境界様相はきわめて曖昧であり、下野との違いが比較的明瞭な中通り南部（白河国造域）とは対照的なコントラストをなす。類似状況は、5～10世紀の一貫した短煙道カマド構造の定量存在や、9世紀の陸奥・常陸型折衷甕（中山1996）の使用にも認められる。したがって、普遍的な地域性とみなされ、影響は、漸移的に弱まりながらも熊川河口付近まで及ぶようである（第135図）。これは『常陸国風土記』に記された、多珂国造域の北端とほぼ一致している（第Ⅰ章第1節）。しかし、基本的には氏家型式編年の適応範囲内にあり、本節の主眼である栗囲式の成立が認められた。

174 第Ⅱ章 土師器動態からみた律令国家形成期

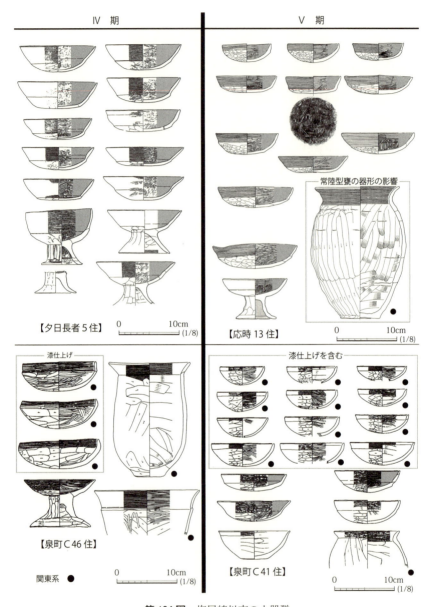

第134図 塩屋崎以南の土器群

3 土師器様相からみた国造域

　以上のように、浜・中通りの土師器様相は城柵域とほぼ共通し、非内黒坏＋ケズリ甕が基本型の関東地方とは大きく異なっている。これは、長煙道カマド構造主体の分布圏と一致するもので、国造・城柵域の境界＝阿武隈川河口付近をまたぐ生活様式の一体性が指摘できる。したがって、政治支配上の概念である「内なる坂東」（今泉 2017）とは、また違った評価が与えられる。

　ただ、南部には関東の影響が認

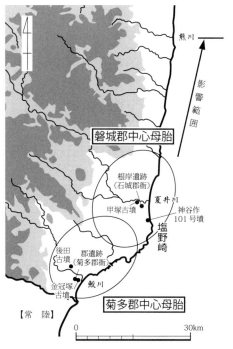

第 135 図　浜通り地方南部の地域差

められ、とくに浜通り南部の塩野崎以南の境界様相は一貫してきわめて曖昧だった。これは、東北北部型土師器の分布圏と交錯し、北へ行くほどその傾向が強くなる仙台平野以北の状況と対称をなす構図であり（第105図）、4～5世紀の阿武隈川河口付近が続縄文土器・黒曜石製ラウンドスクレイパーの分布の南限だった前史と重なり合う。したがって、政治的境界が生まれる必然性が認められ、上の指摘と両面からの評価が必要である。また、地域全体の特徴とはならないものの、Ⅱ期の中通り中部に日本海側沿岸の土師器圏が飛び石的に分布を拡大することは、注目される。

　以上を踏まえ、次節は会津地方へ検討対象を移す。

註
（1）ただし、7世紀中葉〜後葉の黒川・大崎地方および8世紀前半の栗原地方では、突出した有力首長墓と須恵器生産が確認されない。
（2）角田市郷土資料館所蔵の実物を観察し、確認した。
（3）東北歴史博物館所蔵の実物を観察し、確認した。学史的に重要な資料にもかかわらず、この事実はあまり知られていないので、明記しておく。また、栗囲式の標識遺跡資料中にも、表面漆仕上げの鬼高系坏がみられる（昭和49・50年度調査9号住居跡）。仙台市教育委員会所蔵資料で確認した。
（4）猪狩みち子・早川麗司・木地谷裕子と共同観察した成果にもとづく。
（5）北茨城地方から連続した海岸平野は、塩野崎の手前約7kmの地点で海岸線まで達する低丘陵にぶつかり、完全に途切れている。したがって、標高が低いため、第135図ではうまく表現されていないが、常陸との地理的関係性は塩野崎以南・以北で明らかに違う。このことが、土師器様相に影響したと考えられる。

補論
　本文の成稿後、日本海側沿岸に横たわる長大な坏A主体の土師器圏は、6世紀に「炉で蒸す」調理を主体的に行う地域圏とほぼ一致していることを知った（小野本2024）。一般的傾向では、6世紀に衰退する要素を根強く残して、むしろそれが卓越する点で共通し、1つの生活文化圏が浮かび上がる。

第2節　会津地方の土師器様相と会津型

　6・7世紀の会津地方は、氏家型式編年にあてはまらない土師器様相が認められる。しかし、適当な名称が存在しなかったため、「会津型土師器」は筆者が東北北部型土師器（宇部2002）になぞらえて、仮称したものである（菅原2007a・2021a）。

　本章では、当該地方の詳細な土師器様相を提示して浜・中通り地方との相違点を浮き彫りにし、会津型土師器の内実とその成立基盤となった日本海側母胎の広域交流圏の存在を明らかにしたい。さらにそれを踏まえ、成立以来、盆地内にとどまっていた分布範囲が、なぜⅣ期の6世紀末～7世紀前半になって国造域へ外部波及したのかを探ることにする。

1　会津型土師器の土師器様相

　会津地方は、阿賀川上流域の会津盆地を中心とした地域で、周囲を1,000m級の山々に囲まれた豪雪地帯である（第1図）。太平洋側母胎の陸奥の中では、この南西端だけが日本海側の地形に属し、中通り地方とは猪苗代湖を挟んで東西関係にある。また、北は出羽の置賜・最上地方、南は下野の日光地方、西は越後の越後平野と接しており、陸奥と多方面を結節する東日本有数の交通の要衝といえる。この地政学的特性は、日本海側沿岸を東進した大彦命と、太平洋側沿岸を北上した建沼河別命が合流した地が相津（会津）であるという、『古事記』崇神天皇条の四道将軍伝説に色濃く反映されている。

　ところで、「国造本紀」には会津国造名がみえず（第2図右）、今泉隆雄は「内なる坂東」の範囲と区別した（今泉2017）。一方で、中通りの石背国造ないし阿尺国造のクニ（国造域）に含まれたとする説が示されている（垣内

2008・鈴木 2017)。しかし、両者の地形は奥羽脊梁山脈の分水嶺で隔絶されており(垣内 2008)、異例なクニの形となってしまう。また、城柵存在を想定する別案もあるが(工藤 1998)、史料記録はなく、遺跡は未発見である。したがって、ⓐ国造域、ⓑ城柵域、ⓒどちらでもない、の3つの選択肢が並列したままの状態となっている。

以上を念頭に置き、ここでは、浜・中通りの時期区分(第106図)に準拠して、細別器種の消長を提示する。なお、会津型土師器の存続期間はⅡ～Ⅳ期である。

(1) 細別器種の消長

坏、埦、高坏、大型坏、鉢、壺、甕、台付甕、甑、片口に大別され、器形・器面調整の違いから、19の細別器種が設定できる。以下、指標となる坏J・K、甕A2dに主眼を置いてみていく(第136～144図)。

〔Ⅰ期〕

会津型土師器成立の直前段階に比定される。坏は、5世紀後半に成立した、坏A(1～3)・B(10～12)のほぼ独占状態が堅持されている。両者の関係は、どちらかといえば坏Bの方が優勢で、日本海側に共通した様相が認められる。このうち、坏Aは口縁部が伸長し、口径に対して器高が低くなり始め、内面の稜が消失へ向かう。また、内面黒色処理が受容され、当初から、5～8割の高い普及率を示す。新しい細別器種は、須恵器模倣の坏D(20)の出現がみられる。高坏は、高坏A(44)・B(45)が確認される。他の器種は、基本的な変化はない。既に外面ハケメ調整に画一化されている甕Aは、まだ胴部の膨らみが大きく、壺C(57・60・61)との識別が器形だけでは困難な個体が認められる。主体をなすのは甕A2a(79)で、東北北部型土師器甕と類似した器形の甕A2d(72)が出現していることも、重視しておきたい。甕・壺・甑に共通した細部の地域色では、口縁部先端が角張るものや、窪みを形成するもの(86)、また、胴部内面に明瞭な粘土紐積み上げ痕＋木目の粗い横ハケメ調整痕(61・82)の観察されるものがみられる。なお、甕A1a(74)の外面

ヘラナデ調整は、太平洋側の一時的影響を受けたものと考えられる。甑A（86）は、胴部が張り、最大径が口径より大きなものが多い。
〔Ⅱ期〕
　会津型土師器の成立期にあたる。坏は、保守的だった組成に変化が生じ、会津地方固有の坏K（28〜31）の出現で、坏A（6〜8）が脇役に追いやられ、坏B（13）は早い段階で組成から脱落する。このように、当初から坏Kが坏Aを完全に圧倒し（2：1）、唐突ともいえる変化をみせている。しかも、坏Kは口縁部が短く内彎して器高が低いため、太平洋側の感覚では、まるで8世紀前半の坏Eのように映る。ただし、外面ヘラミガキが卓越する点で、質感は大きく違う。他の器種は変化が鈍く、甕A1aが当該期には既に脱落した他は、Ⅰ期と目立った違いは認められない。
〔Ⅲ期〕
　会津型土師器の盛期にあたる。根幹は、引き続き坏K（32〜37）によって担われている。それに加えて、口縁部外反の坏J（14〜19）が出現し、会津地方固有の両者で組成はほぼ独占される。一方で、坏A（9）が当該期初頭を最後に組成から脱落し、坏の構成はごく少数の坏D（26・27）を除いて、太平洋側と接点を持たなくなる。他の器種は、甑A（88・89）で胴部の張りが弱まり始める。また、壺A（55・56）に顕著な変化がみられ、当該期初頭に口縁部が細長く伸びている。これは、須恵器腿の影響と考えられ、TK10型式の器形に最も類似することから、共伴須恵器の上限年代と合致する。しかし、その後は定型的な細別器種として確認できず、断片的に認められるだけになる。
〔Ⅳ期〕
　会津型土師器の変容期にあたる。坏は基本組成に変化はみられず、坏J（103〜105）・K（106〜110）の独占状態が続いている。しかし、底径が小さくなって、口縁部が開き気味となり、同時期の太平洋側で成立する栗囲式坏に類似した器形となる。ただし、あくまで口縁部内彎の坏Kが主体であり、外面ヘラミガキ調整はなお根強く踏襲されることから、外見上の違いは、依然として大きい。坏D（112・113）・埦A（136・137）は当該期を最後に組成から脱

180 第Ⅱ章 土師器動態からみた律令国家形成期

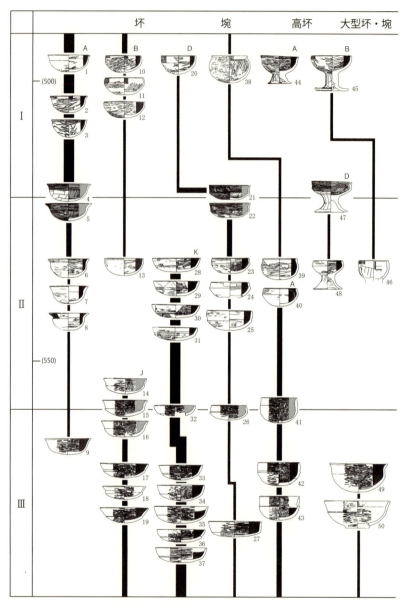

第136図 会津地方の土師器変遷①

第 2 節 会津地方の土師器様相と会津型 *181*

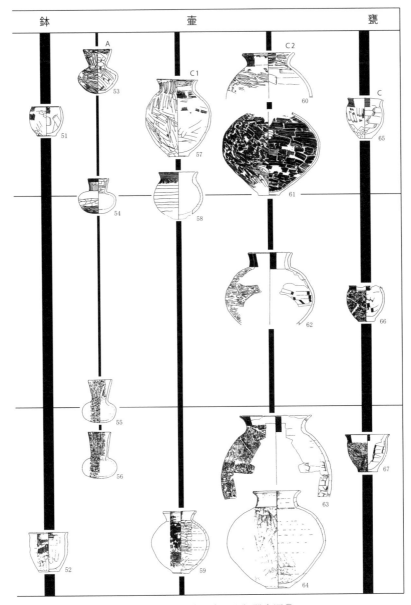

第 137 図 会津地方の土師器変遷②

182　第Ⅱ章　土師器動態からみた律令国家形成期

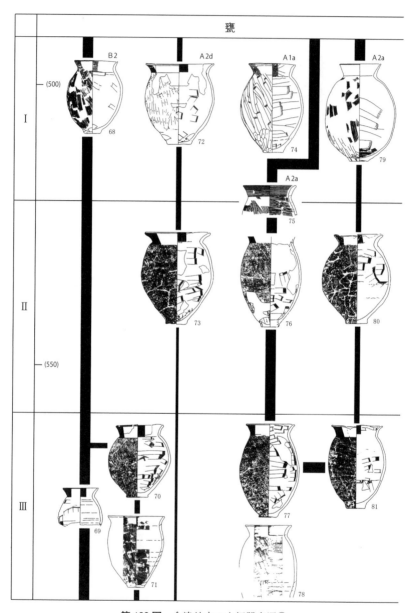

第138図　会津地方の土師器変遷③

第2節 会津地方の土師器様相と会津型 183

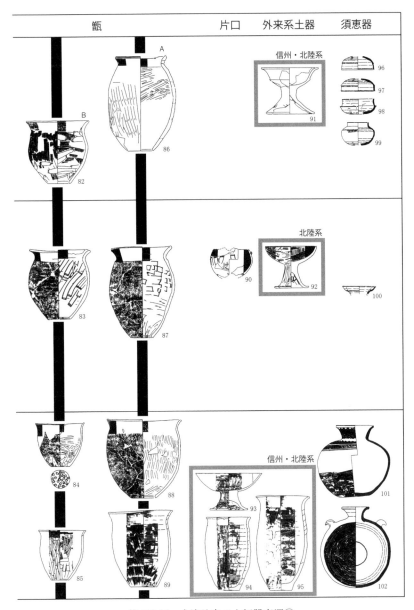

第139図 会津地方の土師器変遷④

184 第Ⅱ章 土師器動態からみた律令国家形成期

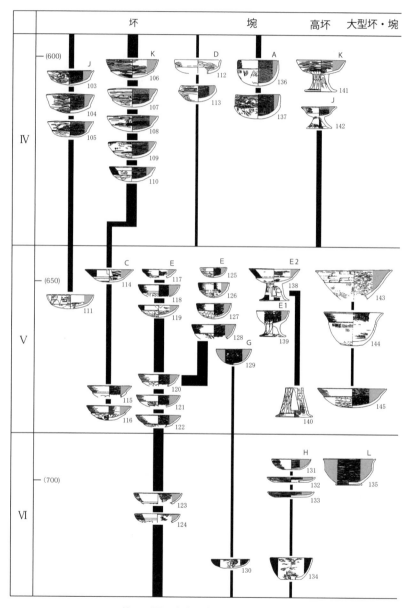

第140図 会津地方の土師器変遷⑤

第 2 節 会津地方の土師器様相と会津型　185

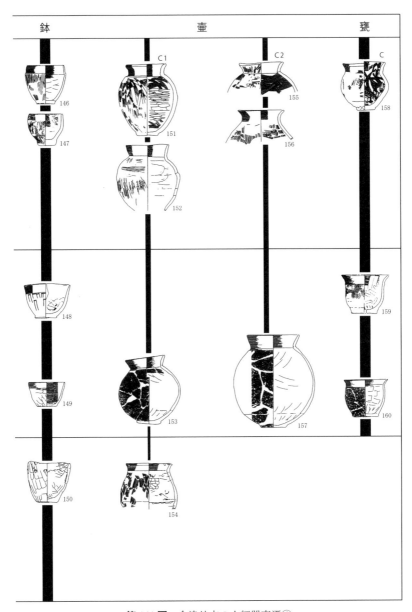

第 141 図 会津地方の土師器変遷⑥

186 第Ⅱ章 土師器動態からみた律令国家形成期

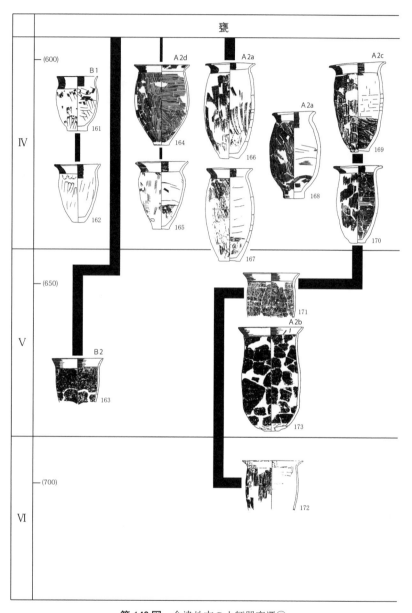

第142図 会津地方の土師器変遷⑦

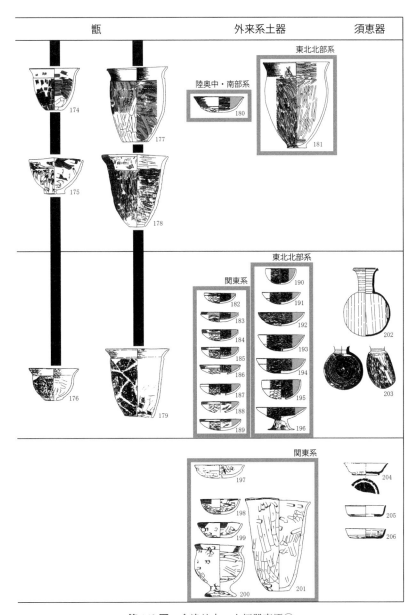

第143図　会津地方の土師器変遷⑧

図示資料出土遺跡・遺構一覧

【Ⅰ期】
中平遺跡9号住居跡　　　　　1、3
中平遺跡11号住居跡　　　　 20、51、60
中平遺跡14号住居跡　　　　 53、65、78、79、82
中平遺跡1号祭祀跡　　　　　10～12、38、44、45、57、61、74
　　　　　　　　　　　　　　96～99
油田遺跡18号住居跡　　　　 86～159
油田遺跡101号住居跡　　　　72、91

【Ⅱ期】
油田遺跡32号住居跡　　　　 6、23、31、39、48、83、90
油田遺跡33号住居跡　　　　 24、25、66、80
油田遺跡47号住居跡　　　　 28～30、46、62、73、76、87、100
油田遺跡106号住居跡　　　　7、13
油田遺跡569号土坑　　　　　92
中平遺跡33号住居跡　　　　 8
十五壇遺跡1次1号住居跡　　 4、5、21、22、47、54、58、75

【Ⅲ期】
樋渡台畑遺跡2号住居跡　　　52
樋渡台畑遺跡2号住居跡　　　50
樋渡台畑遺跡2号住居跡　　　19
樋渡台畑遺跡11号住居跡　　 101、102
樋渡台畑遺跡12号住居跡　　 94、95
樋渡台畑遺跡13号住居跡　　 27
樋渡台畑遺跡16号住居跡　　 64
樋渡台畑遺跡18号住居跡　　 43
樋渡台畑遺跡20号住居跡　　 9、33～37、49、89
樋渡台畑遺跡20号住居跡　　 9、33～37、49、89
樋渡台畑遺跡26号住居跡　　 78、93
樋渡台畑遺跡20号住居跡　　 42
宮ノ北遺跡2号住居跡　　　　14～16、26
宮ノ北遺跡2号住居跡　　　　55、56
宮ノ北遺跡28号住居跡　　　 32、41
油田遺跡33号住居跡　　　　 63
油田遺跡34号住居跡　　　　 67、69
油田遺跡41号住居跡　　　　 84、88
油田遺跡43号住居跡　　　　 70、77、81

【Ⅳ期】
十五壇遺跡3次1号住居跡　　 103、104、112、161、165～167、169、175
　　　　　　　　　　　　　　178
十五壇遺跡3次3号住居跡　　 107～110
十五壇遺跡3次3号住居跡　　 151、168、170
十五壇遺跡3次4号住居跡　　 105、136、137、142、155、156
十五壇遺跡3次6号住居跡　　 152、162
十五壇遺跡3次7号住居跡　　 113、147、158
竹原遺跡1号住居跡　　　　　106、141、164、174、177、177
竹原遺跡5号住居跡　　　　　180、181

【Ⅴ期】
駒板新田横穴群19号横穴　　 201
舘ノ内遺跡19号住居跡（塩川町）190
舘ノ内遺跡1号溝跡（会津坂下町）125～129、139、143、144
　　　　　　　　　　　　　　159
内屋敷遺跡72号住居跡　　　 193
内屋敷遺跡72号住居跡　　　 116、160、176、179
内屋敷遺跡64号住居跡　　　 145、153、173
内屋敷遺跡3号方形区画　　　115、120～122、157、163、
　　　　　　　　　　　　　　182～189、195、202、203
内屋敷遺跡4号方形区画　　　140、149、171、190～192、
　　　　　　　　　　　　　　194
内屋敷遺跡4号墳　　　　　　191
油田遺跡111号住居跡　　　　111、114、117～119、138、148

【Ⅵ期】
郡山遺跡51号土坑　　　　　 150、154、198～201、205、206
郡山遺跡63号土坑　　　　　 124
郡山遺跡358号ピット　　　　123
舟ヶ森西遺跡4号住居跡　　　172、204
舟ヶ森遺跡5号住居跡　　　　197
駒板新田横穴群24号横穴　　 131～133、135
門田条里制跡46号トレンチ　 130、134

第144図　出土遺跡・遺構（会津地方）

落し、坏J（103～105）もほぼ同一歩調をとる。甕Aは長胴化が明瞭になり、完成された長胴甕となる。同時に中膨らみの胴部形態が崩れ始め、旧来型の甕A2a（166～168）とともに、新しく寸胴の甕A2c（169・170）が出現している。また細部では、口頸部下端に段が形成され、栗囲式甕の成立とまったく同一状況を示す。しかし、口縁部先端と胴部内面の細部特徴は消失せず、地域色が強い甕A2d（164・165）は当該期末まで残る。甕の口頸部変化は、壺（151）・甑（174・175・177）にも認められる。この点も、栗囲式と同一である。

ところで、一連の栗囲式の影響は竹原遺跡5号住居跡から栗囲式土師器（坏

C) そのものが出土しており（第145図-6）、その波及が契機の1つとなったことが知られている[(1)]。出土遺跡は、Ⅲ期の豪族居宅（樋渡台畑遺跡）の廃絶と入れ替わるように出現した拠点集落であり（第107図-61→59）、出土住居跡は調査区内で最大規模（一辺8m）をもつ。したがって、地域の象徴的現象とみなされる。これは、同時期にみられる浜・中通り地方への会津型土師器の波及と双方向をなすもので、一体的に捉えるのが妥当と思われる。

　また、同一住居跡では典型的な東北北部型土師器甕（第145図-7）も共伴しており、1号住居跡出土の甕A2d（同図-4）の直接のモデルが判明するとともに、Ⅰ期からの類似器形が偶然の産物ではないことが立証される。具体的な故地は、北緯40°以北の馬淵川下流域に求められ、器面調整・胎土・焼成ばかりでなく、おかず調理で口縁部から吹きこぼれたスス・コゲの付着（北野・三河 2007）まで一致することから、当該域の生活経験のある人によって、搬入もしくは忠実に再現製作され、住居内で使用されたものとみなされる。そこで、この観点から宇部則保に詳細写真データの実見を依頼した結果、青森県八戸市根城跡SI95出土甕（第150図-②）ときわめて類似し、違和感がないという教示を得ることができた。

〔Ⅴ期〕

　坏は、様相が激変し、坏C（114～116）・E（117～122）の基本組成が成立する。これまで主体だった坏Kは、同一器形の坏Cに転化しており、外面ヘラミガキ調整はほぼ一掃された。また、金属器系器種の坏G（129）、有窓脚の高坏E2（138・140）が出現し、坏E（117～128）には同一器形の法量分化が認められる。こうした属性は、同時期の栗囲式土師器ときわめて類似している。他の器種は、器形全体の判明する資料は少ない。甕Aは胴部形態の崩れた甕A2b（173）・A2c（171）が確認できる。胴部内面の明瞭な粘土紐積み上げ痕＋木目の粗い横ハケメ調整痕は、当該期資料にも確実に認められる（163・171・173）。

〔Ⅵ期〕

　坏E（123・124）は口縁部下端の段が形骸化し、内面のくびれが消失してい

190 第Ⅱ章 土師器動態からみた律令国家形成期

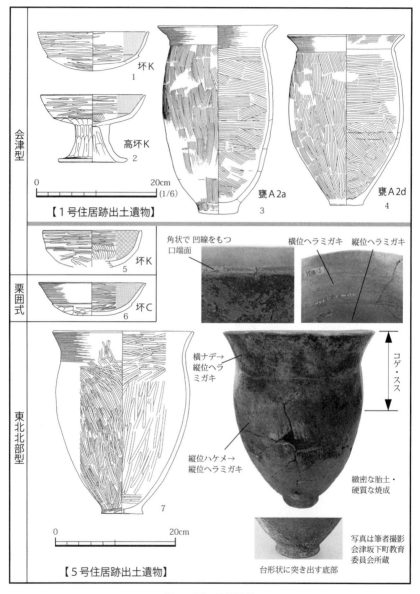

第145図 竹原遺跡

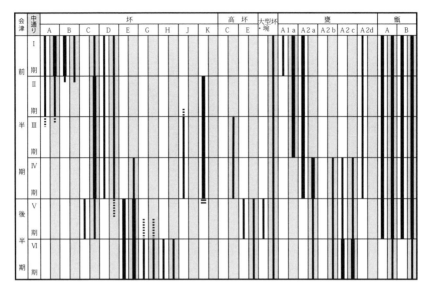

第 146 図　細別器種の消長比較②

る。この傾向は既にⅤ期に始まっていたものである。金属器系器種は、墳墓出土資料中心に坏 H（131 ～ 134）・L（135）が加わり、多様化が認められる。甕 A の器形は、寸胴の甕 A2c（172）へ集約されていく。

（2）地域性

以上の変遷を、中通り中・南部と対比してみる（第 146 図）。

A：会津型土師器成立前のⅠ期は、坏の基本となる組み合わせ（A・B）が一致する。しかし、比率を見ると、坏 B が坏 A より優勢で、内面黒色処理の普及が早く、坏 C は確認できない。甕は、基本器形が一致し、以後の展開も同一歩調を歩む一方、壺・甑を含めて外面調整がⅠ期前から一貫してハケメ主体であり、口縁部先端と胴部内面の細部特徴にも一部で違いがみられる。また、少数派であるが、東北北部型土師器甕の影響を受けた甕 A2d 類も組成に加わり、以後、継続的な消長を遂げる。

B：会津型土師器存続期間のⅡ～Ⅳ期は、坏の細別器種構成に違いが現れる。

192　第Ⅱ章　土師器動態からみた律令国家形成期

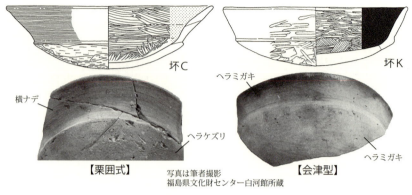

第 147 図　栗囲式と会津型

　坏Kが主体を占め、坏Cが主体を占める中通り中・南部とは、接点がほとんどない。しかも、外面ヘラミガキ調整に固執するため、Ⅳ期は、器面光沢の有無にも違いが生じている（第147図）。また、高坏も坏に準じた動きを示し、同様の違いを見せる。ただし、器形は太平洋側で成立した栗囲式へ接近し始める。これは、栗囲式土師器そのものの波及が契機となった。
C：会津型土師器崩壊後のⅤ～Ⅵ期は、栗囲式土器圏へ吸収される。坏は、金属器系器種の出現と同一器形の法量分化がみられ、甕は寸胴タイプに集約されていく。

2　会津型土師器をめぐる諸問題

（1）出自はどこか

　では、この独自性の強い土師器様式の出自と成立背景は、どこに求められるのだろうか。前述のように、会津地方は浜・中通り地方より格段に早く、坏の内面黒色処理＋甕の外面ハケメ調整が画一化した。これは、沿岸・内陸を問わず日本海側共通の傾向であり、6世紀以降の甕・壷・甑の胴部内面に、明瞭な粘土紐積み上げ痕＋木目の粗い横ハケメ調整痕が観察される特徴も、同様とい

える。したがって、会津型土師器の出自はひとまず広義の日本海側に求められる。

しかし、細別器種単位でみると、隣接地域には坏J・Kがまったく確認できない。同じ内陸の置賜・最上地方は、器形変遷が太平洋側と同一歩調をとり（後述）、沿岸の越後・庄内地方は坏Aが圧倒的主体を占める点で、越前―越中から続く長大な土師器圏（内田2002、坂井1989他）に連なっている（第120図）。したがって、直接の出自は別に想定するのが妥当と思われる。

そこで、手がかりを当時の地域間交流に求めてみたい。Ⅰ～Ⅲ期の会津地方では、信州・北陸系土師器の継続的存在が認められる（第148図）。中期の系譜をひく高坏（同図-1）、高坏B（同図-4）、口縁部が短く、頸部のすぼまりが弱い中・大型品の甕（同図-7・10）があり、また、Ⅲ期の方形区画（大溝＋柵列）を巡らす豪族居宅（樋渡台畑遺跡）では、それらとともに大量の北陸産須恵器が保有され（第139図-101・102他）、当時の首長間交流の様子を具体的に伝えている。

このうち北陸に関しては、坏AがⅢ期まで圧倒的主体を占めるため、直接の出自を求めるのは難しいと思われる。それに対して、会津型土師器成立期＝Ⅱ期の信州は、坏A・J・Kの類似した組成内容が認められ（第148図左下）、有力な候補として浮かび上がる。

太平洋側の感覚では、遠隔地の両者を結び付けるのは唐突かもしれないが、新潟平野を扇の要として水系単位（信濃川：阿賀川）で結ばれた地域であり、河口間の距離はわずか5kmしか離れていない（同図右下）。しかも、坂井秀弥によると、現在の阿賀川河口は18世紀前半に開削されたもので、それまでは信濃川とほぼ同位置に存在したらしい（坂井2008）。

加えて、以下の事例が裏付けとなる。

A：5世紀の会津地方で、長野盆地に集中する合掌型石室が確認される（菊地2010）。

B：坏の内面黒色処理は、5世紀後半の信州で出現し、北陸を経由して東北地方へ伝播した（長谷川1989）。

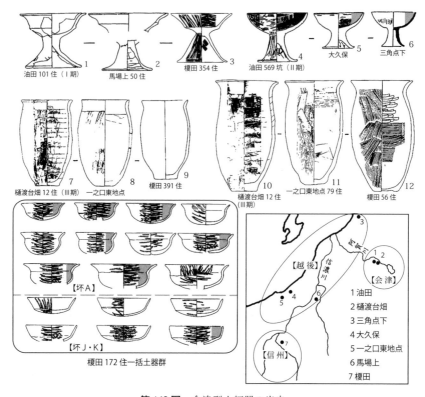

第148図 会津型土師器の出自

C：9世紀の信州・会津地方を含む範囲で、北陸系煮炊き具のセットが分布しており（第149図左）、半地下式卓越の須恵器窯構造圏にも類似状況がうかがえる（菅原 2010b）。

このように、信州─北陸─会津間の交流は継起的に認められ、会津型土師器は6世紀のそれが生んだ信州出自の土師器様式と考えられる。

（2）東北北部型土師器甕とのつながり

次に、甕 A2d と東北北部型土師器甕のつながりに触れたい。上の結果を踏まえると、日本海側沿岸を南下して阿賀川河口付近から会津地方へ至るルート

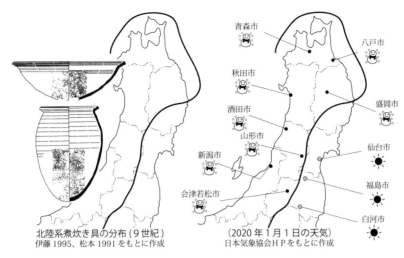

第149図 栗囲式土師器圏の外周部

が想定されるからである。

そこで、両者の中間地域の様相を見ると、庄内平野―越後平野北部（阿賀北地方）では、甕A2dと類似器形の甕の継続的消長が確認される（Ⅱ・Ⅳ期、第150図-③・④）。また阿賀川河口付近では、典型的な東北北部型土師器甕と、それを在地工人が模倣した製品の共伴がみられ（松影A遺跡遺物包含層、第151図-1・2）、先の竹原遺跡1・5号住居跡の所見（第145図-4・7）になぞらえることができる。

さらに、次の2点が根拠となる。

A：越後平野の阿賀川河口付近は、日本海側における続縄文土器分布の南限であり、国造・城柵域の境界に位置する（第1図）。

B：その上流域の会津地方は、8世紀の古屋敷古墳群などに、東北北部の末期古墳と類似した礫敷きの主体部構造、12世紀の陣が峯城跡に、安倍・清原氏関連城柵と類似した土塁＋大溝の区画構造が認められる。

こうしたことから、東北北部―会津間では、日本海側沿岸経由の交流が継起的に行われたと考えられ、甕A2dと東北北部型土師器甕のつながりは、それ

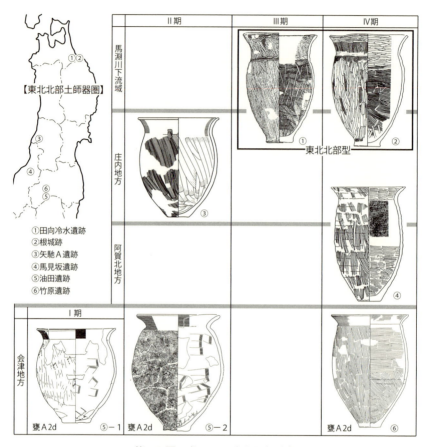

第150図　甕A2d－東北北部型甕

が6世紀以前に遡ることを示す。したがって、実際に城柵が存在したかどうかは別として、会津地方がある時期から蝦夷社会と認識され、日本海側の城柵域と近しい社会側面を有していたのは確かである。史料上に、俘囚姓の豪族名＝会津郡柏原公広足（『続日本紀』812年）がみえることは、これを裏付ける。従来の古代会津像は、弥生時代終末～古墳時代前期の四隅突出型墳丘墓や三角縁神獣鏡など、畿内・北陸との結びつきが強調されるが、この対極の側面にも注意を払う必要があろう。

第 2 節　会津地方の土師器様相と会津型　197

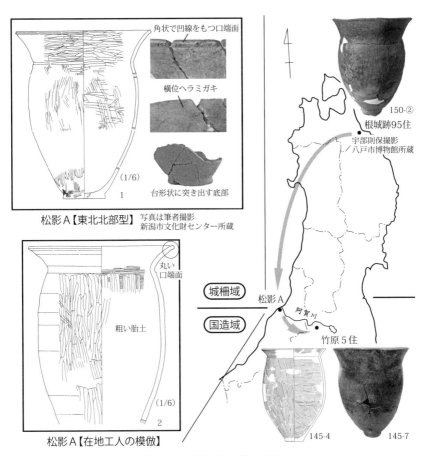

第 151 図　東北北部型土師器の伝播ルート

　ちなみに、近世の会津地方は蒲生氏郷、保科正之が入封するなど、再び中央権力の影響が強まっている。陸奥と多方面を結節する地政学的特性は、振れ幅の大きい歴史展開をこの地にもたらした。

（3）日本海側母胎の広域交流圏
　ところで、広い視野でみると、東日本の日本海側甕は4世紀から甕 A2d 類似の基本形（胴部：下窄まり）を保って長胴化するタイプがみられ、太平洋側

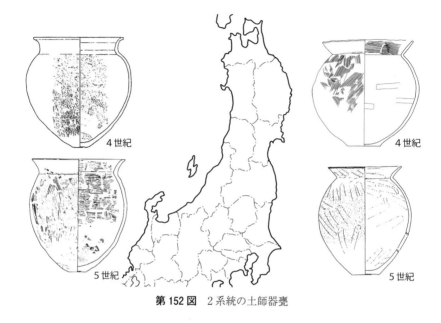

第152図　2系統の土師器甕

甕が、甕A1a・A2a類似の基本形（胴部：中膨らみ）を保って長胴化していくことと、対称的である（第152図）。しかも、6世紀以前は底部内面が尖り気味になる傾向が認められる。そうすると、この共通様相の中で、典型的な東北北部型土師器甕は細部形態が強調されたのではないだろうか。また、東北北部型土師器坏も、口縁部が内彎して、内面黒色処理の早期画一化と外面ヘラミガキに固執する特徴が、坏Kと共通する一方、口縁部がより伸長しているのは、同様の関係で理解することができる。

この視点で第149図左を見直すと、信州—北陸・会津—出羽—北緯40°以北—陸奥北部にまたがる継起的な広域間交流の存在が指摘され、上の仮説の正しさが証明される。一帯は、ほぼ氏家型式編年圏を取り巻く外部に相当し、冬の厳しい気候風土が共通する範囲（同図右）である。さらに、東北北部型土師器と北大式後期の系譜関係（仲田1997）から、影響は石狩低地まで及ぶと推定される。
(3)

会津型土師器と東北北部型土師器の類似現象は、このような背景の中で理解

することが可能ではないかと考えられる。

（4）「536年イベント」と会津型土師器の成立

　では、なぜ会津型土師器はⅡ期（6世紀前葉〜中葉）に成立したのだろうか。

　ここでは、同時期に中通り中部の阿武隈川西岸の一角で形成された、小土師器圏（第120図）に再注目したい。会津型土師器とは、豪雪地帯の日本海側の土師器圏が飛び石的に分布を拡大した点で共通しており、「536年イベント」による気候寒冷化の影響（新納 2014）が想定されるからである。

　そこで、広範囲の在地社会動態を対比したところ、興味深い事実関係が浮かび上がった（第153図）。寒冷な東北北部と接した仙台平野〜大崎地方は、Ⅱ期になると、突然集落・古墳の営みが停止し、ほとんど空白状態となってしまう（菅原 2013b・2021a、藤沢 2015）。また、これほど極端ではないが、浜・中通り地方も大型古墳の消滅と、集落立地の低地から台地上への移動、小規模・分散化の傾向が認められ（菊地 2010、菅原 2013b）弥生中期後半に起きた気候寒冷化の影響と類似している[4]。仙台平野〜大崎地方と比べれば、在地社会は安定したものの（第Ⅰ章第1節）、確実に変化が生じたといえる。

　そのうえで注目されるのが、もともと寒さに強かった日本海側地域では、明瞭な停滞は認められないことである。影響が、微妙な気候バランス上にあった地域で、顕著に表れたことを示している[5]。

　このようにみると、会津型土師器の成立はもともと寒さに強かった地域間（信州―会津方面）で、活発化した動きを反映しているのではないだろうか。あまり意識されなかった視点と思われるが、Ⅰ期では1割に満たなかった浜・中通り地方の坏の内面黒色処理の普及率が、3〜5割程度に達し、信州隣接の上野北部で内黒坏（後田型坏）が成立することは、その余波で捉えることができると思われる[6]。

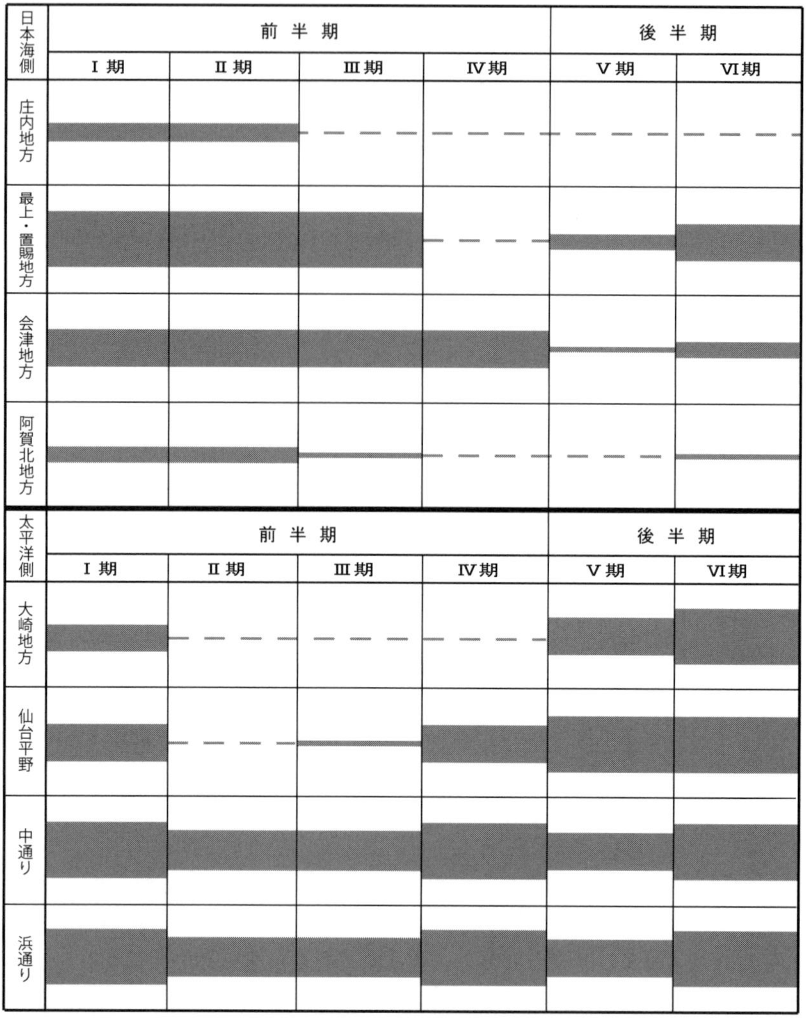

200　第Ⅱ章　土師器動態からみた律令国家形成期

第153図　在地社会の消長比較

3　外部波及の背景

　最後に、外部波及の背景に触れたい。成立以来、盆地内にとどまっていた会

第 2 節　会津地方の土師器様相と会津型　201

津型土師器の分布範囲は、なぜⅣ期（6 世紀末～ 7 世紀前半）に浜・中通り地方へ波及したのだろうか。ここでは、国造域の在地社会が大化前代からそのまま律令期へ移行したのではないことに、注目したい。

A：集落立地の中心は、台地上から河川沿岸に移動し始め、新たな集落の出現や既存集落の再開が起きる。

B：このうち、のちの官衙・官衙関連遺跡の周辺集落が拠点集落に急成長した。それらは、国造・準国造クラスの豪族集落に比定され、大化以後は、郡内に分立する郡領クラスの豪族集落に変遷したと考えられる。

C：連動して、伝統的な古墳系列が廃絶し、入れ替わるように、周辺で関東系譜の横穴式石室・横穴墓を採用した造墓活動が開始され、最終末の前方後円墳が築造された。

D：また、関東の技術系譜によって、5 世紀後半以来途絶えていた在地須恵器生産が再開される。

E：C・D の背後関係として、拠点集落には、少数の関東系土師器（常陸南部型坏）が伴う。また、東北北部系土師器（北上地方出自）がみられるケースもある。[7]

　以上は、第 1 節冒頭でみた、仙台平野の諸現象になぞらえることができる。したがって、会津型土師器の波及は、律令期に引き継がれる地域拠点形成の一環だった可能性がある。以下、検証したい。

（1）事例の検討

　現在、確認しているのは、中通り中・南部の 4 遺跡（第 107 図- 1・14・15・34）、浜通り南部の 1 遺跡（同図- 47）である。ちょうど、会津地方から太平洋沿岸へ至る主要道路が通過する範囲であり、常陸・下野北部に分布する「内彎口縁坏」（津野 2005）も、その延長上で成立した可能性が指摘される。

　ここでは、長大な遺跡範囲の 65 ％が発掘調査され、特定エリアの明確な集中分布傾向が捉えられた高木遺跡群を中心に、中通り中・南部の事例をみていく。

第 154 図　高木遺跡群位置

高木遺跡群　阿尺国造・安積郡大領（評督）に準じる豪族の、拠点集落である。東山道安達駅関連遺跡（小幡遺跡）の、阿武隈川対岸に位置している（第 107 図-1、第 154 図）。長さ 2.6km に及ぶ阿武隈川東岸の自然堤防上を埋め尽くして竪穴建物が営まれており、これまでの検出数は 650 棟を超え、うち 8 割が栗囲式期（Ⅳ～Ⅵ期）の所産に比定される。会津型土師器が波及したⅣ期は、ちょうど集落が急成長し、ピークとなる時期にあたる。

　当該期は、首長居住域と大溝区画域が、遺跡群中央の旧河道を挟んで向かい合うように出現した。前者は、一辺 13m の超大型竪穴建物を中心として、大・中・小型竪穴建物が弧状に分布しており、多量の須恵器（在地産主体：東海産客体）や水晶製切子玉などが保有される。また後者は、内幅 110m の範囲が大溝で区画され、両端の区画溝底面や付近の後背湿地の落ち際で、特殊器物を伴う「水辺の祭祀」が繰り返し行われている。さらに、集落背後の低丘陵上では、対岸の首長墳系列（4 世紀～6 世紀中葉）の唐突な廃絶と入れ替わるように、装飾付太刀の副葬例を含む群集墳（根岸・問答山古墳群）の造営が開始され、須恵器窯が営まれたようである。後者は、大溝区画域内を中心に、焼きゆがんだ提瓶・窯道具（坏型焼き台）・須恵質焼成粘土塊が出土していることが、その根拠である（第 155 図左）。

　会津型土師器は、この大溝区画域内に圧倒的な集中分布が認められる（第 156 図）。確認したのは 54 点の坏 J・K で、報告書の不掲載資料を加えると優に 100 点を越える。それらは肉眼観察であるが、在地土師器と胎土の違いが認められず、基本的に会津地方からの人の移動に伴い、出土地周辺で製作・焼成されたと考えられる。

　なお、当該エリアは在地土師器主体の竪穴建物が皆無であり、多数の会津型土師器と少数の常陸南部型坏（鬼高系：表面漆下げ）、東北北部系土師器坏・

第2節 会津地方の土師器様相と会津型 *203*

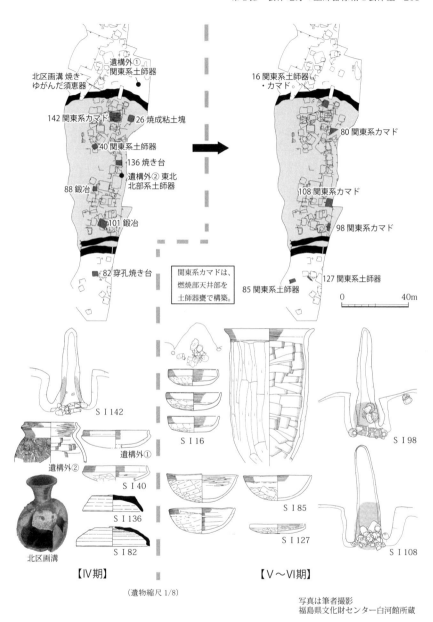

第155図 高木遺跡群の関東系カマド・土師器など

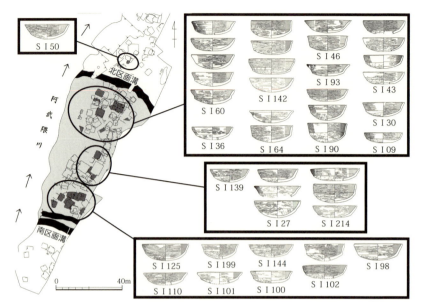

第156図 高木遺跡群の会津型土師器

片口(北上地方出自?)が共存した(第155図左)。とりわけ常陸南部型坏は、上述の窯業関連遺物とともに、燃焼部天井を土師器甕で補強した関東通有のカマド構造をもつ竪穴建物周辺で出土しており(同図、SI142)、在地産須恵器の「八」字状に開いた坏の口縁部形態や、過剰な甕の装飾傾向と対応する。したがって、常陸南部出身の須恵器工人が居住ないし滞在し、背後丘陵上の生産に関与したと考えられる。このことは、江戸時代の遺跡周辺が、奥州道中・二本松街道・相馬街道支路・岩城街道の五差路であり(第157図)、人・モノ・情報が集まる「衢」であったことと、符合する。

鉾塚遺跡・中ノ町遺跡 石背国造・磐瀬郡大領(評督)に準じる豪族の、拠点集落である。阿武隈川支流(江花川)北岸の自然堤防上に営まれ、中通り—会津間の幹線道路沿いに位置している(第107図-14・15、第158図)。会津型土師器が波及したⅣ期は、集落が出現し、ピークとなる時期であり、付近の低丘陵上では才合地山横穴墓群が造営開始、対岸に磐座を信仰対象とする鉾衝神社祭祀遺跡が営まれた。また、南側の丘陵挟んだ廣戸川流域では、最終末の前方

後円墳（龍ヶ塚古墳）が築造されており、8世紀後半になると、近距離に私印を伴う大型倉庫群（志古山遺跡）が設置される。

会津型土師器は、大溝区画域内を中心に分布している（第159図）。確認したのは18点の坏J・Kにとどまるが、大半の出土遺物が未報告であることを勘案すると、実際には数倍に及ぶはずである。また、表面漆仕上げは施されないものの、常陸南部型坏の器形・質感を忠実に模倣した非内黒の鬼高系土師器坏が共伴している。

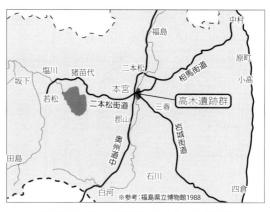

第157図　近世交通路からみた高木遺跡群

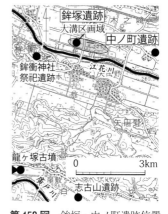

第158図　鉾塚・中ノ町遺跡位置

舟田中道遺跡　白河国造・白河郡大領（評督）に関わる、拠点集落である（第107図-34、第160図）。阿武隈川南岸の自然堤防・河岸段丘上に営まれ、東側の未調査区域には東山道渡河点が想定される。その位置は、ちょうど対岸の白河郡衙館院東脇で発見された官衙痕跡（第74図-3）につながり、交通の要衝の立地条件が指摘できる。

会津型土師器が波及したのは、5世紀後半から途絶えた集落が再開され、ピークとなるⅣ期であり、内部には、方形区画を巡らす豪族居館と最終末の前方後円墳（下総塚古墳）が出現した。また、大化以後は同岸東側に、白河郡衙周辺寺院（借宿廃寺）、対岸に、白河郡衙（関和久・関和久上町遺跡）と上円下方墳の北限例を含む上級官人墓群（谷地久保・野地久保古墳）が造営され、国史跡の郡衙域を構成している。

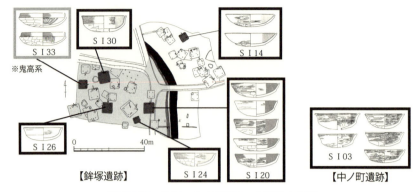

第 159 図　鉾塚・中ノ町遺跡の会津型土師器

第 160 図　舟田中道遺跡位置

　会津型土師器は、豪族居館・前方後円墳と重なるエリアに分布している（第161図）。確認したのは、10点の坏J・Kで、豪族居館の区画溝底面と古墳の下層竪穴建物（SI04）の出土層位所見は、それらが、集落の再開・ピークに関わる所産であったことを証明してくれる。また、常陸南部型坏を忠実に模倣した関東系土師器坏が共伴し、近距離の集落（七斗蒔遺跡）ではそのものが出土している。

（2）外部波及の背景

　以上から、成立以来、盆地内にとどまっていた会津型土師器の分布範囲が、Ⅳ期（6世紀末～7世紀前半）になって中通り中・南部へ波及したのは、律令期に引き継がれる新たな地域拠点形成の一環とみなされる。また、これは少数の関東系、一部は東北北部系土師器の動きと交錯した。したがって、全体から

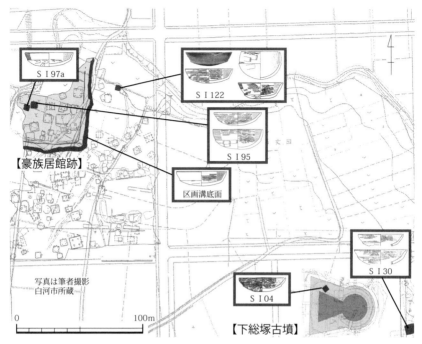

第 161 図 舟田中道遺跡の会津型土師器

みればごく一部の遺跡に限られるものの、過小評価すべきではない。この視点で、栗囲式・会津型・東北北部系土師器が共伴する浜通り地方南部例（夕日長者遺跡）も、同様に考えて差し支えないと思われる。

註

（1）後述資料を含め、会津坂下町埋蔵文化財センターの協力で実見・観察した。
（2）新潟市文化財センターの協力で実見・観察した。
（3）8〜9世紀の石狩低地は、本州との地域間交流の主体が日本海側（秋田県域）に置かれていたことが判明している（鈴木 2006）。6〜7世紀の状況を考える上で、示唆的な事実である。
（4）青山博樹の教示による。なお、東北地方では「536年イベント」による気候寒冷化の影響が、工藤雅樹により早く指摘されたものの（工藤 1998）、直後に慎重な見解（菊地 1999）が示され、当初筆者は正否を決めかねていた。しかし、その後、全国的視点に立った新納泉の詳細論文（新納 2014）に接し、現在まで、

仙台平野～大崎地方の突然かつ極端な停滞理由を合理的に説明できる対案が示されていないことから、妥当な要因と判断している。

（5）今塩屋毅行によると、九州南部の都城盆地では5世紀後葉から地域全体に及んでいた集落分布が、6世紀中葉に激減し、6世紀後葉～7世紀前葉になると盛り返して、7世紀前葉には拠点的集落が突然形成される現象がみられるという。またそれは、ほぼ九州全体で共通する見通しがあるらしい（今塩屋 2022）。今後、問題意識の共有が進めば、「微妙な気候バランス上」でない地域でも、多くの関連所見が抽出されると予想される。

（6）関東を除く東日本各地で一斉に起きた、「赤い土器から黒い土器」（坂野 2007）への変化の要因が求められるかもしれない。

（7）会津地方の竹原5号住居跡出土資料とは、胎土・焼成が違い、甕は口縁部外面のおかず調理痕跡が観察されない。

（8）集石を行った1.5m×1mほどの土坑内で、火が焚かれる祭祀である。土坑は、北側区画溝の底面と埋没過程の堆積土上面で9基以上、後背湿地の落ち際で4基が発見されている。共伴遺物には、被熱痕跡の明瞭な土師器（坏・高坏・甕）のほか、金属製威信財（鉄刀・銅釧）・須恵器袋物（横瓶・𤭯）、土製模造品（六鈴鏡・釧・勾玉・管玉・丸玉）が認められる。また、土師器甕は例外なく祭祀終了後に胴部穿孔が施されていた（菅原 2004）。

第3節　栗囲式・会津型・関東系の交錯

　最終節は、前節で得られた視点を基軸に、3つの土師器動態の交錯背景を探ってみたい。具体的には、まず栗囲式の出自と成立背景を明らかにし、それが会津型土師器の外部波及と一体だったことを示すことで、浜・中通り～仙台平野の在地社会再編に日本海側内陸からの動きが存在したことを指摘する。次に、改めて周知の関東地方からの動きに注目し、関東系土師器の分布と出自の変化から、陸奥南部の国造域を起点とした政権領域拡大の過程を明らかにしたい。このことで、従来、激的変化をとげる陸奥中部に注目が集まりがちだった律令国家形成期の東北像を相対評価する。

1　栗囲式の出自と成立の背景

　栗囲式の成立は、「東北古墳時代の土師器変遷上の重要な画期」（辻 1990）と位置づけられている。しかし、これまで出自と成立の背景が議論の俎上に載せられことはなかった。そこで、成立要件を再確認することから始めたい。
坏：口縁部が伸長して大きく開き、外面ヨコナデ・ヘラケズリ、内面黒色処理に画一化された有段丸底坏（坏C）。
甕：長胴化が完了し、外面ハケメ調整に画一化された長胴甕（甕A2）。
　このうち、坏の有段丸底の基本形は関東の鬼高式と共通している。しかし、信州と日本海側沿岸を除く東北地方も同様であり、直結させることはできない。一方、坏の内面黒色処理・甕の外面ハケメ調整は、関東にはほとんどみられない属性で、信州・北陸を含む日本海側母胎の広域交流圏（第149図左）でいち早く画一化した。したがって、栗囲式は当該域の技術基盤上に成立し、関東（鬼高式）の直接の影響は受けていないと判断される[1]。

この視点から、地理的に隔たりの大きい浜通り南部が上の技術属性の受容に消極的だったことは、整合性がとれる。また、当時の常陸南部〜下野東部で、淡い茶褐色＝表面漆仕上げの鬼高系坏（常陸南部型坏）が出現したことは、2次的影響といえるかもしれない。

（1）物見台遺跡Ⅴ群土器は栗囲式併行か

だとすれば、その中でも栗囲式の分布圏と隣接し、古墳〜奈良時代の土師器の器形変遷が一貫して共通する出羽南東端の置賜・最上地方（阿部 2011）が直接の出自候補として浮かび上がってくる。この見通しから、Ⅳ期の在地社会様相が一時不明になる現象は示唆的と考えられるが（菅原 2021a）、山形県中山町物見台遺跡Ⅴ群土器の一部を当該期に位置づける見解（阿部 2011）があり、立論前提に抵触してしまう。そこで、以下に検討したい。

根拠は、底径が小さく、口縁部が大きく開いた坏Ｃの様相に求められている（第162図下段左）。確かに、坏だけをみればそのようにもみえるが、栗囲式の成立要件は坏の方がⅢ期にほぼ備わるのに対し、甕はⅣ期まで遅れることを、第1節で指摘した。つまり、長胴化の完了した中膨らみの甕 A2a に、新しく下膨れの甕 A2b と寸胴の甕 A2c が加わった構成である。しかし、物見台遺跡Ⅴ群土器に限らず、置賜・最上地方で「栗囲式的」な坏Ｃと共伴するのは、長胴化の未了な甕 A2a しかなく、甕 A2b・A2c は皆無である。そして何より、太平洋側と古墳〜奈良時代の器形変遷が一貫して共通する中で、当該期だけ違うのはきわめて不自然であり、この点は、併行期の須恵器（TK209）がやはり当該期だけ皆無な状況と整合する。したがって、置賜・最上地方の在地社会は一時的に衰退したと考えざるを得ない。もちろん、無人になったはずはないが、5世紀後半から安定継続した集落・古墳の営みがほとんど途絶え、大化直後のⅤ期に復活することは確実と考えられる。同様の見解は、既に古墳の主体部構造や金属製副葬品（鉄鏃など）の分析でも示され（東北芸術工科大学考古学研究室 2002）、安定したものとなっている。[2]

（2）栗囲式の出自

そうすると、改めて注目されるのは、仙台平野の在地社会変化であろう（第153図）。まるで入れ替わるように、停滞していた集落・古墳の営みが活発化しており、奥羽脊梁山脈の分水嶺を越える人・モノ・情報の動きは明らかである。したがって、栗囲式の成立はそれが在地土師器様相に反映されたものと判断され、直接の出自は、当該地方に求めるのが妥当と結論づけら

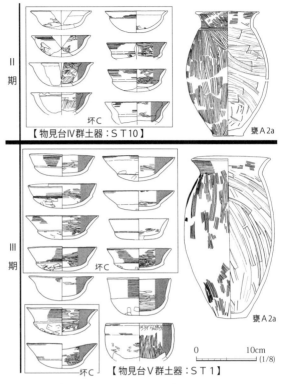

第162図 置賜・村山地方のⅡ・Ⅲ期

れる。飛躍的な人口増加と生産力向上の背景には、周知の関東とは別に、このもう１つの動きが存在した。

（3）会津型土師器の外部波及

しかし、それだけではまだ十分な説明にならない。併せて重要なのが、中通り中・南部〜浜通り南部で同時進行した会津型土師器の波及と思われる。規模は違うものの、奥羽脊梁山脈の分水嶺を越える西→東の動きで共通しており、栗囲式成立の技術属性要件（内面黒色処理・外面ハケメ調整）をいち早く備えていることも、同様である。したがって、一体となって、政治的境界をまたぐ広大な土師器圏の成立背景となったのではないだろうか。またこのようにみる

と、太平洋側母胎の陸奥国域に日本海側内陸の会津・置賜・最上地方が加えられた必然性が、明らかになると思われる（置賜・村山地方は、712年に出羽国へ移管）。

[小　結]

律令国家形成の歩みは、乙巳の変で突然始まるのではなく、Ⅳ期（6世紀末～7世紀前半）の推古・舒明朝に全国各地で始まった（宇野1993・坂井2008他）。したがって、東北地方が例外であるはずはなく、中・浜通り～仙台平野の在地社会再編は、のちの初期陸奥国の主要範囲となる地域に起きた前兆現象と位置づけられ、栗囲式・会津型の交錯背景になったと考えられる。さらに、会津地方の竹原遺跡1・5号住居跡の所見は、周辺地域まで重層的影響が及んだことを示す（[馬淵川下流域→会津⇔中・浜通り]：第145・151図）。時代の転換期は、従来のイメージより広範な動きが生じたことを指摘しておきたい。

2　関東系土師器の出自と分布の変化

最後に、改めて関東地方からの動きに注目し、阿武隈川河口付近をまたぐ継続的な関東系土師器の分布と出自の変化をみていく。そのため、ここでは対象時期をⅥ期（8世紀前半）、対象地域を栗原地方まで拡大する。

国造域の概要　まず国造域の概要を整理すると、関東系土師器の分布は少数の特定遺跡（拠点集落・生産関連遺跡）に限定され、常陸との境界付近を例外として、土師器組成率に占める割合は全般に低い（第163図B）。またⅣ期は、全域で仙台平野と同じ常陸南部型坏が共有されるが、大化以後は、中通りで城柵域のものとは異質な分厚いつくりの個体が目立っている（高木SI16など、第155図）。

城柵域との境界様相　しかし、中通り北端付近の拠点集落（信夫郡：沖船場遺跡群、第35図）は、大化前後にまたがる関東系土師器の定量保有がみられ、

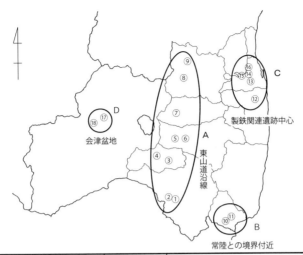

第163図 関東系土師器の分布

Ⅴ期後半（7世紀後葉）には、仙台平野〜黒川・大崎地方で爆発的に広がる北武蔵系新型坏が確認できる（第164図）。しかも、食膳・煮炊・貯蔵具のセットが揃い、北武蔵系新型坏の内面暗文が省略されずに施されるなど、むしろ故地の様相が忠実に再現されている。一方、境界の国見峠を越えた城柵域南部の囲郭集落（柴田郡：円田盆地北部遺跡群、第3図）は、北武蔵系土師器がほぼ皆無であり、中通りに特徴的な分厚いつくりの坏・甕が目立つ。このように、

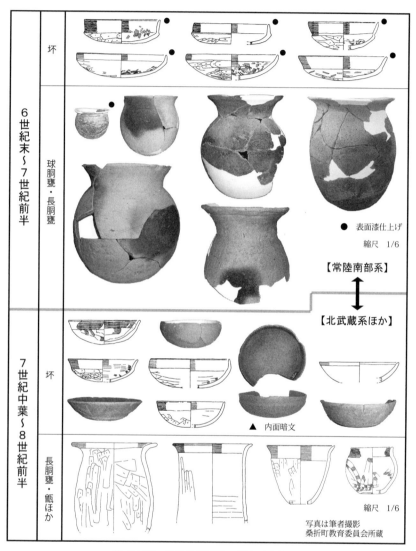

第164図　沖船場遺跡群の関東系土師器

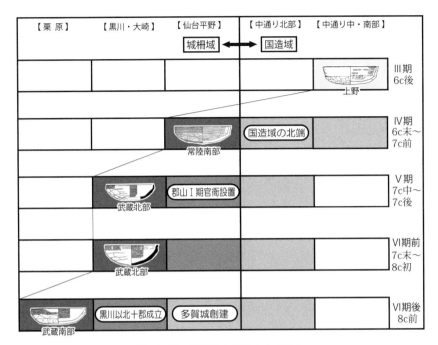

第 165 図 関東系土師器の分布変化

関東系土師器の境界様相はモザイク状を呈しており、政治支配上の境界では厳密に線引きすることができない。このことは、国造域に分布する山王廃寺系瓦の北限が苅田郡衙まで及ぶことに対応するといえる。したがって、基本的には城柵域と同じく、新たな地域拠点形成に伴う移民の痕跡と考えられる。

分布と出自の変化からわかること そこで、移民展開の中心である東山道ルート上の分布変化（第165図）を追うと、Ⅲ期（6世紀後葉）は中通り中部に限定されていた状況が、Ⅳ期にはその先の仙台平野へ、仙台平野に郡山遺跡Ⅰ期官衙が設置されたⅤ期には、その先の黒川・大崎地方へ、仙台平野に多賀城が創建され、黒川・大崎地方で黒川以北十郡が成立したⅥ期後半（8世紀前半）には栗原地方へ、最前線が及んでいることがわかる。つまり、国造域を起点として、政権領域の常に一歩先へ最前線が及ぶパターンを繰り返しており、関東勢力を介したグレーゾーンともいえる先行過程を踏んだ領域拡大が、大化前後

関　　東	陸奥南部	陸奥中部
◎上総国　望多郷	曰理郡　望多郷	
◎下野国　芳賀郡	安積郡芳賀郷	
◎常陸国　行方郡	行方郡	登米郡行方郷
◎常陸国　多珂郡	行方郡多珂郷	
◎	白河郡	宮城郡白川郷・黒川郡白川郷
◎	磐城郡	名取郡磐城郷・宮城郡磐城郷
◎	石背郡	加美郡磐瀬郷
◎	会津郡	栗原郡会津郷

第 166 図　関東→陸奥南部→陸奥中部

にまたがって行われたことを示している[5]。この点は、主要出自が上野→常陸南部→武蔵北部→武蔵南部に変化しながらも、同一出自の関東系土師器が政権領域の北端とその一歩先で共有され、分布密度が後者により濃密な傾向と整合するといえよう（菅原 2015b）[6]。

　このことは、城柵域の移民が、国造域を起点とした流れの中に位置づけられ、見方を変えれば、国造域が関東諸国からの移民先であり、併せて城柵域へ移民を輩出した地でもあったという、同一郡郷名（第166図）から導き出された文献史学側の指摘（今泉 2018、鈴木 2009）と結果的に整合する（菅原 2013・2015b）。従来の研究では、どうしても前後の変化のわかりやすい陸奥中部に注目が集まったが、この中間域を加えることで、律令国家形成期の東北像を相対評価できると考えられる。

註

（1）日本海側母胎の広域交流圏は、栗囲式土師器圏よりはるかに広大な面積をもつ。したがって、栗囲式の成立は「東北らしくなかった」土師器様相の地域に、大勢派の技術属性が貫徹した画期とみることができる。

（2）近年、精力的に古墳主体部構造の検討を行っている草野潤平も、同様の見解であるのを意見交換で確認した。

（3）Ⅳ期の仙台平野における移民集落の出現背景を、伝統的な関東との豪族間交流に求める見解がある（長島 2012）。しかし、前段階（6世紀前半〜中葉）の著し

く停滞した在地社会に、有力豪族の存在は想定できず、立論前提が成り立たない。また、郡山遺跡Ⅰ期官衙創建に関わる律令国家政策とみる説があり（松本2013）、年代根拠は、千葉県別途地遺跡第7次4号住居跡の常陸南部型坏（古相）と飛鳥Ⅱ併行（640〜660年代）の湖西産須恵器の共伴事例に求められているが、あくまで定点の1つに過ぎず、上限がどこまで遡るのかは別問題と思われる。膨大な一括資料に裏打ちされた中・浜通り編年（第1節）からみると、ほぼ共通様相の仙台平野のⅣ期資料のすべてを645年以後に集約することは、困難である。したがって、これまでの年代観に変更の必要は認められない。

（4）桑折町教育委員会の協力を得て、関東各地の土師器研究者と共同観察の機会を設け、故地の認定を行っている。

（5）日本海側でも、国造域（越前・加賀地域）を起点とした近江・渡来系移民を伴う地域社会形成が、段階的に城柵域へ進行した過程が判明している（第Ⅱ章第2節を参照）。したがって、一体で捉えることができる。

（6）厳密にいうと、Ⅴ期とⅥ期後半の中間（7世紀末〜8世紀初頭）に、分布の最前線が栗原地方へ及ぶ段階がみられる。ただし、Ⅴ期と北武蔵系の出自は変わらず、まだ大崎地方に分布の中心がある。当時は、仙台平野で郡山遺跡Ⅱ期官衙、黒川・大崎地方で関連城柵官衙・寺院が出現した頃にあたる。

補論

　成稿後、第163図-⑧と近距離の西久保遺跡で、同一系譜の関東系土師器坏・鉢が複数個体出土した。鎮兵木簡で話題となっている遺跡でもあり、正式見解を待ちたい（福島市教育委員会の厚意で実見）。

第Ⅲ章
古代後半期の地域開発

第1節　古代会津の開発①
――郡衙周辺の事例分析を中心に――

　古代後半期へ向かい始める8世紀後半～9世紀前半になると、全国各地で地域開発が活発化した。公地公民の原則を方向転換した、一連の開墾奨励策（百万町歩開墾計画：722年→三世一身法：723年→墾田永年私財法：743年）を契機としたもので、陸奥南部の浜・中通り地方も例外ではない。8世紀前半から台地上へ拡散し始めた集落分布は、当該期にピークを迎え、規格的配置の倉庫群を備える開発主導者の居宅＝官衙風建物群（第167図）の顕在化、仏教信仰の民間普及（村落内寺院・仏具）、新規集団墓の受容（土坑墓群）、流通の変化（灰釉陶器・須恵器・塩）など様々な関連現象が生じた（菅原1998・2007b・2008）。しかし、9世紀後半からは衰退方向へ向かい、10世紀中葉までにほとんど集落は廃絶してしまう。こうした集落動態は、ちょうど所管郡衙のピーク・衰退と一致しており、台地の開発対象と上記の関連現象は、関東地方と共通する（菅原2023b）。このように、対蝦夷政策が強化され、浜通り北部の製鉄増産が図られた時期は（第Ⅰ章第6節）、一方で、地域開発の時代でもあった。

　ところで、かつて筆者は、それらの動きを古代社会の変容（坂井2008）の起点と位置づけた（菅原1998・2007b・2008）。つまり、律令国家政策を契機としながらも、在地勢力の成長→中世的社会への移行を重視した視点である。この問題意識から、会津地方に別タイプの低地開発が展開し、時期消長にずれがみられることは、注目される。第Ⅰ章の検討成果を踏まえれば、日本海側を基軸とした交流背景が想定され、古代後半期における多面的な東北像を鮮明にできるはずである。

　そこで、第Ⅲ章はこの課題に取り組みたい。まず、本節では会津郡衙周辺のモデル分析を行って、多様な歴史的側面を提示し、さらにその結果を踏まえ、

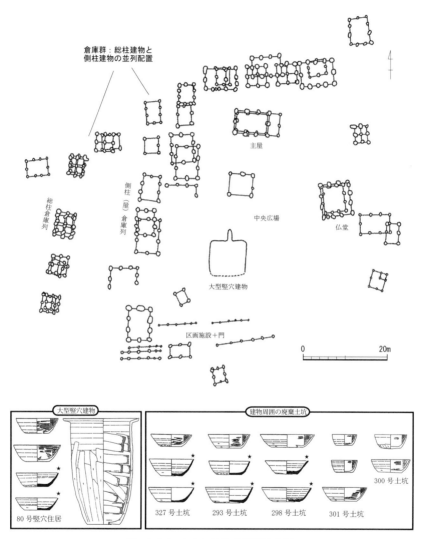

第 167 図 東山田遺跡官衙風建物群

次節以降は、順次遠方へ対象範囲を広げながら、議論を発展させていくことにする。

1　遺跡群の概要

　モデルとするのは、会津盆地東部の低地＝盆地床に立地した、西木流C・西木流D・鶴沼B・鶴沼C・西坂才遺跡である。それらは郡衙推定地（郡山遺跡）の南西約0.8～1.7kmに展開し、阿賀川支流の湯川（せせなぎがわ）を挟んで向かい合う位置関係となっている（第168図）。遺跡名は、字名とアルファベットによって区分されているものの、一連の遺跡群で捉えられ、発掘調査の結果、網の目のように流路（小河川）が発達した盆地床に、掘立柱建物群が浮島状に点在する景観が判明した。水はけの悪いこの地は、弥生時代終末に居住・墓域が営まれた後、人が定着しない状態が続いたが、8世紀後葉（第3四半期）になって、突然状況が一変する（山中 2014 他）。その背景は何だろうか。

2　土器様相からわかること

　発掘調査では、流路跡中心に総数約1700点の実測土器が得られた。ほとんどは在地製品で、須恵器は東北最大の窯業生産地である会津大戸窯跡群の製品が圧倒的主体を占める。他に搬入品として、東海産の緑釉・灰釉陶器（碗）、北陸産の須恵器（横瓶・小型長頸瓶）・土師器（赤彩埦）、浜通り海岸部産の製塩土器が認められる。

　また組成内容から、ⓐ郡衙関連遺跡としての性格と、ⓑ北陸・出羽と近しい日本海側内陸の地域性の2点を読み取ることができる。ⓐに関しては、緑釉・灰釉陶器、陶硯を定量保有すること、多種多様な墨書・刻書資料、祭祀用の羽釜形・三脚土器（第169図）がみられるのが、根拠になる。このうち後者は、掘立柱建物群の性格や関係氏族を知るための貴重な検討材料である。ⓑは、北陸産の搬入品に加え、在地製品自体に北陸系器種（須恵器横瓶・双耳瓶・台付短頸壺、土師器丸底甕・なべ）があり、製作技術にも、須恵器小型品の底部ヘラ切り技法が一貫して卓越し、貯蔵具の口縁部上端に平坦面をなす個体が含ま

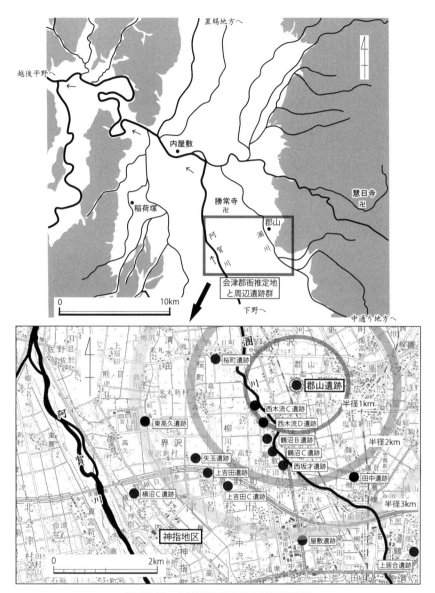

第168図　会津郡衙推定地と周辺遺跡群

224　第Ⅲ章　古代後半期の地域開発

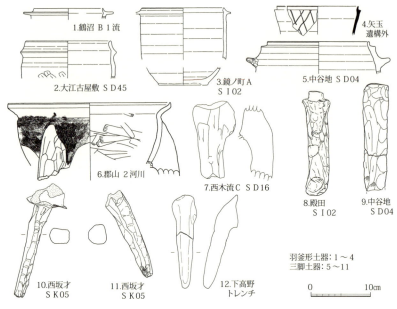

第169図　羽釜形土器と三脚土器

れるなど、北陸の影響がみられることが根拠になる。8世紀後葉～9世紀に急展開する会津地方の開発が、どの方面の関与で行われたのかを示唆している。

3　建物群

　流路空閑地に点在する掘立柱建物群は、本遺跡群の根幹をなすものといえる。南北棟主屋＋副屋1～2棟のコンパクトな単位で構成され、原則的に井戸が伴う。構成要素には、竪穴建物がまったく含まれず、この点で、同じ郡衙周辺の立地でも、うまや遺跡（岩瀬郡）、舟田中道遺跡（白河郡）、広畑遺跡（行方郡）のような浜・中通り地方の遺跡景観とは明らかに異質である。

　ここでは、A～E建物群と仮称して（第170図）、構成建物の属性を確認し、次いで、一定面積の建物配置が判明したA・D・E建物群の変遷をみていきたい。なお、時期区分は、プレⅠ期：8世紀後葉～9世紀初頭、Ⅰ期：9世

第1節 古代会津の開発① 225

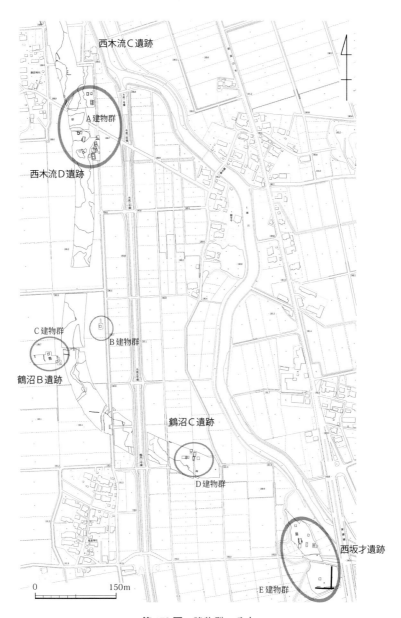

第170図 建物群の分布

紀前半、Ⅱ期：9世紀中葉～後半、Ⅲ期：9世紀末～10世紀前半とする。

（1）構成建物の属性

　柱配置の判明した41棟のうち、主体を占めるのは梁行2間、桁行2～4間の側柱建物である（56％）。上記のように、竪穴建物は構成要素に含まれない。

総柱建物　2間×2棟：2棟　　　2間×3間：1棟
側柱建物　1間×1間：1棟　　　1間×2間：4棟　　　1間×3間：2棟
　　　　　1間×4間：1棟　　　1間×5間：1棟
　　　　　2間×2間：7棟　　　2間×3間：8棟　　　2間×4間：8棟
　　　　　2間×5間：3棟
　　　　　3間×3間：3棟

　細部を見ると、柱間寸法は7尺基本で、柱通りが悪く、柱間寸法にばらつきがみられる。また、建物配置の規格性もやや緩慢で、このような諸特徴は、郷倉、借倉、初期荘園、豪族居宅など「郡衙でも一般集落でもない」（大上1997）と通称される遺跡の分析結果（石毛2007・山中2007）と一致している。

（2）主屋の比較

　主屋はすべて南北棟で、2間×4間が基本となる（第171図）。桁行長によって3段階（Ⅰ～Ⅲ）のランク分けができる一方、桁行南端の広い柱間寸法（2・3・5）、雨落ち溝（2・3）、間仕切り（4・6）には、相互の共有関係が認められる。したがって、ランクの違いは漸移的なものと判断することができ、各建物群が同一性格の施設であることを示唆している。

（3）建物群の変遷

　では、以上の前提を踏まえ、建物群の変遷をみていく（第172～175図）。
〔プレⅠ期〕
　建物群に先行し、直交する区画溝が掘られる（上幅1.0～1.5m、深さ0.8m前後、断面「V」字・逆台形）。軸線は真北に対して大きく西へ振れ、範囲は

南北1.2km以上に及ぶ。重複するⅠ期のD・E建物群はそれらを切って造営されており、鶴沼C遺跡12号溝跡では、大戸窯跡群の生産開始期（上雨屋33号窯式：8世紀第3四半期）の製品がまとまって出土した。このことから、大半が当該期のうちに機能しなくなったと考えられる。類例は周囲の遺跡（桜町遺跡、屋敷遺跡）にとどまらず、盆地西部（稲荷塚遺跡）でも確認され、断続的だとしても、阿賀川をまたぐ南北4km以上、東西13km以上の範囲に達していることになる（第168図）。目的は、群馬県玉村町砂町遺跡の水田開発例（3世紀後半、若狭2016）などを参考にすると、滞水地の水切りと推定され、直接の出自は、ほぼ同年代の石川県能美市の東大寺領幡生荘にみられる類似遺構変遷

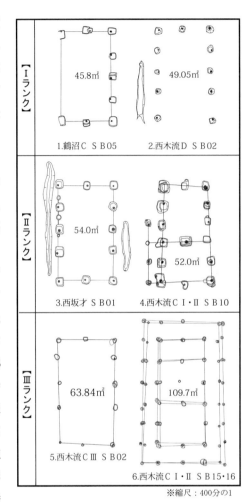

第171図　主屋の比較

（北野1996）から、北陸で行われた低地開発技術に求められる。ここでは、幅1m前後、断面逆台形の区画溝が掘削され、それらが短期間で廃絶した場所に「庄」「荘」の墨書土器を伴う建物群が成立している。

〔Ⅰ期〕
　南北棟主屋＋副屋1～2棟＋井戸のコンパクトな単位がいっせいに成立す

228　第Ⅲ章　古代後半期の地域開発

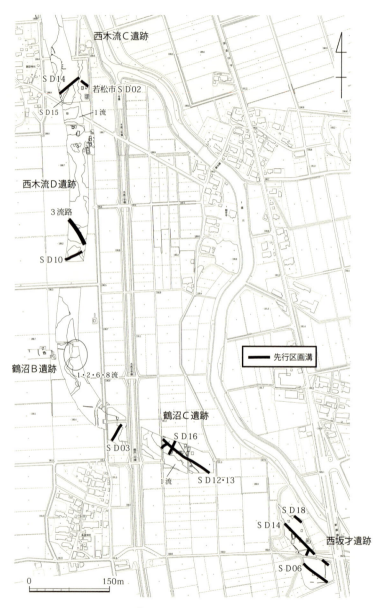

第172図　先行区画溝

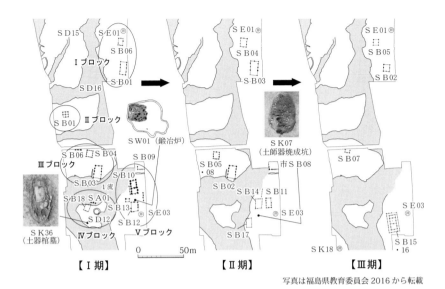

第173図　A建物群

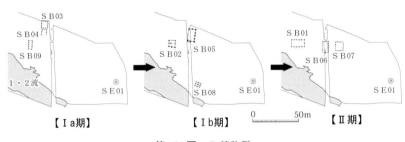

第174図　D建物群

る。軸線はほぼ真北を指すようになり、プレⅠ期の区画溝とは大きく異なる。それらは、網の目のように発達した流路・溝の空閑地に点在する立地景観が特徴的で、新潟市駒首潟遺跡の建物群と雁行型の建物配置、官衙的な遺物様相まで、そっくりである（第176図-2・5）。したがって、前段の区画溝に続き、建物群自体の出自もやはり北陸方面に求められる。このうちA建物群では3つの単位（Ⅰ・Ⅲ・Ⅴブロック）と、墓域（Ⅳブロック）、総柱倉庫域（Ⅱブロック）が流路を挟んで接しており、一体で機能した様子がうかがえる。なか

230　第Ⅲ章　古代後半期の地域開発

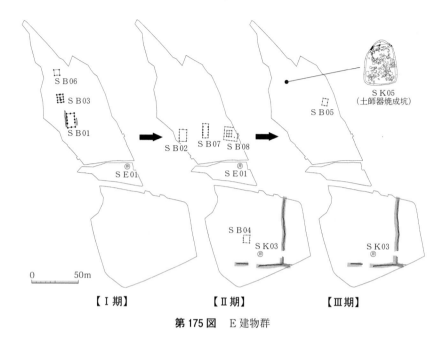

第 175 図　E 建物群

でも、Ⅴブロックは中心的存在と考えられ、格式の高い主屋を備え、鍛冶炉が単基で営まれた。一方、約 250m 離れた D・E 建物群は主屋＋副屋の単位が1つで、主屋の南東方向に同一構造の井戸（隅柱横板組）が共有されており、密接な関係が指摘できる。

なお、屋敷遺跡と観音屋敷遺跡にみられる方一町の大溝区画建物群の類例は、上越市今池遺跡で確認され（第 176 図-1・3・4）、同一方面出自の建物群は、今後さらに複数タイプが抽出できると予想される。

〔Ⅱ期〕

　A 建物群Ⅴブロックでは、鍛冶炉に代わって土師器焼成坑 AⅡa 類（菅原 1997）が単基で営まれる。また、D・E 建物群は、主屋の不明確な東西に並ぶ建物配置になり、E 建物群では、区画溝を伴った小規模建物1棟＋井戸の単位が成立した。D 建物群は当該期を最後に廃絶したようである。

〔Ⅲ期〕

第1節 古代会津の開発① 231

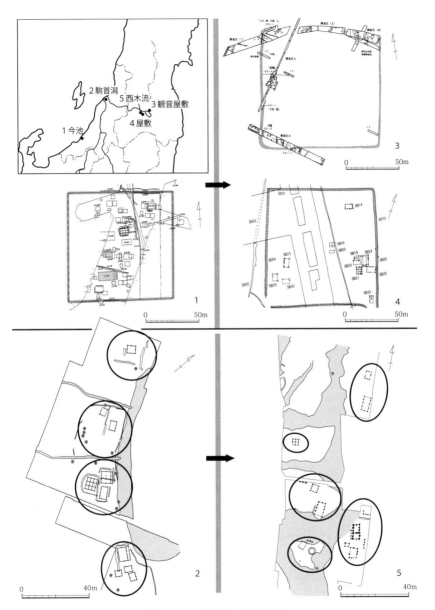

第176図 建物群の情報伝播

A 建物群Ⅴブロックの主屋は、四面廂建物に変化し、緑釉・灰釉陶器が伴う。これは、「郡衙でも一般集落でもない」と通称される遺跡に起きる全国的な現象であり（菅原 2007b・江口 2012）、南北棟の点を加味すると（春日 2009）、北陸の一貫した影響は明らかである。会津盆地では、他に屋敷遺跡や舘ノ内遺跡などに類例が認められる。また、E 建物群は A 建物群と入れ替わるように土師器焼成坑 AⅡa 類が営まれ、地点を変えながら、小規模・単発的な手工業生産が郡衙周辺の建物群に併設して行われた状況がうかがえる。[2]
　しかし、衰退傾向は著しく、A・E 建物群は 10 世紀中葉までに廃絶した。

（4）会津地方の開発動向との関係

　以上の結果を、会津地方の開発動向（山中 2014）と対比してみる。
　プレⅠ期は、律令期の開発が盆地東部でまず着手され、丘陵裾部に集落 2・3 類（掘立柱建物＋竪穴建物）が出現することが知られていたが、同時に低地＝盆地床では、建物群に先行する区画溝が盆地西部まで広範囲に張り巡らされた事実が判明した。東北最大規模の窯業生産地である大戸窯跡群は、当該期に成立しており、一連の動きが契機になったと考えられる。また、Ⅰ期は盆地東部の発展期、Ⅱ期は西部を含む盆地全体の遺跡分布のピーク、Ⅲ期は盆地東部→西部の勢力逆転期に位置づけられ、建物群の成立→変化→衰退・廃絶の消長と一致している。したがって、建物群は先行段階を含め、会津地方の開発動向に連動していたといえ、郡衙の消長とも連動したことは間違いない。さらに、そこに北陸の影響が、一貫して認められた意義は大きい。

4　墨書・刻書資料

　墨書・刻書資料は土器と木製容器があり、流路跡・溝跡中心に 178 点出土した（第 177・178 図）。小破片を加えると、優に 1,000 点を越える。

第1節 古代会津の開発① 233

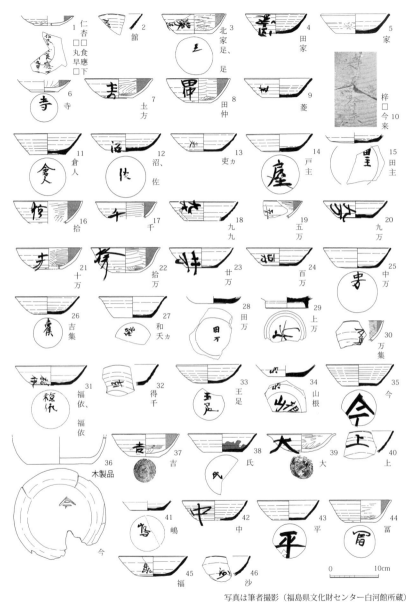

第177図 文字資料集成①

234　第Ⅲ章　古代後半期の地域開発

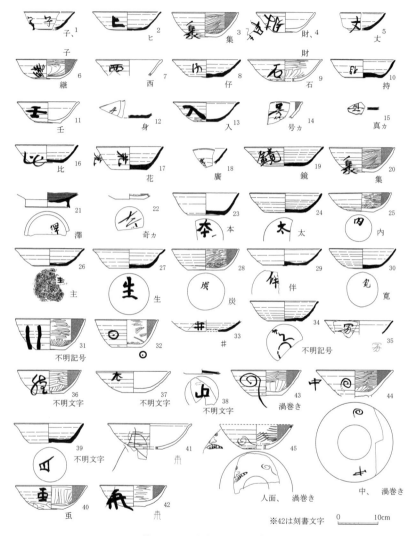

第178図　文字資料集成②

(1) 部位・方向・記入方法

以下の3点が指摘できる。

①坏の体部正位の墨書文字を基本とする。

②底部ならびに体部横位の墨書・刻書は、時期が新しくなるにしたがって、減少していく。これは、記入困難な底径の小さな器形が増えるためである。

③単一時期の同一文字は、対象素材、部位、方向、記入方法に規則性が認められない。したがって、目的は特定文字の記入だけで、他の厳密な規制はなかったと考えられる。

※「今」（Ⅱ期、第177図-35・36）

須恵器坏：体部正位3、体部逆位1、底部3

内黒土師器坏：体部逆位2、底部2

※「未」（Ⅲ期：第178図-41・42）

内黒土師器坏：体部正位5（刻書2）

非内黒土師器坏：体部正位12（刻書2）、底部1

（2）時期変遷

プレⅠ期に出現し、Ⅱ期の9世紀前半にピークが求められ、Ⅲ期に衰退していく。つまり、遺跡群の消長とほぼ合わせて、墨書・刻書行為は行われた。また、プレⅠ・Ⅰ期の墨書文字は小さく筆致は端正であるが、Ⅱ期以降に大きく雑になって、半ば記号化したものが現れる。このことから、書き手に非識字層が加わったと考えられる。

（3）墨書文字の複数書体と字形変化

単一時期の同一墨書文字で、複数の書体がある場合は、複数の書き手の存在を示す（第179図）。

※「中万」（プレⅠ期・Ⅰ期）…1・2

※「九万」（Ⅱ期前）…5・6

複数時期にまたがる同一墨書文字は、字形が次第に崩れる傾向が認められる。また、同じ数量単位に別の字をあてる例が現れる（第179図）。

※「中万」（プレⅠ・Ⅰ期→Ⅱ期前→Ⅱ期後）…1→3→4

※「拾万」→「拾万」「十万」（Ⅱ期前→Ⅱ期後）…7→8・9・10

236　第Ⅲ章　古代後半期の地域開発

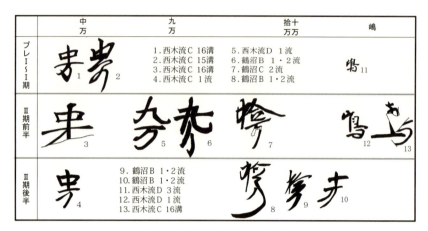

第179図　複数書体と字形変化

※「嶋」→「嶋」「嶌」（プレⅠ・Ⅰ期→Ⅱ期前）11→12・13

（4）文字の種類と分類

　文章、施設、地名、集団、氏族名、職名・身分、吉祥区、記号・絵などに分類される。以下、主要なものに解説を加えていく。

文章

　「仁杏□食應下　□丸早□」の墨書がある（第177図-1）。欠損部分が多いが、奈良文化財研究所史料研究室から公文書の書式ではないこと、経文か呪文の可能性があるとの教示を得ている。

施設

　「舘」「北家足」「田家」「家」「寺」「寺ヵ」の墨書がある（同図-2～6）。「舘」「北家足」「田家」は、対応する建物群が"舘"あるいは"家"と呼ばれていたことを実証する資料である。このうち「北家足」は、静岡県浜松市宮竹野際遺跡の「北家」、新潟県長岡市八幡林遺跡の「北家」、同県新潟市小丸山遺跡の「西家」など、"家"に方角を冠する事例が各地の"郡衙でも一般集落でもない遺跡"で確認され、「田家」は、水田経営を基盤にした"家"の性格を示している。

「寺」は、周囲に仏教施設の存在の可能性を示す。Ⅰ～Ⅱ期の会津地方は、山林寺院の慧日寺、平地寺院の勝常寺、村落内寺院の内屋敷遺跡の仏堂などが建立され、民間レベルまで仏教が広く普及した(3)。したがって、そのような動きの一端と評価される。

地名

「土方」「田仲」「菱」の墨書がある（同図-7～9）。「土方」「菱」は、『和名類聚抄』にみえる会津郡菱方郷、「田仲」は会津若松市矢玉遺跡五号木簡にみえる「田中村」を示すとみられる。

集団・氏族名

「梓□今来」の刻書、「今」の刻書＋墨書、「倉人」「伴」「丈」の墨書がある（同図-10・11・35・36、第178図-5・29）。「今来」は、『日本書紀』雄略天皇条にみえる「今来才伎」、『延喜式』隼人司にみえる「今来隼人」など、政権中枢地に新しく来た異民族を指す用語として知られ、本資料はそれが地方の郡衙周辺でも呼称されたことを実証する全国初例である。「今」は、この省略形とみることができ、本遺跡群の人々がこの文字を標識化していたことがうかがえる。

「倉人」は、宮都の令制外職名にもみられるが（吉川弘文館 1990）、会津盆地で出土した本資料は氏族名とみるのが妥当と思われる。その場合、東北初例となり、一部で指摘される渡来系かどうかは別として、移住集団の可能性が指摘できる。「伴」「丈」は、大伴氏、丈部氏を指すと考えられる。

職名・身分

「田主」「戸主」「沼＋佐」「吏ヵ」がある（第177図-12～15）。「田主」は施設名の「田家」と対応した水田経営の統率者、「戸主」は末端行政単位の戸の長である。どちらも、建物群の関連人物像を明快に記した資料と評価できる。しかし、「沼＋佐」の"佐"は、少領の可能性を三上喜孝から教示されたが、小規模で規格性の緩慢な建物群を郡司と直接かかわる施設とは考えにくい。仮に少領だとすれば、「厨」墨書土器のように、饗宴などの場面で郡衙から運び込まれたものと推定される。「吏ヵ」は、官吏を示すかもしれないが、

墨痕が薄く、はっきりしない。

吉祥区

「百万」「廿万」「拾万」「十万」「九万」「五万」「□万」「万」「千」「㊉」「百」「拾」「九九」「中万」「田万」「上万」「万集」「福依」「吉集」「財」「福」「集」「得千」「吉」「大」「上」「冨」「来万」の墨書があり（第177図-16〜26・28〜32・37・39・40・44・45、第178図-4・20）、文字資料の大半を占める。こうした特徴は、鬼頭清明が定義する居住生活の場の様相（鬼頭 1989）と一致しており、陸奥国内では多賀城南側の方格地割（山王・市川橋遺跡）の文字資料群になぞらえることができる。つまり、建物群の基本的性格が郡衙を支えた人々の居住、経済活動の場であることを反映したものといえる。

記号・絵

渦巻のモチーフ（第178図-43）、およびそれと「中」（同図-44）、人面（同図-45）を組み合わせた墨書がある。鶴沼B遺跡1・2・6・8号流路（同一流路）の狭い範囲では、一括性の高い出土状況を示し、祭祀具として用いられたと考えられる。

その他

9世紀後半以降に増える傾向がある（同図-35〜39・41・42）。則天文字風の「帀」の刻書＋墨書（41・42）、「𠃟」（35）の墨書が目立つ。前者は、鶴沼B遺跡1号流路に集中し、記号・絵の分布と重なる。

以上の所見から、建物群は「舘」あるいは「家」と呼ばれ、「戸主」「田主」が統括し、関係氏族に渡来系を含む移住集団がいたことが判明した。また、基本的性格は郡衙を支えた人々の居住、経済活動の場であり、郡衙周辺域の一部と考えられる。

（5）祭祀

本遺跡群では、ⓐ都城で確立した律令祭祀と同じ道具を用いる祭祀、ⓑ北陸の官衙・初期荘園関連遺跡と共通の横瓶を用いる祭祀、ⓒ東北の官衙・官衙関連遺跡と共通した羽釜形・三脚土器祭祀が確認できる。

ⓐは、斎串に舟形、人面墨書土器に鋤形が伴った可能性があるものの、出土状況が不安定で、律令祭祀の「体系」が導入された確証は得られなかった（第180図）。しかし、その情報を知る会津郡官人が関与したことは確実である。変遷は斎串が9世紀前半、人面墨書土器が9世紀後半に用いられ、中心地点は、西木流C遺跡1号流路跡→鶴沼B遺跡1・2号流路跡に移動している。

なお、人面と組む渦巻きのモチーフは東高久遺跡でも類例が出土しており、渦巻きの方向は逆であるが、長岡京例のような人面墨書土器の可能性がある（同図下）。

ⓑは、須恵器横瓶を用いた古墳時代以来の祭祀の可能性があるもので、流路・溝跡の7地点以上で当該器種が出土した(4)。会津盆地は北陸の影響で、9世紀まで横瓶が在地生産されるが（大戸窯跡群・小田原窯跡）、「梓□今来」刻書資料は、阿賀川河口南岸の新潟市新津丘陵窯跡群産の搬入品であり、情報の伝播ルートを象徴的に示したものと言える（第180図）。

ⓒは、神社・仏閣の「湯立神事」のような祭祀が想定されるもので（古川2014）、祭祀専用具の羽釜形土器1点と三脚土器3点が認められる（第169図-1・7・10・11）。使用位置から離れて出土したものの、三脚土器は西坂才遺跡で土師器焼成坑による在地生産が判明した点で、重要である。また、会津郡衙周辺には安定した類例分布が確認され（同図-2～6、8・9・12）、国府・城柵域に匹敵する使用頻度であったことがうかがえる。

以上のように、建物群では3形態の祭祀の執行が推定され、系譜の1つは北陸に求められた。これは、土器の組成内容や建物群の変遷でみた所見と合致している。

（6）建物群の基本機能

山中雄志の先駆的研究（山中 2014）に従うと、南北棟主屋＋副屋1～2棟＋井戸のコンパクトな施設構成は、会津盆地の古代集落類型の5類に比定できる。当該類型は、9世紀後半～12世紀に確認できる有力階層の屋敷地と定義されており、本遺跡群の成果によって、律令期の低地開発が最も早く進む郡衙

240 第Ⅲ章 古代後半期の地域開発

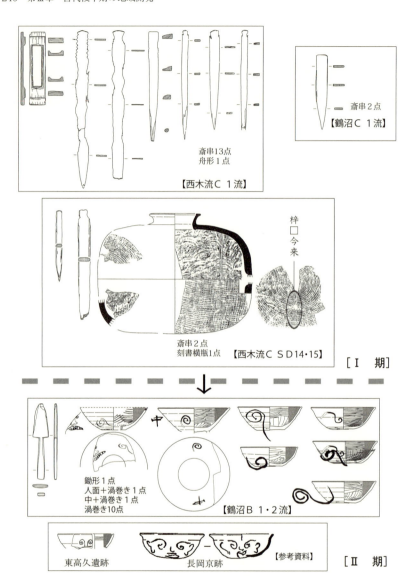

第180図 祭祀具の変遷

所在地の盆地東部では、その出現が9世紀前半（Ⅰ期）まで遡ることが判明した。性格については、郡衙出先機関の別案が報告書（福島県教育委員会 2014）で示されているが、掘立柱構造を竪穴構造に置き換えれば、伝統的な古代集落の単位集団（大型1棟＋中・小型1～2棟）と同一である。この点は、日常生活に伴う大量の食器・煮炊き具が出土していること、文字資料の大半が吉祥句で占められ、居住生活の場の様相（鬼頭 1989）と一致すること、何より、公の場＝官衙にはふさわしくない合口土器棺墓（斉藤 1974、村田 2008）が営まれていることによって、証明される。したがって、基本機能は居宅と結論付けられ、「戸主」「田主」でもあった会津郡官人の「舘」「家」と考えられる。

　なお、浜・中通り地方の官衙風建物群とは違い、倉庫が目立たず、敷地面積が狭いことから、居宅主の官位は下位ランクだったと推定される。この点は、行政末端単位の「戸主」の墨書土器とも整合する。

　盆地東部の低地では、網の目のように発達した流路の空閑地に郡衙機能分掌の倉庫群（矢玉遺跡、第181図）や祭祀場（上吉田遺跡）、高位ランクの豪族居宅（屋敷遺跡）の存在が既に知られており、本遺跡群のような下位ランクの居宅を含む様々な施設が相互補完関係で点在し、郡衙周辺域を形成したとみられる（第168図）。この点は、特徴的な文字資料の共有関係にも示され（第182図）、それぞれの分布の中心遺跡は同一文字を標識とする集団の拠点であったと考えられる。

「比」…屋敷遺跡

「足」…矢玉遺跡

「善」「真」…上吉田遺跡

「今」…鶴沼B・C遺跡

5　郡衙周辺から見た古代会津の開発

（1）北陸からの集団移住

　では、これまでの検討結果をもとに、古代会津の開発をめぐる多様な側面を

242　第Ⅲ章　古代後半期の地域開発

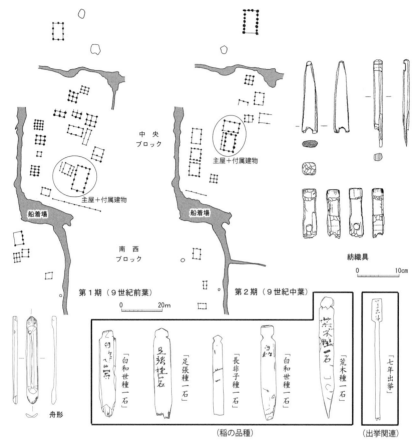

第181図　矢玉遺跡

提示したい。かねてから古代会津の開発は、低地開発に長けた北陸の移民集団の関与が想定されていた（山中 2014）。今回の郡衙周辺域の検討によって、官人居宅群の施設構成ばかりでなく、立地景観や先行区画溝による滞水地の水切り工法、出土遺物の内容まで、北陸の官衙・初期荘園関連遺跡がそのまま移動したような様相が指摘できたのは、踏み込んだ証明になったと考える。

　実は、7世紀中葉～8世紀前半の会津地方は、太平洋側の浜・中通りと連動して関東地方の影響が及んだものの、遺跡分布の面的な広がりには至らな

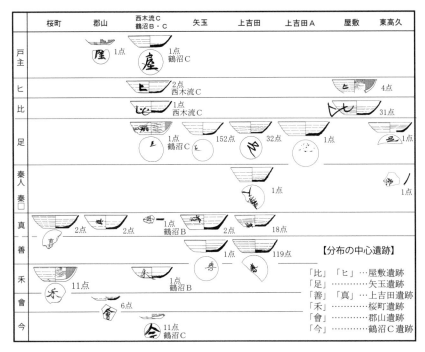

第182図 特徴的な文字の分布

かった。その停滞状況を解消方向へ向かわせたのが、北陸系譜の低地開発である。令制国域では、太平洋側母胎の陸奥国に編入されても、伝統的な日本海側との地域間交流は断絶せず、むしろ本格的な地域再編の原動力になったことを示している。

この結果、9世紀中葉〜後半（Ⅱ期）には遺跡分布が盆地全体へ及び、9世紀末〜10世紀前半（Ⅲ期）になると、格式の高い大型廂付主屋を備えた例が相次いで出現して、大江古屋敷遺跡の傑出した豪族居宅（10世紀中葉）→摂関家領荘園＝蜷河荘の成立（11世紀）へとつながっていく（第3節参照）。これは9世紀後半から、遺跡数の減少・官衙風建物群の廃絶方向へ進む浜・中通りと対称的であり、古代社会の変容（坂井 2007）が、より徹底したといえよう。また、遺跡分布の中心が新潟平野とつながる盆地西部へ次第に移動するのは（第198図）、それがどの方面の影響で展開したのかを端的に示している。

しかし、それまでの在地社会が解体したのではない。盆地床周縁の低丘陵上では竪穴建物主体の集落景観が維持され、土師器組成は盆地床を含め、伝統的な内黒坏＋平底甕のセットが主体を占め続ける。このことは、北陸系丸底甕の底部が本来の叩き出しではなく、平底をケズリ調整して丸底（丸底風）に仕上げた折衷型であることにも、象徴的に示されている（山中 2003）。したがって、在地と外来の住民・文化が融合して、開発は進行したと考えられる。

（2）日本海側の城柵域との一体性

視点を変えると、類似現象は、阿賀川河口以北の日本海側の城柵域南端＝庄内地方でも確認される。8世紀後半から大規模な移民（柵戸）を伴う低地開発が始まり、9世紀中〜後葉をピークに、小河川に面した掘立柱建物群の存在、北陸系器種を含む在地須恵器・土師器生産がみられ（第183図）、10世紀前半〜中葉まで継続している。このようにみると、古代会津の開発は日本海側の城柵域と一体で行われたもので、開始時期とピークが浜・中通り地方より1段階遅れた理由が、明らかとなる。したがって、実際に城柵が存在したかどうかは別として、会津地方がある時期から蝦夷社会と認識され、日本海側の城柵域と近しい社会側面を有していたという指摘（第Ⅱ章第2節）が追認される。

（3）太平洋側の国造域との一体性

しかし、それだけの評価では不十分だと思われる。

大戸窯跡群　開発の象徴ともいえる大戸窯跡群は、もっぱら陸奥国内向けの製品供給がなされ、北陸・出羽の出土例は認められない。しかも、開発のピークに連動して、生産量がピークを迎える9世紀中葉〜後半になると、浜・中通り北部の一部の窯業生産地に技術移転が行われている（第184図）。行方郡入道迫窯跡（9世紀中葉）、信夫郡大鳥城跡窯（9世紀後葉）で、リング状凸帯付長頸瓶＋坏型焼台が確認され、後者の周辺集落（日照田・川原田遺跡）では、在地製品と胎土・焼成の異なる土師器丸底風甕・なべが出土していることから、工人の移動が想定される。[6]

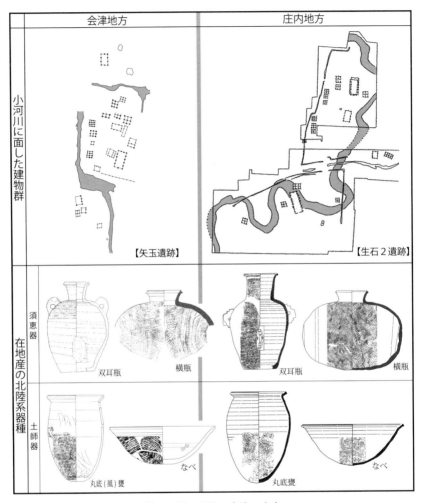

第183図　北陸―会津―庄内

　では、背景は何だろうか。ここで注目したいのは、それらの窯業生産地が新興寺院と密接な関係をもち（A〜C）、B・Cは、広義の同一系譜の瓦＝腰浜花文系瓦を共有することである。

A：大戸窯跡群―慧日寺
B：入道迫窯―植松廃寺

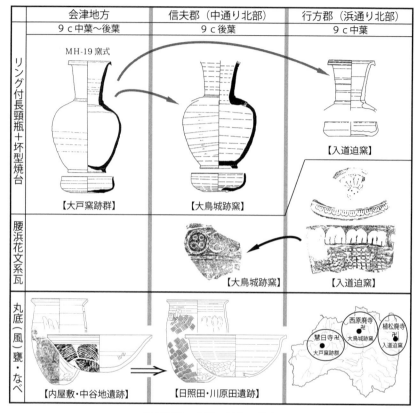

第184図 会津―行方―信夫

C：大鳥城窯―西原廃寺

　したがって、平安仏教受容を背景とした在地豪族間のつながりが想定される。

　塩　8世紀後葉〜10世紀前半の中通り・会津地方では、浜通り海岸部産の塩が集落まで普遍的に供給されたのに対し、仙台平野では、松島湾沿岸産の塩が多賀城と周辺城柵の軍事施設にほぼ供給限定された（第185図）。両者の分布の境界は、ほぼ阿武隈川河口付近に求められ、陸奥南部＝「浜・中・会津」が、仙台平野以北と対峙する1つの地域的まとまりであったことを示している。

以上の所見から、古代会津の開発は一元的には評価できないといえよう。当該域は陸奥と多方面を結節する東日本有数の交通の要衝であり（第Ⅱ章第1節）、様々な地域変化を映す鏡である。この視点から、次節以降ではさらに議論を発展させていくことにしたい。

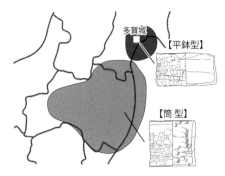

第185図　製塩土器の分布

註
(1) 他に、方半町の大溝区画建物群が、上越市越前遺跡・保坂遺跡、長岡市下ノ西遺跡で発見されており、北陸沿岸部の1つの建物群類型であったのがわかる。笹澤正史の教示を受けた。
(2) 郡衙周辺の土師器生産は、会津若松市田中遺跡のような大規模・継続的な事例もあり、補完関係で需要を支えた（第168図）。
(3) 慧日寺と勝常寺の建立は、最澄との「三権実論争」で知られる、徳一の布教活動の影響とされる。
(4) たとえば、第Ⅰ章第2節で取り上げた高木遺跡群の「水辺の祭祀」で、横瓶が使用されている。
(5) 関東系土師器の保有が、7世紀後葉の拠点集落（内屋敷遺跡）→8世紀前半の郡衙推定地（郡山遺跡）の変遷でみられる（第143図）。また、8世紀初頭の村北窯跡で、関東経由の雷文縁複弁蓮華文軒丸瓦の生産が確認される。
(6) 入道迫窯では、大戸窯跡群の須恵器窯で断続的にみられる、燃焼部側壁石組構造が検出されている。そのため、これも技術伝播の1つの可能性がある（菅原2010b）。

第2節　古代会津の開発②
――「梓□今来」と秦氏――

　8世紀後半に始まる古代会津の開発では、渡来系集団が重要な役割を果たした可能性がある。先行する7世紀中葉～8世紀前半の北陸の開発に、すぐれた技術力を持つ当該集団の存在が知られるからである（北野 1997、望月 2007）。そこで本章では、発掘された遺構・遺物の中に痕跡を抽出し、地域社会に果たした具体的役割を明らかにすることを目的とする。

1　渡来系集団の関連事例

　これまで渡来系集団の考古学的研究は、8世紀初頭以前の古墳副葬品や初期渡来系瓦が主要対象とされ、今回扱う時期はほとんど未着手となっている。そのため、まず関連史資料の検索から始めたい。

第186図　陸奥国柴田郡新羅郷の位置

（1）関連史資料

　三十八年戦争の終結後、陸奥国柴田郡に新羅郷が設置された（『和名類聚抄』824年）。その位置は、東山道から分岐した2本の陸奥国―出羽国間道路の合流点付近であり（第186図）、渡来人の移配地が交通の要衝に顕著な分布傾向（平川

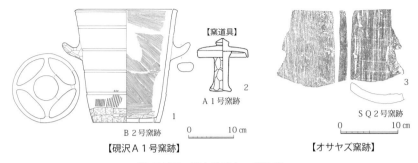

第187図 渡来系工人の痕跡①

2016 他）と一致している。また、白河・安積郡「狛造部」（『続日本紀』843年）、磐城郡「百済部」（磐城郡荒田目条里遺跡 2 号木簡：9 世紀）などが確認され、陸奥中・南部の各地に韓半島出自の渡来系集団が居住した様子がうかがえる。

（2）地域社会に果たした役割を示す事例

しかし、地域社会に果たした役割を示すのは、以下の遺構・遺物事例が知られる程度だった。

事例 1　陸奥国府供給窯の硯沢窯跡群では、韓半島系の須恵器工人が生産に携わった。8 世紀前半の B2 号窯から多孔式甑、8 世紀中葉以降の A1a 号窯跡から特徴的な傘形窯道具が出土しており（第 187 図-1・2）、韓半島に類例が求められる。[1]

事例 2　供給地不明であるが、8 世紀中葉～後半の出羽国最上・村山地方のオサヤズ窯跡では、百済系の瓦工人が生産に携わった。竹状模骨瓦（同図-3）は、同時期の百済に類例が確認できる（亀田 2002b、水戸部 2001）。[2]

事例 3　貞観 11（869）年の大地震復興のため設置された陸奥国修理府へ、大宰府管内の略奪事件で捕えられた新羅人のうち、瓦作りに精通した潤清・長焉・真平が配置された。多賀城、陸奥国分寺などで、大宰府周辺と類似した新羅系宝相華文軒丸瓦が出土しており（第 188 図）、製作年代はこの『日本三代実録』の関連記述内容と合致する（佐川 2015 他）。

250　第Ⅲ章　古代後半期の地域開発

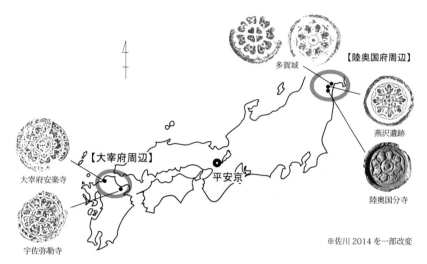

第 188 図　渡来人工人の痕跡②

　事例 4　9 世紀前葉〜中葉の宇多・行方・信夫郡の諸寺院で、高句麗・新羅系とされる腰浜花文系瓦（内藤 1965）が広域分布する（第 42 図）。同地域では、7 世紀後葉から渡来系瓦の文様・製作技術が継起的に展開し、「渡来系の受け皿」的な性格が指摘される（第Ⅰ章第 3 節）。また、信夫郡の宮沢 1 号窯出土の須恵質土製品（第 189 図）は、渡来人と関係の深い吉備・畿内周辺・武蔵北部で類例分布が顕著にみられ、陶棺の終末に出現した地域色（酒井 1986）、あるいは陶製仏殿（池田 2002、亀田 2002a）と評価されている。

　補足すると、このうち事例 1 〜 3 に関しては少人数の臨時的滞在であり、一定人数の面的居住は事例 4 のみとなる。また、いずれも窯業工人であることは、重要だと思われる。

　以上を踏まえ、「梓□今来」の刻書須恵器（第 1 節）を手掛かりに検討を進めていきたい。

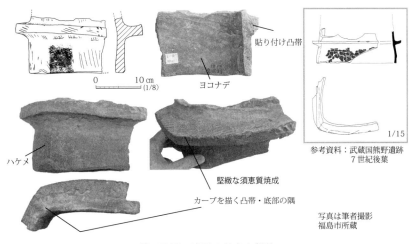

第189図 宮沢1号窯土製品

2 出土遺跡と資料の特徴

(1) 出土遺跡

　改めて確認すると、問題の資料が出土したのは、会津盆地東部に所在する西木流C・西木流D遺跡である。両遺跡は、会津郡衙推定地（郡山遺跡）の南東0.8～1.2kmに所在し（第168図）、網の目のように発達した流路の空閑地に掘立柱建物群（主屋＋副屋1～2棟＋井戸）が点在している（第170図）。性格は、下級官人の居宅域に比定され、資料が出土したのはその中で最有力者の居宅域と考えられる。

(2) 資料の特徴

　円板閉塞した胴部側面に、「梓□今来」と刻書された横瓶である[3]。接合の結果、ずんぐりした器形に推定復元でき、法量は口径11.0cm、器高25.5cm、胴部最大径33.5cmを測る（第180図）。ただし、復元図は直接接合しない箇所があるので、一定の誤差を含む。「梓□今来」の文字は、焼成前に窯場で刻書

されたもので、「梓」の字は現在の常用漢字に比べて、つくりの横線が一本多い。また、全体に筆致はなめらかで、達筆である。梓と今の間には、もう一文字が小さく刻書された可能性があるが、欠損のため判然としない。

生産地

横瓶は、祭祀にも使用される古墳時代以来の伝統的貯蔵具であり（中村2010）、北陸の影響が強い会津地方では8世紀後葉〜9世紀に在地生産が行われる（会津若松市大戸窯跡群、喜多方市西新田窯跡、同市小田小原窯跡）。しかし、それらと対比したところ、胎土・焼成に違いが認められた。そこで、より広範囲を探索した結果、越後平野の新津丘陵窯跡群に類例の存在を突き止めることができた[4]。具体的位置は阿賀川河口付近で、上流へ90kmほど遡れば会津盆地に至ることから、本資料は水系沿いに令制国境を越えて運ばれた製品であり（越後国→陸奥国）、刻書文字はこの遠隔地供給を前提に、発注者から生産現場に指定されたものと考えられる。

出土状況

さらに、関連して注目できるのは、出土状況である。破片は、西木流C遺跡と西木流D遺跡にまたがり、複数の流路・溝跡に散らばっていたものが接合した（最大距離は約25m）。このような須恵器横瓶の出土状況は、北陸の官衙・津・初期荘園関連遺跡で普遍的に認められ[5]、使用・廃棄形態を含めて当該方面から伝えられたことを意味している。

以上の結論は、所有者およびその帰属集団を考える上で、示唆的と思われる。

年代

ただ、横瓶自体では詳細な年代がつかみにくく、共伴遺物は出土遺構の性格から、幅広い年代のものが含まれている。そのため、特定は難しい。したがって、ひとまず北陸の生産状況から、8世紀後半〜9世紀中葉の幅で捉えておきたい。

3 刻書文字の意味するもの

(1) 史資料の今来

　ここでは、"新しく来た"を意味する今来に注目してみる。史料上に、この字句と組み合わさって登場するのは、政権中枢地で異民族視された渡来人・隼人である。（A～C）。

A：「今来才伎」『日本書紀』雄略七年条…百済から雄略天皇に献上された技術者集団
B：「大和国今来郡」『日本書紀』欽明七年条…渡来人の集住地を母胎にした郡名
C：「今来隼人」『延喜式』巻二十八隼人司…平城京に上京した隼人

　出土文字資料は管見の限り、平城京跡（第190図-1）と後述の多賀城創建期瓦窯の日の出山窯跡群（同図-3）でしか発見されておらず、本資料はそれが地方の郡衙周辺でも呼称されたことを実証する全国初例となる。このことは、8世紀後葉以降の会津地方に何らかの外来者が入ってきたことを意味している。また、出土地点の南約700mの鶴沼C遺跡1・2号流路では、「今来」を省略したとみられる9世紀後半の「今」の墨書土師器・須恵器坏13点（第190図-4）、刻書木製塊1点（第177図-36）が集中的に発見され、「今来」「今」を標識文字とする集団の一定範囲の広がりがうかがえる。

(2)「今来」の集団の性格

　では、具体的にどのような集団が想定されるのか。

　そこで、会津盆地の既存発掘資料を全面的に見直した結果、郡衙推定地の半径3km圏内の上吉田遺跡から「秦人」（8世紀末～9世紀前半、第190図-7）、東高久遺跡から「秦□」の墨書須恵器坏（9世紀、同図-8）が出土していることが、判明した。周知のように秦人は、「初期の有力渡来系集団の秦氏と同族、もしくは従属していた渡来系集団」（吉川弘文館1990）であり、しか

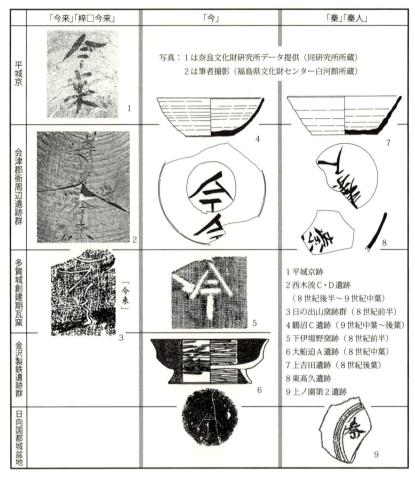

第190図 「今来」と秦氏

も、それらの年代観は、刻書須恵器横瓶の推定年代幅に収まる。このことから、「今来」の集団は秦氏の可能性が指摘される。

　さらにこの見方は、同じ陸奥国内の次の所見によって、確実性を増すと思われる。

A：多賀城創建期瓦窯・須恵器窯では、百済系単弁蓮華文軒丸瓦や韓半島出自の須恵器甑が焼成され、工人組織の一部に渡来系技術者が加わっていたと

考えられる。
B：このうち、日の出山窯跡群から「今来」の刻書瓦、下伊場野窯跡・日の出山窯跡群から「今」の刻書・成形台圧痕瓦が出土しており（8世紀前半、第190図-3・5）、「今来才伎」と同義で「今来」「今」が使用されたのがわかる。
C：また、渡来系の技術基盤をもつ金沢製鉄遺跡群から、「今」の刻書土師器坏が出土し（8世紀中葉、同図-6）、大吉山窯跡から製鉄由来の木炭窯が発見されたことは、この見方を傍証する。

　以上から、会津地方に入ってきた「今来」の集団は秦氏に比定され、郡衙周辺に一定人数が居住したと考えられる。そうすると、事例1～3のような少人数の臨時的滞在とは明らかに異なり、意義はきわめて大きい。

（3）秦人の移住ルート

　上の結果を受け、「秦」の出土文字資料の全国分布を追った結果、宮都・地方官衙・官衙関連遺跡（生産遺跡を含む）にほぼ分布は限定され、東日本では会津と関係の深い北陸の日本海沿岸部に帯状に連なる事例を確認することができた（第191図-10～18）。この所見は、刻書横瓶の生産地ならびに使用形態と合致するもので、彼らの移住ルートが同方面に求められることを示す[6]。また、日向国諸県郡の同時期の遺跡（宮崎県都城市上ノ園第2遺跡）から、「秦」の墨書土器（第190図-9）が出土していることと対極をなすといえ、比較考古学の視点でも重要である（蝦夷境界域⇔隼人境界域）。次節への伏線としたい。

4　移住の歴史的背景

　秦氏の移住時期に、会津地方の在地社会は劇的発展を遂げた。既に、7世紀～8世紀前半には面的な集落形成を達成した太平洋側に比べ、日本海側内陸の当該地域は8世紀前半まで停滞したが、ほぼ無人の低地＝盆地床に掘立柱建物

256　第Ⅲ章　古代後半期の地域開発

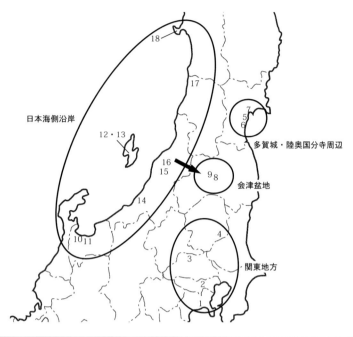

No.	令制國	遺跡名	所在地	文字	焼き物	器種	時期	記入方法	遺跡性格
1	相模国	真田・北金目遺跡群	神奈川県平塚市	秦・秦	灰釉陶器	碗		朱書	拠点集落
2	武蔵国	武蔵国府関連遺跡	東京都府中市	秦ヵ	須恵器	坏	9世紀前半	墨書	国府周辺域
3	武蔵国	北島遺跡	埼玉県熊谷市	西秦	須恵器	坏	8世紀前半	墨書	拠点集落
4	下野国	鶴田A遺跡	栃木県真岡市	秦ないし泰	須恵器	坏	9世紀後半	墨書	拠点集落
5		新田前遺跡	宮城県	秦					
6		陸奥国分尼寺跡	宮城県仙台市	秦・坂	土師器	坏	9世紀中葉	墨書	国分尼寺
7	陸奥国	山王遺跡	宮城県多賀城市	秦	須恵器	高台坏	8・9世紀	墨書	国府周辺域
8		上吉田遺跡	福島県会津若松市	秦人	須恵器	坏	8世紀後半～9世紀初頭	墨書	河川祭祀
9		東高久遺跡	福島県会津若松市	秦□	須恵器	坏	9世紀前半	墨書	拠点集落
10	越中国	小杉流通団地No.16遺跡	富山県射水市	□□秦人	坏		8世紀	刻書	窯業生産地
11		砂子田Ⅰ遺跡	富山県富山市	秦ヵ	須恵器	坏・高台坏・蓋	8世紀後半～9世紀	墨書	
12	佐渡国	田井ノ上遺跡	新潟県佐渡市	□（秦）	須恵器	坏	9・10世紀	墨書	
13		鬼越遺跡	新潟県佐渡市	秦					
14		一之口遺跡	新潟県上越市	秦	須恵器	坏	9世紀前半	墨書	拠点集落
15	越後国	鬼倉遺跡	新潟県加茂市	秦女	須恵器	坏	9世紀前半～中葉	墨書	官衙関連
16		廻遺跡	新潟県阿賀野市	□（秦）	須恵器	坏	8・9世紀	墨書	官衙関連
17	出羽国	上高田遺跡	山形県飽海郡遊佐町	秦	土師器	坏	10世紀前半	墨書	官衙関連
18		小谷地遺跡	秋田県男鹿市	秦	土師器	坏	10世紀前半	墨書	灌漑堰

第191図　「秦」の分布

で構成される遺跡群がいっせいに出現する。その景観は明らかに日本海側沿岸の影響であり、「梓□今来」「今」「秦人」「秦□」の文字資料が出土したのは、まさにこうした遺跡群である。

　前節では、その背景に「低地開発に長けた北陸地方の人々の移住」（山中2014）を追認したが、秦氏が含まれた事実が判明したことは、古代北陸の開発が、「7世紀の越前地域で渡来系技術者を含む集団移住が行われた」のを皮切りに進行し、8世紀後半以降は、「北東部（越後地域）から東北日本海側（出羽・会津地域）にさらなる移住が進められる」という北野博司の予見（北野1997）を裏付ける結果となる。また、8世紀後葉に成立した大戸窯跡群が灰釉陶器レベルの製品水準を保ち、東日本最大級の窯業生産地に成長したのも、技術力にすぐれた渡来系集団を工人編成に加えていたためではないだろうか。「今」「秦人」「秦□」の須恵器墨書坏が、いずれも大戸窯跡群の製品（MH33〜KA12）であるのは有力な状況証拠となる。それらの出土遺跡は大戸窯跡群と比較的距離が離れているが、盆地内の複数個所に居住域が存在したとみておきたい。このように、刻書横瓶がもたらす知見は、渡来系集団の地域社会に果たした具体的役割が判明する点で、画期的である。

　なお、今回取り上げなかったが、会津郡衙周辺には渡来系氏族ともされる「倉人」（第177図-11）、多賀城・国分寺周辺には陸奥国内における「秦」のもう1つの集中分布域が認められる（第191図-5〜7）。また、文献史学の立場から、陸奥南部でより多くの渡来系氏族の存在が指摘され始めており（太田2018）、いずれこれらの点を含め、再論したいと考えている。

5　近世まで記憶された秦氏

　最後に、興味深い伝承記録を紹介したい。
　幕末の会津藩が編纂を始め、明治初期に完成した『新編会津風土記』には、陸奥國會津郡之四高久組「神指村」（巻之二十八）で、次のような記述がある。
「―昔融大臣（源融）に仕えし秦何某と云者故ありて―」

源融は光源氏のモデルともされる嵯峨天皇の十二男で、各地に説話・伝承記録が残る。そのため、これだけでは単純な作り話と片づけられてしまうかも知れない。しかし、神指村（現在の会津若松市神指地区）は「秦人」・「秦□」の墨書土器が出土した上吉田・東高久遺跡と至近距離にあり（第168図）、彼が陸奥出羽按察使を兼任した貞観6（864）年〜11（869）年は、秦氏の推定移住年代と接近している。そのため、単なる偶然とは考えにくい。
(8)

　したがって、秦氏の移住の史実がのちに著名な人物と絡めて脚色され、千年以上経った幕末まで記憶されたのではないだろうか。会津地方の人々にとって、秦氏の移住はそれだけ大きな出来事だったと考えられる。

　そして、これは人の移住というきわめて証明の難しい問題を、考古学的所見と近世文書の一致で証明できる、稀有な事例である。

註
（1）窯道具は、酒井清治の教示による。
（2）事例1・2に関しては、8世紀中葉〜後半に亡命百済王族の末裔である百済王敬福が、陸奥・出羽国司に赴任していることが注目される。彼は、東大寺大仏建立に関わる産金の功績者として知られるが（『続日本紀』天平21（749）年）、実際に金を発見したのは、随行した百済系技術者とみるのが自然と思われる。したがって、同一背景で生み出された現象であろう。この仮説は、亀田修一、水戸部秀樹との意見交換の中で生まれたことを明記しておく。
（3）判読には、奈良文化財研究所史料研究室の他、今泉隆雄、亀田修一、田中史生、北野博司、三上喜孝、吉田歓、渡辺晃宏、荒木志伸、青木敬らから多大な協力を得ている。とくに今泉隆雄氏には、丁寧なコメントまで送っていただいたが、平成23年末に急逝された。この場を借りて、感謝とお悔やみを申し上げたい。
（4）坂井秀弥、春日真美の教示による。
（5）中村岳彦に、発掘調査現場まで直接足を運んでもらい、遺跡景観の類似性について教示を受けた。
（6）「梓」の文字も、秦人の移住ルートの裏付け材料になる可能性がある。刻書横瓶の推定生産地付近には、「梓」と読みの近い「足羽」の地名が残り、その故地である越前国足羽郡（福井県福井市足羽）は秦氏の集住地ともされ、「今」の墨書土器が出土した鶴沼C遺跡1・2号流路をはじめ会津郡衙周辺の遺跡から「足」

「足寺」「西足」「大足」「田足」「万足」「廿足」「北家足」の墨書土器が多量に出土していることと対応する（矢玉・上吉田・鶴沼C遺跡）。「足」の分布は、駅路関係遺跡に特徴的とする見解（柴田 2014）もあり、確定できないが、今後の研究の進展を待ちたい。
（7）多賀城廃寺出土の大戸産長頸瓶は、東海産灰釉陶器と誤認された学史的経緯がある（新日本教育図書 1985）。それほど、品質は高い。
（8）かねてから、神指（こうざし）の発音は韓国語と似ているという指摘がある。

補論

　脱稿後、木原高弘の関連論考に接した（木原 2020）。下総国長隈郷域の勝田川北岸では、開発を主導する郡領層・有力層の支配集落に先進技術をもつ渡来系集団が移配され、地域開発に携わったという。千葉県墨新山遺跡（下総国印旛郡長隈郷域）から、8世紀前半のオンドルと関連する「T字形カマド」、8世紀中葉〜9世紀中葉に「今来才伎」と関連する「才」の墨書土器が出土しているのが、根拠とされている。会津でみた開発方式は、各地で行われたことがわかる。

第3節　古代会津の開発③
—— 10世紀の日向国都城盆地と陸奥国会津盆地 ——

　第192図を見ていただきたい。右を95パーセントに縮小しただけで、2つの建物平面図がほぼぴったりと重なり合う。この平安京から半径約500kmの対称的位置（第193図）に存在したのは、10世紀に営まれた豪族居宅の主屋である。

　　　宮崎県都城市大島畠田遺跡　　　　都城盆地…日向国諸県郡域
　　　福島県会津坂下町大江古屋敷遺跡　会津盆地…陸奥国会津郡域
　地方としては、異例な規模と格式の高さを備え、平面積は当時の陸奥国守館（宮城県多賀城市山王遺跡千刈田地区）よりも大きい。さらに規模は異なるも

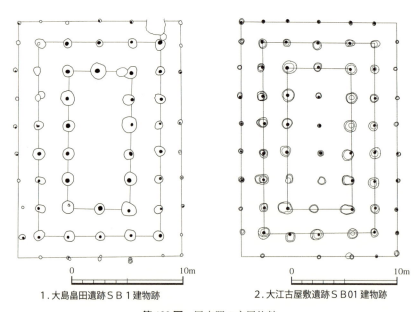

1. 大島畠田遺跡ＳＢ１建物跡　　　　2. 大江古屋敷遺跡ＳＢ01建物跡

第192図　居宅間の主屋比較

のの、付属屋の配置がほぼ同位置でなされ（第194図-A～E）、全体の設計プランまで類似している。はたして、これは偶然だろうか。

1 基本事実の確認

縁束のある南北棟の四面廂建物を主屋にもち、その中軸線上からやや東にずれたラインを基準に付属屋を配置した地方豪族居宅（第194図）は、全国で他に類例を探し出すことができない。また、かねてから両居宅の特徴は寝殿造との関係が指摘されていたが（坂井2013）、複数の平安京研究者に問い合わせたところ、主屋と付属屋が廊でつながれていないこと、主屋が東西棟でないことなどから、直接の系譜を求めるのは困難であることが判明した。

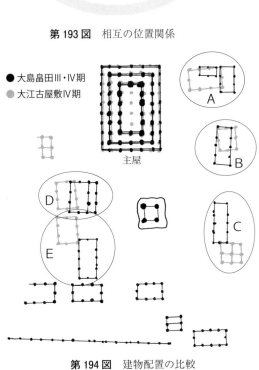

第193図 相互の位置関係

第194図 建物配置の比較

したがって、中央貴族邸宅の何らかの影響は想定できるものの、第一義には、南北の周縁の類似現象の方を重視するのが妥当と思われる。

ただし、報告書の遺構変遷案（第195・196図）に従うと、成立年代は大江古屋敷遺跡が大島畠田遺跡より1段階遅れ、大島畠田遺跡に備わる苑池（池＋中島、鑓水）や南辺区画施設が認められない。

　　大島畠田遺跡Ⅲ・Ⅳ期…9世紀末～10世紀前半
　　大江古屋敷遺跡Ⅳ期　…10世紀中葉～後半（古）

2　地理・歴史的沿革

さて、この現象を考える上で重要なのは、都城・会津盆地の地理・歴史的沿革と思われる。都城盆地は、国府所在地の宮崎平野―志布志湾間を結ぶ南北交通路の中継地であり、会津盆地は、東山道―北陸道間を結ぶ東西交通路と、下野国―出羽国内陸間の南北交通路が十字に交差していた。つまり、交通の要衝という立地で共通している。また、どちらも安定した政権領域と隼人・蝦夷社会の境界領域にあたり、軋轢が小さかった南北の周縁と位置づけられる。そして、居宅の廃絶後は、都城盆地に全国最古で最大規模の摂関家領荘園＝島津荘が成立し（万寿年間：1024～1027年）、会津盆地にも、東北南端で最古段階の摂関家領荘園＝蜷河荘が成立している（11世紀：詳細成立年代は不明）。

このように、政権中枢地からみて対称的位置の両地域では、継起的に類似現象が起きていたという見通しが得られる。

3　地域開発の消長比較

そこで、検証のため、共通の時期区分によって古代全般にわたる地域開発の消長を比較した結果（第197・198図）、次の点が認められた。[3]
A：郡（評）制施行直後の7世紀末～8世紀前半は、まだどちらの在地社会も
　　停滞している。都城盆地では明確な遺跡がほとんど見当たらず、会津盆地

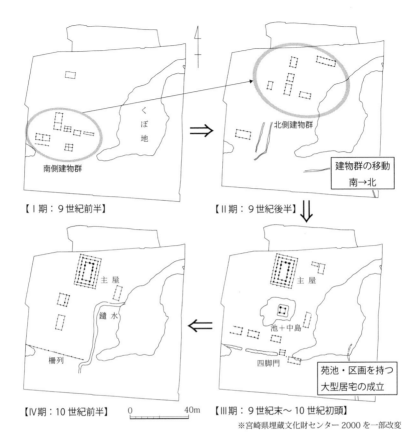

第195図　大島畠田遺跡の遺構変遷

も、郡衙の置かれた南東部中心に散発的な遺跡分布が確認できるだけである。

B：そのため、本格的な地域開発は、8世紀後半〜9世紀前半まで遅れた。都城盆地では、河川単位に新規集落が形成され、会津盆地では低地に開発が及び、東北最大の窯業生産地に発展していく大戸窯跡群が成立する。こうした急激な変化には、それぞれ豊前・北陸から移民が導入され（菜畑2009、山中2014）、その中に高度な技術力を持つ渡来系氏族の秦氏が含まれていたことが「秦人」「秦□」の墨書土器によって判明している（第190

264　第Ⅲ章　古代後半期の地域開発

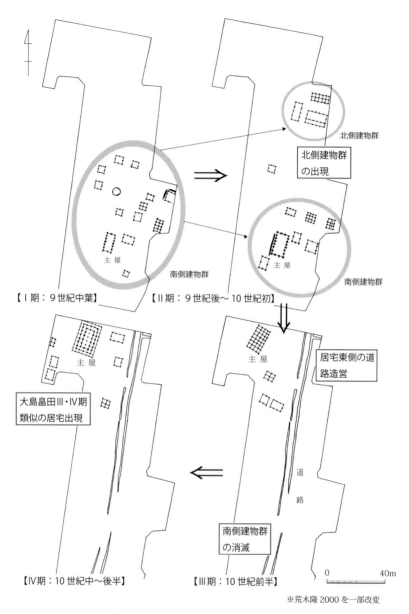

第 196 図　大江古屋敷遺跡の遺構変遷

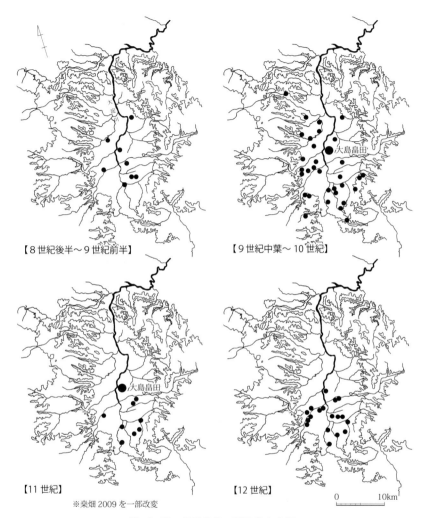

第197図　都城盆地の遺跡分布変遷

図-7〜9)。

C：この流れでピークは、律令国家体制が衰え、一般的には遺跡数の減少が始まる9世紀中葉〜後半に認められる。都城盆地では、全域にまんべんなく遺跡が分布し、会津盆地も同様の傾向を見せるとともに、中心分布は次第に阿賀川水系で新潟平野とつながる西部に移っていく。これは、8世紀後

266 第Ⅲ章 古代後半期の地域開発

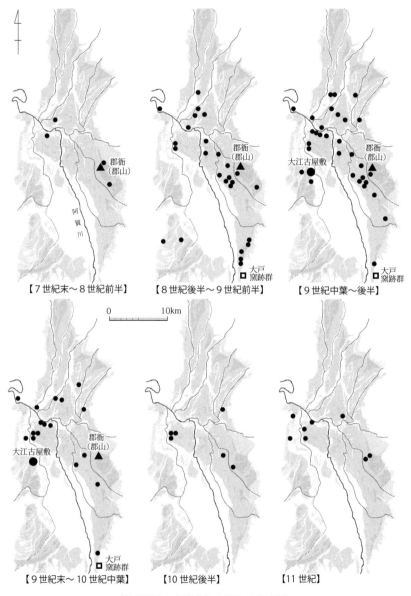

第198図 会津盆地の遺跡分布変遷

半〜9世紀前半に生じた北陸の影響がさらに強まったことを意味している。
D：ところが、10世紀後半になると大半の遺跡は廃絶してしまう。摂関家領荘園の島津荘と蜷河荘は、こうした状況下で、11世紀にかつての大島畠田・大江古屋敷遺跡の近傍に成立し、それを契機に再び新たな遺跡が形成されるが、前に比べると数は極端に少ない。

このように両地域は古代全般にわたり、ほぼ一致した地域開発の消長を繰り返していた。そのなかで大島畠田・大江古屋敷遺跡は、ともに遺跡数のピークにあたる9世紀中葉〜後半（C）に、国府・郡衙の所在地から離れた位置に出現し、第194図の居宅構造はそれぞれの遺構変遷の最終形態で共通する。また、地域のシンボルの山々（霧島山：磐梯山）を望む絶好の立地条件を備え、初期貿易陶磁を含む奢侈品を保有するのも同様であり、居住者像は私営田経営で台頭した新興勢力が浮かび上がる。

以上から、大島畠田・大江古屋敷遺跡の類似現象は、偶然の産物でないと考えられる。踏み込んでいうと、先にみた前後関係から、10世紀中葉に都城盆地の居宅構造が会津盆地へ情報伝達され、大江古屋敷遺跡の居宅が成立した可能性があると思われる。

4　介在した氏族と歴史的評価

ではその場合、何が介在したのか、最後にこの課題に触れてみたい。

ここでキーワードになるのは、地方武士団の台頭を象徴した、承平・天慶の乱（935〜939年）と思われる。この乱で、平将門を打ち破った平貞盛や公雅の親族・子孫は、中央権門の家人として活躍するとともに、全国の複数地域に下向・土着していったことが知られている（鈴木 2012）。つまり、遠隔地に分散した桓武平氏が、互いの情報を共有し合える状況が10世紀前半以降に生じていたのである。本論に重ねてみると、平貞盛の弟の繁盛は、都城盆地に島津荘を開いた大宰府大監の平季基、そして、11・12世紀の会津盆地に一定の政治力を及ぼした越後城氏の共通の祖先とされている。つまり、年代は新しくな

るが、両地域は確実につながっていた。そこで、この関係がさかのぼる可能性を探っていくと、平公雅の子息の到光は10世紀後半に大宰府へ進出、平貞盛の子息の維叙・維敏・維将は10世紀末に肥前守を歴任しており、平貞盛は10世紀中葉に陸奥守に赴任、越後城氏の直接的な基礎をつくった平繁盛の子息の維茂は、10世紀後半～11世紀前半の陸奥・越後に所領や活動拠点を有していたことが指摘されている。

また考古学的には、大江古屋敷遺跡が会津盆地で北陸の影響が強まる9世紀中葉に出現し、その位置が阿賀川水系で新潟平野とつながる西部であること（第198図右上）、10世紀前半の総柱南北棟の主屋構造（第196図右下）の系譜が越後平野に求められることから（春日 2009）、越後城氏の先駆的な動きを生む状況が10世紀中葉までに形成されていたのがわかる。

以上の複数の状況証拠から、両遺跡の類似現象には桓武平氏が介在し、政権側と軋轢が小さかった南北の周縁では、いち早く中世的社会につながる要素をはらんでいたという仮説を提示したい。またそれが、律令国家体制が衰え、一般的には遺跡数の減少が始まる9世紀中葉～後半からの最終遺構変遷で、11世紀の摂関家領荘園の成立と直結しないことも重要である[4]。

従来、列島周縁の比較研究は政権側と軋轢が大きかった地域で行われてきたが、このように中間域を加えることで、歴史変化の過程がより多面的かつスムーズに理解できると考えられる。もちろんこの視点は他の時期にも有効といえ、既に律令国家形成期の検討で成果を上げている（菅原 2013・2015b）。

今後、関連資料がさらに充実し、上の仮説が検証されることを期待したい。

註

（1）第194図では、大島畠田遺跡Ⅲ期・Ⅳ期の付属屋（第195図）を併存関係とした。これは、南辺に作り替えは認められるものの（溝＋四脚門→柵列）、出土遺物に明確な年代差はなく（調査担当者に確認）、主屋が同一建物で柱筋がほぼそろうこと、池＋中島と鑓水（第195図）は明らかに一体的な苑池の構成施設であることが、その根拠である。南辺の作り替えは、1時期内の小変遷とみておく。

（2）2014年11月2日に開催された平安京・京都研究集会『平安京の貴族邸宅―寝

殿造論の再検討―』の場で、山田邦和・南孝雄・吉野秋二・豊田裕章・赤澤真理・浜中邦弘・浜中有紀と意見交換を行った。また、高橋照彦・網伸也・箱崎和久・家原圭太からも有益な教示を得ている。
（3）桒畑光博と山中雄志の研究成果から、多くを学んだ（桒畑 2009・2022、山中 2014・2018）。また、柴田博子・栗山葉子から、都城盆地に関する最新情報の教示を受けた。
（4）主屋構造と付属屋配置は異なるものの、同じような過程で、10世紀に地方武士団の関わる大型居宅が営まれ、廃絶後の周囲で摂関家領荘園・関連牧が成立した事例が、武蔵国域で確認されている（埼玉県上里町中堀遺跡）。

補論
　成稿後、東京都日野市平山遺跡（武蔵国域）の興味深い発掘調査成果を知った（日野市教育委員会 2022）。縁束を欠くものの、9世紀末〜10世紀前半の主屋構造が大江古屋敷・大島畠田遺跡と類似しており、約5km西の河川合流点には、著名な小野牧比定地の落川・一宮遺跡が所在している。旧稿（菅原 2016）の発表から8年が経過し、ようやく新たな研究段階に入ったと考えている。

第4節　律令国家圏外の地域開発
——度量衡の地方普及をめぐって——

　初期律令国家が唐から導入した度量衡は、制度上の研究が進んでいるものの（木元 1984、大隅 2001）、実際の地方への普及状況は解明が遅れている。かつて筆者は、遺跡から普遍的に出土する計量用の錘に焦点を当て、古代東北地方の事例分布が陸奥南部の会津地方に集中し、他には及ばないという結論を導き出した（菅原 2012）。しかし、その後の追加事例で、修正の必要が生じている（第199図）。そこで、岩手県宮古市津軽石大森遺跡出土の北限資料の評価を通して、改めてこの重さの統一基準（衡）の普及問題を考えることで、律令国家圏外の地域開発の背景を探りたい。

1　津軽石大森遺跡の資料観察所見

　津軽石大森遺跡は、北三陸沿岸の宮古湾最奥部に位置しており、最後まで律令国家未編入となった閉村に所属した集落である。問題の資料は2013〜2014年に実施された、東日本大地震の震災復興関連調査で発見され、大きな話題となった（長谷川 2016）。以下の所見は、宮古市教育委員会の依頼を受け、発掘報告書作成の一助として筆者が行った観察結果（菅原

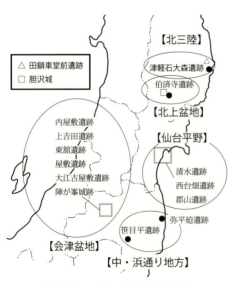

第199図　古代の錘出土遺跡分布

第4節 律令国家圏外の地域開発 271

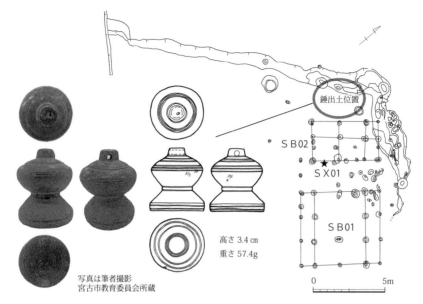

第200図 津軽石大森遺跡出土の銅製錘

2020) をもとにしている。

全 体 鋳造→ロクロ仕上げの銅製壺形である（第200図左）。その中でも、後述の金属器有蓋壺を模倣した平城京タイプに位置づけられ、細身の瓶子タイプとは別系譜と考えられる（第207図）。類例は各地の中世城館跡で散見するが、確実に古代に遡るものは、他に奈良県奈良市平城京例（8世紀後半）、滋賀県長浜市桜内遺跡例（8〜12世紀）、福島県会津坂下町陣が峯城跡例（12世紀前半）のわずか3点に過ぎない。

この点に、本資料のもう1つの重要性が指摘できる。各端部のつくりはやや甘く、丸みをもつ。

細 部 体部の最大径は中位にあり、高台部径とほぼ等しい。上位には、二重沈線による低い段で蓋状部が表現され、円筒形の鈕状部が付く。高台部は括れ部から大きく開き、下端に幅広い面を有する。

紐通し ロクロ回転力を利用した、鈕状部側面の横孔形態である。また、それとは別に、上面には後から追加された縦孔が観察される。横孔より径が小さ

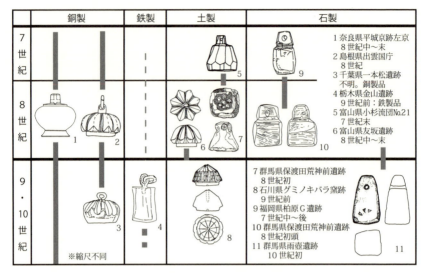

第 201 図 錘変化のモデル

く、周縁が欠けていることから、釘などを使い手力で穿孔したものとみられ、先端は横孔に達している。その結果、鈕状部は逆 T 字形態の紐通し孔（たとえば第 201 図-1）のように変化したが、中心からずれているため、厳密な吊り下げが可能であったかどうか疑問である。あるいは使用停止に伴い、行われたのかもしれない。

法　量　高さ 3.4cm、体部径 2.8cm、高台部径 2.9cm

重　さ　57.4g

装　飾　同心円状の浅い沈線が、胴部中位に三重、高台部下端に二重、底面に二重 2 単位で施されている。蓋状部を表現した二重沈線より浅く、ロクロ仕上げ工程の偶発的痕跡の可能性もあるが、他資料で類似現象が確認できないため、文様と考えておく。ただし、中近世の隆帯や図柄とは違い、軽微な装飾といえる。

2　遺跡の概要と出土状況

　遺跡の概要　宮古湾最奥部へ注ぐ、津軽石川河口付近に面した丘陵斜面上の立地である。この良好な港湾条件はもちろん、当地域最大の拠点集落である田鎖車堂前遺跡付近を通過し、陸路（現在の国道106号線）で北上盆地へ向かうには便利な場所といえる。古代の遺構変遷は、古墳時代終末期～奈良時代（7世紀後半～8世紀前半）と平安時代（9世紀後半～10世紀前半）の2つのピークがみられ、前者に関しては、次の史料記録との関わりが指摘されている。

　　『続日本紀』霊亀元（715）年：「先祖以来、国府に昆布を貢納してきた閉
　　村の蝦夷、須賀君古麻比留が郡家設置を申請。」

　このように、閉村の蝦夷は昆布の貢納を介して当時の陸奥国府（郡山遺跡Ⅱ期官衙）と接触しており、北三陸沿岸で異例な規模の集落形成の背景が読み取れる。しかし、後者の背景は不明で、銅製錘は解明の手掛かりとなる可能性をはらんでいる。

　出土状況　銅製錘は、斜面を掘削して14×24mの横長平坦面を確保した、SI23平場状遺構の奥壁右隅最上層から出土した（第200図右）。そのため、厳密な共伴関係とはいえないが、炭化物・焼土を含む黒色土層は周囲の古代竪穴建物跡の覆土と同一様相を呈しており、調査担当者の長谷川真の教示によると、ことさら新しくみる必要はないという。さらに、この平場状遺構は奈良時代のSI43竪穴建物を切って造成され、出土層中には、9世紀末～10世紀前半を下限とする須恵器・土師器片や、鉄滓・鉄製品（刀子・鉄鏃）などが含まれるのを、実見・確認した。したがって、平安時代の集落で使用されたものと判断される。

　使用目的　この前提でみると、出土位置に近接配置されたSB01・02掘立柱建物跡、SX01鍛冶炉の遺構群が注目される（第200図右）。同様な平場状遺構内の掘立柱建物に伴う鍛冶炉は、亘理南部製鉄遺跡群（第3図）の向山遺跡にみられ、視野を広げると、出雲国意宇郡域の永昌寺の谷遺跡の類例では、花

弁状銅製錘が共伴している（林 2022）。このことから、銅製錘の使用目的の1つは鍛冶作業に求められる。

　ただし、前述の『続日本紀』715年記事を勘案すると、より重要なのは海藻類の計量だったのではなかろうか。平場状遺構には、十分な屋外作業スペースが確保され、宮都の物品リスト（『延喜式』『正倉院文書』）から知られる計量対象に、海藻類が含まれることは（木元 1984）、有力な傍証材料になると思われる。

3　古代の錘について

（1）秤との関係

　上の見通しを踏まえ、次に、望月精司氏の論点整理（望月 2003）に沿って、これまでの関連研究成果を確認していく。錘を使用する秤には、天秤と棹秤の2種類がある。天秤は、統一基準の重さで割り切れる定量の錘＝分銅が必要なのに対し、棹秤は定量の錘でも、非定量の錘でも構わない。また、棹秤は錘を吊り下げて使用するため、紐通しの孔が必ず必要となる（宮本 1989 他）。古代の錘資料は大多数に穿孔が確認されるので、棹秤が主流であったと考えられる。

（2）素材

　金属・土・石製品に分かれ、さらに金属製品は銅製品（合金の青銅）と鉄製品に分かれる（第201図）。遺跡から圧倒的に多く出土しているのは石製品で、土製品（須恵質主体）がこれに次ぐ。それに対し、金属製品は重さの変動がなく、とりわけ鋳造製作される銅製品は同一規格品が量産可能な点で、優れている（望月 2003）。このことは、『延喜式』「凡用度量権官司、皆給様。其様皆銅為之」の記述から、銅製品が基準となる原器であり、中央から地方の官司へ「様」として配布されたと考えられることに、対応する。ただし、定量の出土品は少なく、必ずしも銅製品＝原器ではないようである。

（3）錘の形態変化

銅製品は、壺形（第201図-1）と花弁半球形（同図-2・3）の2種類があり、細部変化はあるものの、基本型を維持し続けた。また、鉄製品（同図-4）も四角錐形の本体に鈕が付く基本型で、一貫している。それに対し、最も一般的に使用された石・土製品は、7世紀中葉～8世紀に金属製品の模倣を志向するが、9世紀以降は形態が単純化していく。石製品は鈕の省略された截頭四角錐形（同図-11）が大部分を占め、土製品も9世紀末以降は花弁半球型の銅製品を模した系譜（同図-6・8）が完全に認められなくなる。

（4）全国の分布傾向

分布は、宮都に少なく、九州北部および関東・北陸に多い。具体的にみると、前者は学史的に著名な平城京出土の銅製錘のわずか2点（中井 1992）に過ぎないのに対し、後者は、石製品主体の安定した事例数が認められる。[1]このことから、宮都：地方の次の模式的違いが想定される。

- 宮都…精度の高い金属（銅）製品主体に用いられ、リサイクル・管理が徹底した。
- 地方…精度が低い石製品主体に用いられ、リサイクル・管理が緩かった。

これが、出土事例数の格差を生んだ要因と考えられる。

（5）関東・北陸の様相

上の視点で、東北隣接域の関東・北陸をみると、7世紀中葉～後葉の出現後、次第に事例数を増して9・10世紀にピークに達しており（神谷・笹沢 2008、葉山 2019a・2019b、福田 1997、望月 2003）、それと共に、分布範囲は国府・郡衙周辺の外側に広がって、出土遺跡の性格が多様化している（初期荘園・御牧・駅家・市・居宅など）。また、時期の区別なく、手工業生産地（窯業・鍛冶）の普遍的出土例がある。

では、東北地方はどうなのだろうか。

4　東北地方の分布傾向

　旧稿（菅原 2012）の集成では、陸奥南部に限定され、会津地方に集中した分布範囲が、その後の事例追加で陸奥中・北部へ広がった。しかし、出羽の確認例は、相変わらず認められない。総数は津軽石大森遺跡例を含めると、13遺跡16点を数え、県別の内訳は福島県が8遺跡8点、宮城県が3遺跡4点、岩手県が2遺跡4点となる。まだ、十分な母数とはいえないが、各県の古代遺跡の発掘調査件数を勘案すると、一定の傾向性を反映していると思われる。
　以下、これをもとに整理してみる。

（1）福島県会津地方
　追加事例を加味しても、最も多い分布状況は変わりない。8世紀末～9世紀末の盆地床で、裁頭四角錐形の石製錘が集中しており（第202図-1～5）、出土遺跡は、北陸の初期荘園・官衙関連遺跡がそのまま移動したような様相である。第1節で指摘した、低地開発をめぐる北陸の影響が追認される。また、12世紀前半の摂関家領蜷河荘関連の陣が峯城跡例（同図-6）は、この流れの延長上に位置づけられる平城京タイプの銅製壺形錘で、吉田博行は3両の定量とみなしている（吉田 2014）。細部のつくりがシャープであり、帰属する摂関家工房からの配布品と考えられる。

（2）福島県中・浜通り地方
　中通りは9世紀前半の官衙風建物群で、裁頭四角錐形の石製錘1点（第203図右）が出土している。周囲に鍛冶工房のある大型竪穴建物（18号住居跡）に共伴しており、作業目的と首長による秤の保管・管理形態がうかがえる。ちなみに、近接住居跡（13号住居跡）に共伴した錫杖頭形鉄製品は、亘理南部製鉄遺跡群（向山遺跡）の鍛冶工房で類例がみられ、何らかの関係があるかもしれない。

第4節 律令国家圏外の地域開発 277

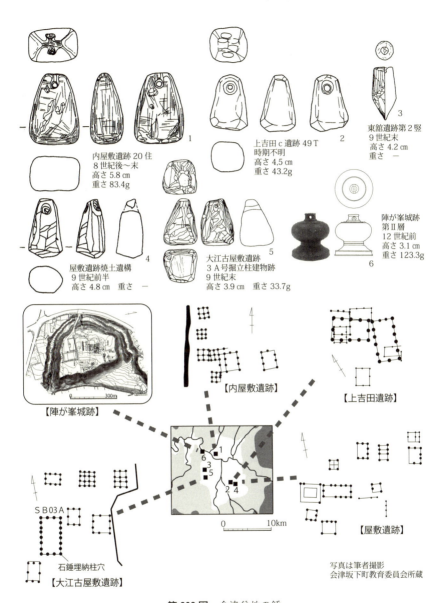

第202図 会津盆地の錘

また、浜通りは8世紀後葉に急拡大する集落跡で、裁頭四角錐形の石製錘1点が出土している（弥平廼遺跡）。未報告のため、詳細は控えるが、周辺遺跡では7世紀末～8世紀初頭の窯業生産・製鉄が確認されており、注目に値する（浪江町教育委員会の厚意で実見）。

（3）仙台平野

　郡山遺跡と周辺関連遺跡群で、4点が集中分布する。とくに名取川対岸の清水遺跡例（第204図-1）は、明瞭な鈕を作り出した精巧な石製錘で、飛鳥Ⅲ期の福岡県福岡市柏原―1号墳にそっくりな形態例（同図：参考資料）がある。また、定型的資料ではないが、郡山遺跡とその隣接集落の石製品3点（同図-2～4）は、有孔部周囲に鈕を意識した加工が加えられ、砥石特有の表面の彎曲や使用痕が観察できないことから、錘と判断される[3]。したがって、初期律令国家が西の九州北部と並ぶ東の支配拠点（林部 2019）と位置づけた地域では、重さの統一基準（衡）がいち早く普及したと考えられる。

（4）北上盆地の胆沢城周辺

　胆沢城外の上級官人居宅（伯済寺遺跡西区）に付属した複合工房域内（東区：鍛冶・鋳造・紡織・漆加工）で、裁頭四角錐形を含む石製錘3点（第205図1～3）が集中分布する。居宅が最も整備され、生産活動がピークだった9世紀末～10世紀前半（Ⅱ群）に伴うもので、上野方面からの情報伝播と考えられる。史料上の柵戸輩出地に、石製錘の出土数が全国最多の上野国がみえ（神谷・笹沢 2008）、複合工房域内で、上野～武蔵北部特有の石製刻書紡錘車（同図-4、高島 2019）が出土していることが、その根拠となる。

（5）国府・城柵周辺域の少なさ

　しかし、（3）と（4）の事例はあるものの、頻繁な使用場面が想定される国府・城柵周辺域の発見例は、これまでの調査面積に反してあまりにも少ない。とりわけ、陸奥国府多賀城に伴う東北最大の古代都市＝（山王・市川橋遺跡の

第4節 律令国家圏外の地域開発 279

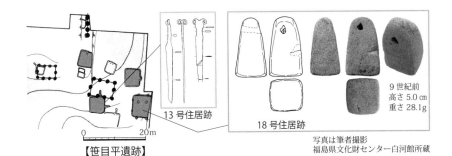

第203図 中通り地方の錘

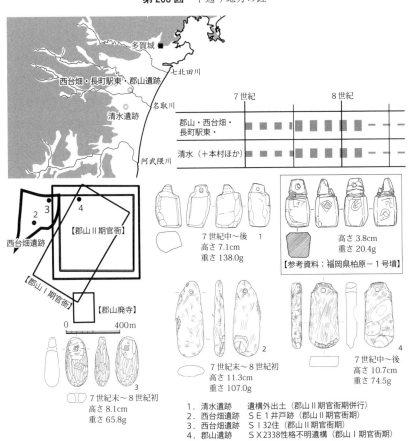

1. 清水遺跡　遺構外出土（郡山Ⅱ期官衙期併行）
2. 西台畑遺跡　ＳＥ１井戸跡（郡山Ⅱ期官衙期）
3. 西台畑遺跡　ＳⅠ32住（郡山Ⅱ期官衙期）
4. 郡山遺跡　ＳＸ2338性格不明遺構（郡山Ⅰ期官衙期）

第204図 仙台平野の錘

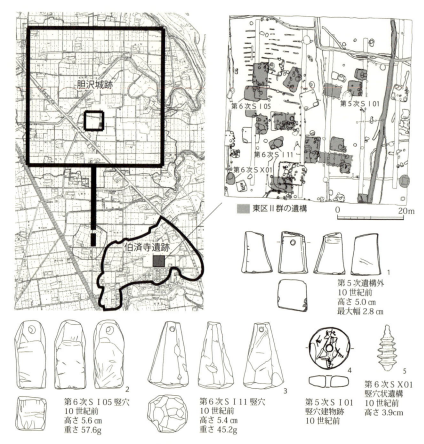

第205図　北上地方の錘

方格地割）で皆無であるという状況は、看過できないと思われる。したがって、主体的に使用されたのは宮都同様に金属（銅）製品で、徹底したリサイクル・管理がなされたのではないだろうか。

（6）定量かどうか

　古代の重さの統一基準（衡）は、1両（≒ 42.2g）、1斤＝ 16両単位で一貫したとするのがこれまでの定説であった（中井 1992・2004）。この点において、

図	遺跡	材質	重さg	匁（±g）	両（±g）
228	津軽石大森遺跡	銅製	57.4	≒15匁（＋1.15g）	
230-1	内屋敷遺跡	石製	83.4	≒22匁（−0.9g）	≒2両（−0.8g）
230-2	上吉田C遺跡	石製	43.2	≒12匁（−1.8g）	≒1両（−1.9g）
230-5	大江古屋敷遺跡	石製	33.7g	≒9匁（−0.1g）	
230-6	陣が峯城跡	銅製	123.3g	≒33匁（−0.45g）	≒3両（−0.1g）
231	笹目平遺跡（小欠）	石製	28.1g	≒7匁（−1.85g）	
232-1	清水遺跡	石製	138.0g	≒37匁（−0.75g）	
232-2	西台畑遺跡	石製	107.0g	≒29匁（−1.75g）	
232-3	西台畑遺跡	石製	65.8g	≒18匁（−1.7g）	
232-4	郡山遺跡	石製	74.5g	≒20匁（−0.5g）	
233-2	伯済寺遺跡	石製	57.6g	≒15匁（＋1.35g）	
233-3	伯済寺遺跡	石製	45.2g	≒12匁（＋0.2g）	

第 206 図　匁・両単位の換算

　山梨県北杜市一道下遺跡の長方形竪穴建物跡（9世紀前半）から、1斤の10分の1に相当する重さ≒66.0gの鉄製錘が、「斤」「升」「斗」の墨書土器と共伴出土したことは、有力な状況証拠となる（生山 2022）。しかし、近年葉山茂英は、素材を問わず南関東の全資料（銅・鉄・石・土製）を匁（3.75g）単位で換算した結果、平均誤差±0.755gの許容範囲に収まるとして、遅くとも9世紀以降は、匁が普及したとする注目すべき説（葉山 2019a・2019b）を発表している。

　そこで、重量の判明した12点（銅製錘2、石製錘10）を匁単位で換算した結果（第206図）、陣が峯城跡出土の銅製錘、大江古屋敷遺跡・郡山遺跡・伯済寺遺跡出土の石製錘で許容範囲の数値が得られたものの、全体では、南関東より大きな平均誤差値となってしまった（±1,041g）。南関東では、神奈川県中心に比較的精度の高い鉄製錘の普及が目立ち、東北地方は未発見である。その違いが反映されたとみる余地があり、速断は避けたい。また、併せて行った両単位の換算では、既に指摘されている陣が峯城跡出土の銅製錘のほか、内屋敷遺跡・上吉田C遺跡出土の石製錘で許容範囲の数値が得られた。匁単位の

換算結果と併せ、どのように評価するのかは今後の課題である。

（7）地鎮に伴う埋納

　大江古屋敷遺跡（Ⅱ期）では、3間×7間の長大な豪族居宅主屋の南東隅柱穴から石製錘が出土した（第202図-5・左下）。地鎮に伴う意図的な埋納と考えられる。

小　結

　重さの統一基準（衡）に基づく計量用の錘は、7世紀中葉〜後葉の仙台平野で出現し、9・10世紀には、会津盆地で裁頭四角錐形の石製錘の事例数のピークが認められた。一方、国府・城柵周辺域では、一部の特定エリアでまとまりはみられるものの、全体の数はきわめて数が少なく、宮都と共通した素材とリサイクル・管理の徹底がうかがえる。

　以上を踏まえると、津軽石大森遺跡出土の銅製錘は、既存事例と決して無関係ではないと考えられる。出土地が北三陸沿岸なのは、地理的に胆沢城外の複合工房域例との関連を示唆し、9世紀後半〜10世紀前半の官衙（胆沢城）遠方で、使用目的の1つが鍛冶作業に特定されることは、東日本全般の状況と共通している。

　さらに特筆すべきは、銅製壺形錘の希少性である。古代末期の陣が峯城跡例を除き、金属製品自体が認められない東北地方の中では、きわめて特別な存在といえる。したがって、対等な地域間交流で入手できるようなものではなく、公権力あるいはそれに準じる勢力からの「配布品」と考えられる。このことは、竪穴建物数が唐突に増加した当時の集落変化と関わっており、実は、類似現象が一斉に起きる北三陸沿岸全体＝閉村の問題でもある。

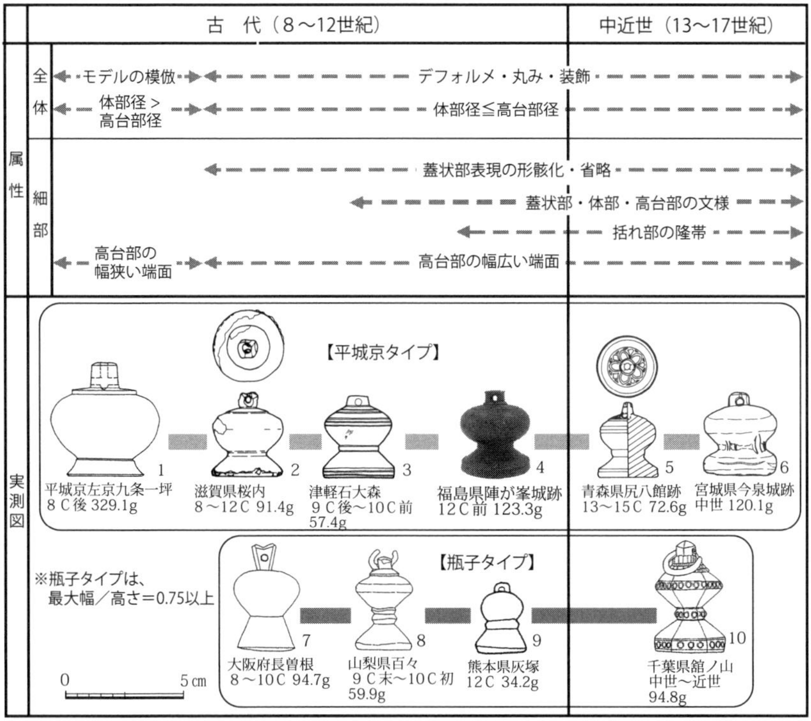

第4節　律令国家圏外の地域開発　*283*

第207図　銅製壺形錘の変遷

5　津軽大森遺跡出土の銅製錘の評価

(1) 平城京タイプの中の位置づけ

　銅製壺形錘は、平城京タイプ（第207図1～6）と瓶子タイプ（同図-7～10）に細分され、本資料はこのうち平城京タイプに属する。古代のものとしては、全国で4例目、瓶子タイプを含めても7例目の貴重な発見である。これを中近世までの型式変遷上に位置づけると、蓋状部を表現した段が低く形骸化していること、高台部は括れ部から大きく開き、下端に丸みのある幅広い面を有することから、8世紀後半の平城京例より後出的である一方、装飾は、同心円

状の軽微な平行沈線で、明確な隆帯や図柄の文様を持たないことから、古代末期（12世紀前半）の陣が峯城例より古く位置づけられ、中近世に下る可能性は排除することができる。

以上により、出土状況から推定した9世紀後半～10世紀前半の年代観は、追認される。また、最古例（同図-1）を除く平城京タイプは、中近世まで3cm台の高さに統一されているが、本資料の比重は他に比べ明らかに小さい。合金の比率の違いが要因とみられ、瓶子タイプのほぼ同年代の山梨県百々遺跡例が近似した比重である点を踏まえると、時期的な要因が1つあるのかもしれない。

（2）定量かどうか

57.4gの本資料は、両・匁のどちらの単位で換算しても不定量となる。1.5両の分銅という見解もあるが、1両≒42.2gで割ると1.36となり（－5.9g）、時期による1両の重さの変動幅を考慮しても、やや誤差が大きい。したがって、ここでは棹秤で使用された不定量の錘と一応判断しておく。ちなみに、両単位で確実な定量の銅製壺形錘は、全国で平城京例、陣が峯城跡例の2点のみである。

（3）歴史的背景

最後に、歴史的背景の問題に触れる。

この点は、やはり、胆沢城をめぐる動向に注目すべきと思われる。銅製錘が使用された9世紀後半～10世紀前半は、鎮守府機能が衰え、重要な国務や儀礼の場が次第に城外居宅の伯済寺遺跡西区へ移動している（高橋 2013）。この状況を積極的に評価すると、鎮守府将軍にも比定される居宅主（羽柴 2012）の経済活動に背景が求められる可能性が浮上してくる。具体的にいえば、商品価値の高い海産物資源に恵まれた北三陸沿岸の重要性が改めて高まったことで、閉村各集落の竪穴建物数が増加し、そのなかでも良好な港湾条件はもちろん、北上盆地へ向かうには便利な場所にある津軽石大森遺跡の首長に対して、

銅製錘が配布されたのではないだろうか。本来なら、リサイクルされるはずの希少品が出土したのは、鎮守府の管理が直接及ばない閉村だったためであろう。10世紀前半の伯済寺遺跡東区の複合工房域から、それと同一技術（鋳造→ロクロ仕上げ）で製作された、ほぼ同一寸法（高さ3cm）の小型双輪状仏具（第205図-5）、および坩堝が出土しているのは、実際に、居宅主の膝元でそれが製作可能であったことを示している。

　以上から、本資料は律令国家圏外の地域開発の背景を探る上で、興味深い情報を提供するものと評価できる。

註
（1）宮都の状況は、小田裕樹の教示による。
（2）旧稿（菅原 2012）では、福島県小野町本飯豊遺跡出土の土師質土製品2点を錘とした。しかし、今回は判断を保留する。
（3）仙台市教育委員会の協力により、宮城県考古学会古墳・古代史部会の有志で観察した共通理解である。

第5節　蝦夷系土師器の分布とその意義

　陸奥南部の平安集落跡を発掘調査すると、見慣れない非ロクロ土師器甕に遭遇することがある。外面にハケメ調整痕、底部にムシロ状圧痕があり、まるで古墳時代に先祖返りしたような特徴を備えている。そこで、類例を調べたところ、北緯40°以北の土師器と共通性をもつのがわかってきた。
　以下、それらを蝦夷系土師器と仮称し、分布の特徴を明らかにすることで、地域開発の視点からその歴史的意義を探っていくことにしたい。

1　蝦夷系土師器の出現まで

　具体的な検討に入る前に、まず蝦夷系土師器の出現前の概況を整理しておく。
　8世紀前半まで、擦文土器と共通属性を持つ東北北部型土師器の分布が、仙台平野を南限に認められた。仙台平野は、大化直後から一貫して東北最大の蝦夷支配拠点（郡山遺跡Ⅰ・Ⅱ期官衙→多賀城）が置かれた地である。ところが、8世紀後半～9世紀初頭の三十八年戦争を契機に、基本前提が一変する。相次ぐ城柵設置によって、律令国家の領域がほぼ北緯40°ラインまで押し上げられ、それまでの蝦夷居住地が令制下＝近夷郡（熊谷 1992）に編入されたことで（第208図）、分布範囲に変化が生じた可能性がある。しかし、これまでの研究はもっぱら奈良時代前半までが対象であり、当該期については看過されがちであったと思う。

2　北緯40°以北に卓越する非ロクロ土師器について

　城柵の急速な北進時期と重なる頃、東北地方の土師器に大きな変化が起きている。須恵器製作技術の導入によって、食膳具は須恵器とほぼ同一器形になり、煮炊き具もロクロ調整して製作される。この表杉ノ入式土師器（氏家1957）の成立は、律令的土器様式（西1984）の東北的展開と捉えられており（坂井2007、利部1997）、広く見れば、畿内を除く全国的な動向であることが明らかにされている（巽1983）。
北緯40°以北の蝦夷社会にも、確実に

第208図　8世紀後半以降設置の城柵

その波が及んでおり、これに押しやられる形で擦文土器の分布範囲は大幅に縮小した。

　しかし、当該地域ではこの新しい様式（第209図1～3）を受容しても、9世紀後半～11世紀に特有の非ロクロ土師器（同図-4～11）が高い割合で使用される。器形の特徴には、表杉ノ入式土師器の明らかな影響が認められ、奈良時代前半以前の東北北部型土師器とは型式学的に直結しない。具体的にいうと、坏は平底で、口縁部下端に段は無く、甕の口縁部は短く屈曲している。また、鍋が器種構成に加わっているのも、それまでにない要素の1つにあげられる（同図-11）。

　ただ、ここで注意しなければならないのは、甕主体に組成を構成していることである。坏を大量生産する律令的土器様式の前提に反しており、外見は似ていても、本質的な違いが指摘される。こうした土器群の内容は、製作技術にも

288　第Ⅲ章　古代後半期の地域開発

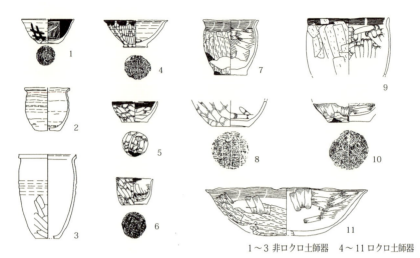

1〜3 非ロクロ土師器　4〜11 ロクロ土師器

第209図　平安時代における東北北部の土師器

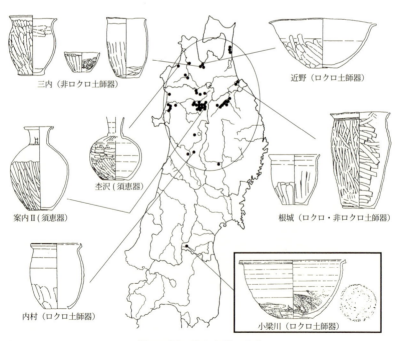

第210図　砂底土器の分布

よく反映されており、坏には甕と同じ縦位の手持ちヘラケズリ調整が外面に加えられている（同図-4〜6）。また、底部のムシロ状圧痕（同図-4・6・8）、木葉痕（同図-10）、砂底（第210図）も特徴的な要素である。とくに、砂底は他に比べて数は少ないが、ロクロ土師器と須恵器を加えた平安時代の北緯40°以北に普遍的な土器の特徴と位置づけられている（櫻田1993）。

3　北緯40°以南の非ロクロ土師器について

　では、北緯40°以南にはこうした非ロクロ土師器が存在しないのだろうか。実は、従来あまり注意されていなかっただけで、この地域でも類似した土器群が確認される（第211図）。しかも、重要なのはかつての東北北部型土師器の南限を大きく越えて、東北南端の陸奥国白河郡域まで分布が認められる点である。北緯40°以北の状況には到底及ばないとはいえ、安定した位置を占めていたとみてよかろう。以下、詳細をみていきたい。

　この土器群は、比較的緻密な胎土で、橙色系の明るい色調に焼き上げられており、たとえ小破片であっても、共存する表杉ノ入土師器とは容易に識別が行える。[4]組成内容は、主に坏と甕で構成され（第212図）、そこには鍋も少なからずみられる。器形は、北緯40°以北のものと同一であり、坏と甕の比率は2：7で甕が圧倒的に勝っている（第213図）。これらのことから、両者が同じ系列に連なるとみなすのは十分可能だと考える。ただ、細部には違いが指摘され、甕の外面調整は手持ちヘラケズリを上回ってハケメが卓越しており（第214図）、口唇部に凹面や平坦面をなすものがみられる。また、底部のムシロ状圧痕と木葉痕はあっても、砂底の個体がほとんど確認されない。したがって、律令国家圏外からの搬入品ではなく、この地に在住した蝦夷が作り出した製品である可能性が考えられる。

　以上から、冒頭で仮称した蝦夷系土師器の範囲は、当該土器群に拡大することができる。

290　第Ⅲ章　古代後半期の地域開発

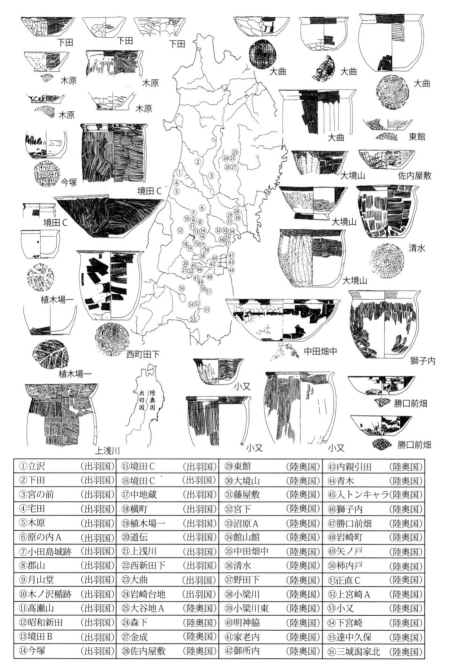

①立沢	（出羽国）	⑮境田C	（出羽国）	㉙東館	（陸奥国）	㊸内親引田	（陸奥国）
②下田	（出羽国）	⑯境田C´	（出羽国）	㉚大境山	（陸奥国）	㊹青木	（陸奥国）
③宮の前	（出羽国）	⑰中地蔵	（出羽国）	㉛藤屋敷	（陸奥国）	㊺入トンキャラ	（陸奥国）
④宅田	（出羽国）	⑱横町	（出羽国）	㉜宮下	（陸奥国）	㊻獅子内	（陸奥国）
⑤木原	（出羽国）	⑲植木場一	（出羽国）	㉝沼原A	（陸奥国）	㊼勝口前畑	（陸奥国）
⑥原の内A	（出羽国）	⑳道伝	（出羽国）	㉞館山館	（陸奥国）	㊽岩崎町	（陸奥国）
⑦小田島城跡	（出羽国）	㉑上浅川	（出羽国）	㉟中田畑中	（陸奥国）	㊾矢ノ戸	（陸奥国）
⑧郡山	（出羽国）	㉒西新田下	（出羽国）	㊱清水	（陸奥国）	㊿柿内戸	（陸奥国）
⑨月山堂	（出羽国）	㉓大曲	（出羽国）	㊲野田下	（陸奥国）	㉑正直C	（陸奥国）
⑩木ノ沢楯跡	（出羽国）	㉔岩崎台地	（出羽国）	㊳小梁川	（陸奥国）	㉒上宮崎A	（陸奥国）
⑪高瀬山	（出羽国）	㉕大谷地A	（陸奥国）	㊴小梁川東	（陸奥国）	㉓小又	（陸奥国）
⑫昭和新田	（出羽国）	㉖森下	（陸奥国）	㊵明神脇	（陸奥国）	㉔下宮崎	（陸奥国）
⑬境田B	（出羽国）	㉗金成	（陸奥国）	㊶家老内	（陸奥国）	㉕達中久保	（陸奥国）
⑭今塚	（出羽国）	㉘佐内屋敷	（陸奥国）	㊷御所内	（陸奥国）	㉖三城潟家北	（陸奥国）

第211図　非ロクロ土師器の分布と主要資料

第5節　蝦夷系土師器の分布とその意義　291

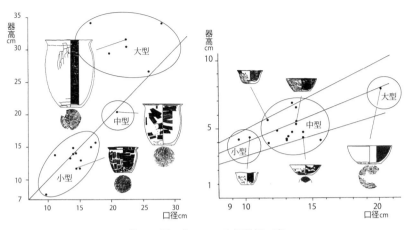

第212図　非ロクロ土師器坏・甕

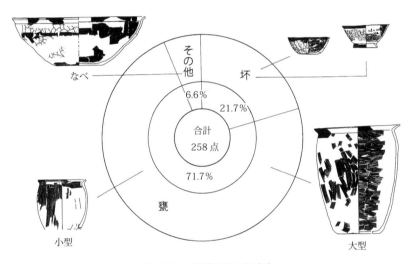

第213図　器種分類と組成率

4　歴史的意義

(1) 蝦夷系土師器の出自

　実は、その非ロクロ土師器が生まれたのは律令国家圏内部である。既に9世

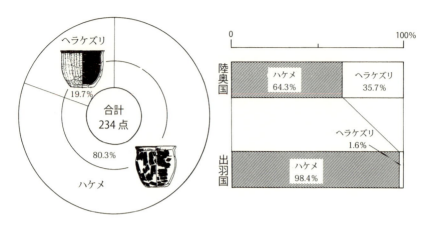

第214図　甕外面の器面調整

紀前半から使用が認められ（第215図）、北緯40°以北の類例と細部が違うのは、このためと考えられる。

　では、なぜ律令国家内部で生まれた土器が非律令的様式を備え、圏外で多く生産されるようになったのだろうか。この疑問は、東北北部型長頸瓶（第216図）と呼ばれる在地色の強い須恵器をみることで、理解できると思われる。利部修の研究によって、律令的土器様式に触れた近夷郡の蝦夷系工人が、9世紀前半に生み出したことが明らかにされており（利部 1997）、胴部外面が縦位に手持ちヘラケズリ調整される製作技術は、まさに、この土師器の基本属性と一致している。しかも、同じように9世紀後半に生産地を北へ拡大しており、そこで砂底の特徴が顕在化するなど、両者の展開は同一歩調をとっている。このことからすれば、非ロクロ土師器生産の担い手は、近夷郡の蝦夷であったと推定することが可能であろう。それが、非律令的な様式を備え、北へ伝播した要因であると考える。

（2）蝦夷の移住について

　しかし、そうなるとまた別な問題が生じてくる。当該土器は出現期の9世紀前半から陸奥・出羽の近夷郡より南側にも広く分布している。しかも、10世

紀中葉まで継続的にみられ、現在の確認状況ではむしろ分布が濃い傾向さえうかがえる。さらに、竪穴建物跡の甕組成で過半数となるケースもあり（第217図）、遠方からの供給を考えるには数が安定している。したがって、近夷郡より南側でも、出現当初から定量生産されていた状況を推測しなければならない。

結論から言えば、この問題は三十八年戦争後における、近夷郡の蝦夷の移住を想定することで解決できると考えている。具体的根拠は、掘立柱建物と竪穴建物を併設した蝦夷社会特有の居住施設の共伴事例である（9世紀後半、第211図-53、第218図）。しかも、位置は東北南端の陸奥国白河郡であり、このことからすれば、史料記録にない広範な移住が想定される。(5)したがって、これまで述べてきた蝦夷系土器は、近夷郡に加え、当初の彼らの移住地を含めた東北中・南部の律令政権下全体で、ほぼ同時に生産が開始されたと推定することができる。この見方は、砂底のロクロ土師器鍋（第210図-右下）の共伴事例からも、追認される。また、分布のピークは9世紀末〜10世紀前半に求められ、すべてを律令国家政策に伴うものとみなすわけにはいかない。前節でみたような在庁官人や、王臣家・新興有力層の活動背景を考慮すべきと思われる。

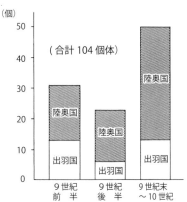

第215図 非ロクロ土師器の時期別個体数

（3）擦文文化圏の関連

蝦夷系土器の動きは、擦文文化圏とも関わるようである。

葉脈状線刻のある円面硯・土師器坏　この線刻文様は、8世紀前半〜11世紀の擦文文化圏で多様な対象（土器・羽口など）に施され（第219図-1・4・5）、類例が、ⓐ 8世紀前半〜中葉の加美郡衙に伴う方格地割（壇の越遺跡、同図-2）、ⓑ 9世紀中葉の会津大戸窯跡群（同図-3）、ⓒ 10世紀前半の仙台平野の拠点集落（中田畑中遺跡、同図-6）で確認される。

294　第Ⅲ章　古代後半期の地域開発

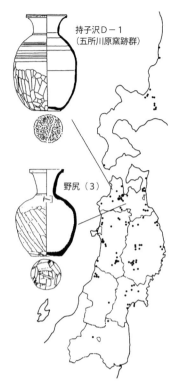

第216図　東北北部型長頸瓶の分布

それらは、以下の対応関係から、偶然の産物ではないと思われる。

A：ⓐの年代は、擦文文化圏の最古例と一致しており（同図-1）、当時の擦文文化圏では、本州の生活様式が急速に受容され、長煙道カマド付き竪穴建物や土師器に酷似した擦文土器が普及・定着している。

B：ⓑの年代は、古代会津の開発がピークに差し掛かった頃で、当該域は、かつて馬淵川下流域から人・モノ・情報が移動した経緯がある（第Ⅱ章第151図参照）。

C：ⓒの年代は、津軽海峡を挟む相互交流が再活発化した頃で、擦文土器が本州へ南下した一方、五所川原窯跡群産の須恵器や杢沢遺跡産の鉄素材が擦文文化圏に供給された。また、この土師器坏は、多数の蝦夷系土師器（甕・なべ）とも共伴している（第219図-7～13）。

口縁部が長く内彎した非ロクロ土師器甕　この口縁部形態は、7世紀～11世紀の擦文土器（第220図-1・2）、および7～8世紀前半の東北北部型土師器（同

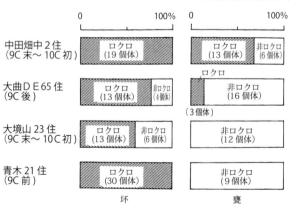

第217図　ロクロ・非ロクロ土師器の組成率

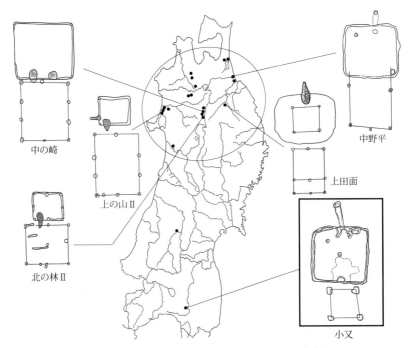

第 218 図 掘立柱建物と竪穴建物を併設した居住施設

図-3）にみられ、類例が、ⓓ時期未確定の置賜盆地の官衙関連遺跡（上浅川遺跡、同図-4）、ⓔ9世紀末〜10世紀前半の中通り北部の山間部集落（八方塚Ｂ遺跡、同図-7）で、確認される。このうち、年代の確実なⓔは、葉脈状線刻のある土師器坏ⓒ（第219図-6）と併行関係に位置づけられ、当時は既に東北北部型土師器が存在しないことから、擦文土器の影響としか考えられない。また、やはり、複数個体の蝦夷系土師器（ムシロ底・木葉痕）とも共伴している（同図-5・6）。

　以上により、それらは擦文文化圏の影響を受けたものと判断され、ⓒとⓔについては、蝦夷系土師器の動きとリンクしたことが指摘できる。

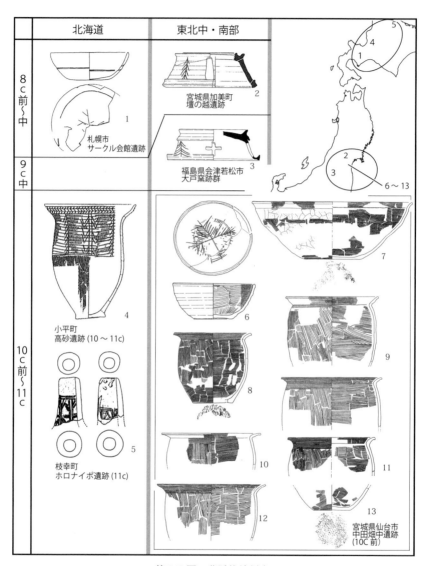

第219図　葉脈状線刻文

第5節　蝦夷系土師器の分布とその意義　297

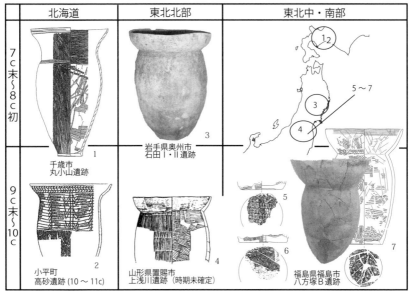

第220図　口縁部が長く内彎した甕

（4）地域開発の関わり

　最後に地域開発の視点から、蝦夷系土師器の分布の歴史的意義を検討したい。

　それらは、官衙周辺域の拡充やそれまで手付かずだった土地の利用を目的に営まれた集落例が、目立っている。このことから移住した蝦夷の一部は、上総国府・国分寺周辺や琵琶湖東岸へ移配された蝦夷（第Ⅰ章第7節）、あるいは会津盆地へ移住した秦氏（本章第2節）などと、同様な役割を地域社会の中で果たしたと考えられる。

　とくに注目したいのは、分布のピークが9世紀末～10世紀前半に求められることである。当該期は、律令国家体制の衰退を背景に、在庁官人や王臣家・新興有力勢力の活動が活発化し、前節では、北三陸沿岸（閉村）に起きた急激な竪穴建物数の増加を明らかにした。したがって、蝦夷系土師器の分布のピー

クはそれまでとは異なる形態の地域開発に伴う広範な蝦夷の動きを示す痕跡と
みられ、東北古代社会の変容を象徴する現象の1つに位置づけられる。

註
（1）浜・中通り地方でも、特定の拠点集落で断片的に出土している（第155図他）。
（2）ただ、東北地方を除くと、煮炊き具までロクロ土師器になるのは、北陸・信州・甲斐など東日本のごく一部に限られている。
（3）北海道の土器文化は甕主体である。広い視野に立つと、関連も想定される。
（4）この特徴に合致しない非ロクロ甕がある。外面ナデ調整で、器壁が分厚く、作りが雑である。それらとは区別している。
（5）近年、東北北部の集落動態研究が進んだことで、9世紀後半以降の近夷郡→北緯40度以北の蝦夷の移住が判明した（北東北古代集落遺跡研究会 2019）、今回の検討結果は、開始年代がそれより古く、移動方向が逆であるため同列には扱えないが、どちらも史料に残らない蝦夷の移住事実を示す点で、重要である。
（6）ⓐとⓑに関しては、関東・東北の陶硯を集成した田中広明が、東北固有の装飾文様であることに注目している（田中 2011）。

補論1
　本節の関連論考として、伊藤武士 2010、藤野一之 2014 は重要な指摘をしている。併せて御一読願いたい。また、第211図の作成後、多賀城内で蝦夷系土師器が出土していることを知った。

補論2
　本文の成稿後、a：福島県喜多方市西新田窯跡（須恵器）、b：岩手県盛岡市向中野館遺跡・細谷地遺跡（ロクロ土師器坏）、c：岩手県奥州市石行遺跡（須恵器長頸瓶）で、葉脈状線刻文の類例4点を知った。このうち、aは未報告のため詳細は控えるが、第219図-3とほぼ同年代で同じ会津盆地内の資料である。一方、b・cは、近夷郡の北上盆地の資料であり、分布上では擦文文化圏―東北中・南部の中間を埋める位置づけが与えられる。したがって、出自推定（擦文文化圏）の有力な補強材料となる。なお、年代がすべて9世紀末～10世紀前半に比定され、志波城（b）、胆沢城（c）の周辺集落であることから、在庁官人や王臣家・新興有力勢力との関わりを想定することも、可能と思われる。ご教示いただいた奥州市埋蔵文化財センター佐藤良和氏に、感謝したい。

終章　境界領域の特質

　これまで、文献史学側の「内なる坂東」（今泉 2017）の評価を念頭に、陸奥南部の考古学的検討を重ねてきた。とくに注目したのは、浜通り北部と会津地方である。終章では、多岐にわたる成果を踏まえ、この安定した政権領域と城柵域の境界領域に備わる、政治支配上の特質を考察したい。

1　考古学的にみた「内なる坂東」

　第Ⅰ章では、海岸線から仙台平野をにらむ浜通り北部に、「内なる坂東」の究極の形を認めた。対蝦夷政策に関わる全国最大級の製鉄コンビナートが継続展開し、前史を含めた3つの画期は、蝦夷社会への侵出の動きと連動している。その要因は、大津宮近郊との対称的な地政学的位置関係と、「渡来系の受け皿」的な性格に求められ、中間を飛び越えた遠隔地関係には「坂東」の枠を越えた性格さえ指摘できる。
　一方で、第Ⅱ章では土師器動態の分析から、阿武隈川河口付近の境界をまたぐ段階的な政権領域拡大の過程を明らかにした。この結果、生活様式だけでなく、政治支配上でも城柵域と接点が指摘され、「内なる坂東」とは違った側面を示すことができたといえる。そして、もう1つ重要なのは、関東の影響がしきりに強調されてきた律令国家形成期の東北像に対し、日本海側の視点を対置させる必要性を示したことである。誤解を恐れずにいえば、筆者は政治支配上の強い影響を与えたのは関東でも、東北の基層文化を規定したのは冬の寒さが厳しい日本海側だと考えている。

この問題意識のもとに、第3章では低地開発の分析から、古代後半期の会津・北陸・庄内の関係の深さを明らかにし、一方で、平安仏教受容を背景とした豪族間のつながりや塩の流通範囲から、「浜・中・会津」＝陸奥南部が、仙台平野以北と対峙する1つの地域的まとまりだったことを証明した。

　このように、考古学的にみた陸奥南部は、「内なる坂東」の概念だけでは説明できない多様な側面をもつ社会であるといえる。

2　国造・郡域の内部様相

　最後に、この特質をさらに浮き彫りにしたい。具体的には、浜・中通りを対象として、政治支配上の基本単位である国造・郡域の内部様相に注目してみる。

　当該地方の国造・郡域内は、一貫して複数の有力豪族圏が並立する多元的社会だった。第221図のモデルでは、煩雑さを避けるため、最有力・準有力豪族圏しか示さなかったが、実際には、それより下位の豪族圏まで存在する。換言すれば、立評は複数氏族を編成して行われたことを意味し、その中には6世紀末〜7世紀前半の国造域の段階から、既に、10世紀以降に分立する安達・伊達郡の原型が認められる。

　　安達郡（906年）　　…安積郡から分立
　　伊達郡（詳細不詳）…信夫郡から分立

　この様相を反映して、郡衙機能（官衙・寺院）は分散された。しかも、使用瓦の系譜（文様・技術）が豪族圏相互の関係性を反映したとすると、信夫・磐瀬郡は同一系譜、安積郡は別系譜で、一様ではなかったようである（第222図）。こうした郡内支配の重層性は、大化前代から続く安定した在地社会に起因したものといえ、囲郭集落の不在や関東系土師器の少なさと共に城柵域との本質的な違いである。

　しかし、郡庁院の建物配置は郡山Ⅰ期官衙→同Ⅱ期官衙→多賀城Ⅰ期の変遷と連動していたことが確認できる（藤木2017、第223図）。これは、浜通り北

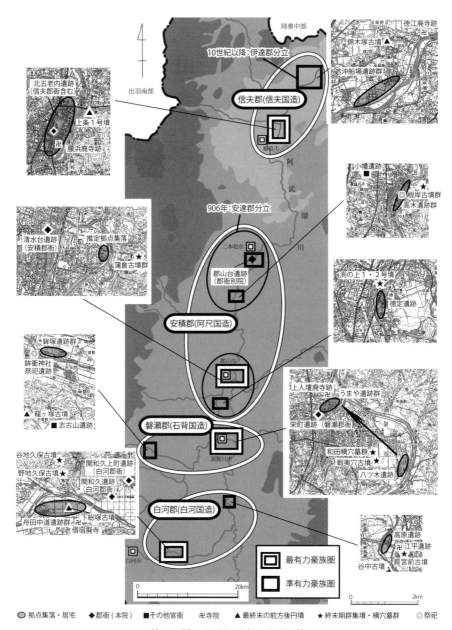

第221図 中通り地方の地域圏構

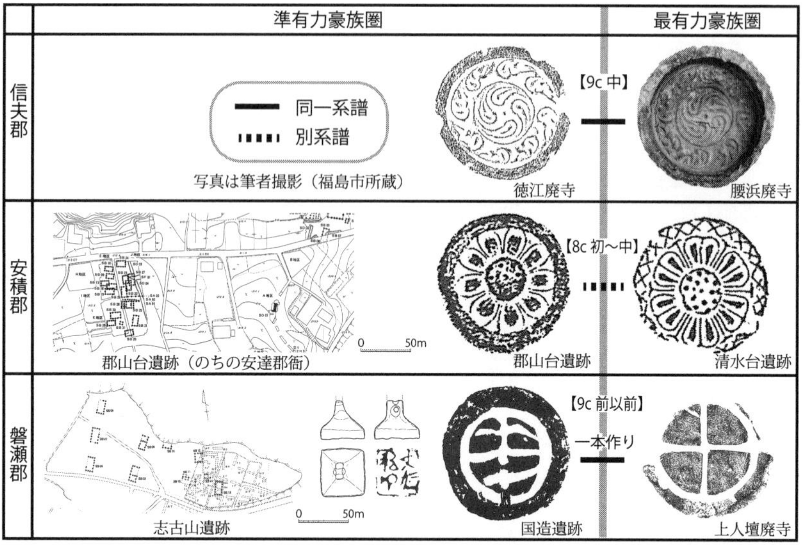

第222図　豪族圏の関係性

部の製鉄が一貫して、城柵域の動きと連動することに対応し、中通り南部の郡衙所見（磐瀬郡：栄町遺跡）を踏まえれば、境界付近だけにとどまらない普遍的傾向といえる。一方で、使用される瓦は周辺寺院を含め、城柵域と別系譜のものが使用された。ただし、山王廃寺系瓦は城柵域南端の苅田郡まで分布が及んでおり、厳密にいうと国造・城柵域の境界と一致せず、この点は、注意しておきたい。関東系土師器の境界様相がモザイク状を呈し、政治支配上の境界では厳密に線引きすることができないことと、同じである。

結　語

　以上から、陸奥南部は政治支配上のグレーゾーンと評価できる。したがって、当該域を介することで、より多面的な古代東北像を描き出すことができるということを強調し、結語としたい。

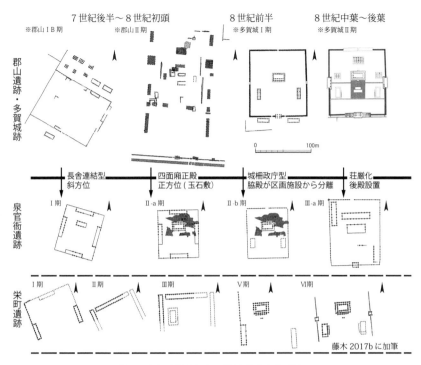

第 223 図　郡山遺跡・多賀城政庁と郡庁

註
（1）多賀城創建期は、製鉄自体の動きが明瞭でない。この課題は別稿を準備している。
（2）本文中では触れなかったが、6世紀前葉〜中葉の年代の一致から、国造・城柵域の境界形成と会津型土師器の成立は、ともに536年イベントの気候寒冷化の影響と考えられる。したがって、実は第Ⅰ章の製鉄をめぐる動き、第Ⅱ章の土師器動態の交錯は、同一現象を出発点として展開したことになる。

引用・参考文献

青木　敬 2022「国府と都城―楼閣および朝堂と脇殿―」『古代国府の実像を探る』雄山閣
青山博樹 2015「集落遺跡はなにを語るか―福島県中通り地方の古墳時代集落と地域社会―」『阿武隈川流域における古墳時代首長層の動向把握のための基礎的研究』福島大学行政政策学類
芥川和之 1994「会津地方の土師器」『東国土器研究会第4回準備会発表資料』東国土器研究会
東　潮 1990「馬具の系譜―歩揺付雲珠形飾金具と馬装」『斑鳩　藤ノ木古墳第一次調査報告書』奈良県立橿原考古学研究所
穴沢咊光・中村五郎 1972「福島県真野寺内20号墳に関する考察」『考古学研究』第19巻第1号　考古学研究会
穴沢咊光 1975「金銅魚佩考―真野古墳出土例を中心として―」『福島考古』第16号　福島県考古学会
穴沢咊光・馬目順一 1985「福島の古墳と横穴」―研究の現状と問題点―『福島の研究　第1巻地質・考古篇』清文社
阿部明彦 2011「三軒屋物見台遺跡における古墳時代後期の土器」『山形の古墳時代』山形県立うきたむ風土記の丘考古資料館
雨森智美 2007「地方官衙関連遺跡の一様相―近江国栗太郡での検討から―」『考古学論究―小笠原好彦先生退任記念論集―』真陽社
雨森智美 2017 栗東市小平井廃寺の銅製丸鞘」『淡海文化財論叢』第九輯　淡海文化財論叢刊行会
雨森智美 2018「栗太郡における律令期集落の形成―栗東市狐塚遺跡を中心に―」『淡海文化財論叢』第十輯　淡海文化財論叢刊行会
荒井秀規 2009「房総の渡来人―土器と工芸技術」『房総の古代と王権』高志書院
荒木　隆 2000「古代会津郡東半部（会津若松市域）における奈良・平安時代掘立柱建物跡の特質」『若松北部県営ほ場整備発掘調査報告Ⅱ』会津若松市教育委員会
荒木　隆 2019「陸奥南部における郡家の地域支配の様相」『福島県立博物館紀要』第33号　福島県立博物館
飯村　均 2005『シリーズ「遺跡を学ぶ」律令国家の対蝦夷政策・相馬の製鉄遺跡群』新泉社
猪狩みち子 2018「集落・土器から見た陸奥国南部と常陸国北部の境界様相」『特集報

告：最新成果からみた石城・石背国域の特質　第44回古代城柵官衙遺跡検討会―資料集―』古代城柵官衙遺跡検討会
池田敏弘 2002「陶製仏殿についての若干の考察―編年・系譜、概念定義の検討―」『研究紀要』第10号　（財）とちぎ生涯学習文化財団埋蔵文化財センター
石毛彩子 2007「古代豪族居宅の構造：官衙・集落との比較から」『古代豪族居宅の構造と機能』国立文化財機構　奈良文化財研究所
伊藤武士 2010「平安時代におけるムシロ底土器の出現と展開」『北方世界の考古学』すいれん社
伊東信雄 1970「出土瓦の考察」『多賀城跡調査報告Ⅰ　多賀城廃寺跡』宮城県教育委員会
伊東信雄 1977「福島市腰浜出土瓦の再吟味―広島県寺町廃寺跡出土瓦との比較について―」『考古論集』慶祝松崎寿和先生六十三歳論文集
伊藤裕偉 2006「玉城丘陵の中世火葬坑群」『研究紀要第15-4号』三重県埋蔵文化財センター
伊藤博幸 1995「陸奥型甕・出羽型甕・北奥型甕」『吉岡康暢先生古稀記念論集　陶磁器の社会史』桂書房
伊藤博幸 2010「古代東北における館の成立について―陸奥国の考古学的事例から―」『坪井清足先生卒寿記念論文集―埋文行政と研究のはざまで―』
稲野彰子 1995「いわゆるムシロ底土器について」『北上市立博物館研究報告』第10号
井上雅孝 2002「錫杖形鉄製品の研究―北東北における古代祭祀具の一形態―」『岩手考古学』第14号　岩手考古学会
今井晃樹 2018「討論」『古代瓦研究Ⅷ―飛雲文軒瓦の展開―』奈良文化財研究所
今泉隆雄 1999「律令国家と蝦夷」『宮城県の歴史』山川出版社
今泉隆雄 2005「古代国家と郡山遺跡」『郡山遺跡発掘調査報告書　総括編』仙台市教育委員会
今泉隆雄 2017『古代国家の地方支配と東北』吉川弘文館
今塩屋毅行 2022「日向における古墳時代後期の集落と古墳」『集落と古墳の動態Ⅲ―古墳時代中期末～古墳時代後期』九州前方後円墳研究会
今津町史編集委員会 2003『今津町史　第4巻資料』
氏家和典 1957「東北土師器の型式分類とその編年」『歴史』第14輯　東北史学会
氏家和典 1968『善応寺横穴古墳調査報告書』仙台市教育委員会
内田亜希子 2002「富山県の黒色土器―6～8世紀の県内資料を中心として」『富山考古学研究』（財）富山県文化振興事業団
宇野隆夫 1993「推古朝変革論」『北陸古代土器研究』第3号　北陸古代土器研究会
宇部則保 2002「東北北部型土師器にみる地域性」『海と考古学とロマン』市川金丸先生古稀を祝う会

宇部則保 2021「東北北部型土師器について」『研究紀要』第 10 号　八戸市埋蔵文化財センター是川縄文館
梅原末治 1917「近江國野洲郡守山町字立入古墳調査報告」『考古學雜誌』第七巻第十一號　日本考古學會
梅原末治 1951「近江安土山麓出土の鬼板の復元」『史迹と美術』21-3　史迹美術同攷会
海野　聡 2018「地方官衙政庁域の建築の格式と荘厳性—国庁・郡庁正殿・国分寺金堂の比較から—」『地方官衙政庁域の変遷と特質　報告編』奈良文化財研究所
江口　桂 2012「東日本における古代四面廂建物の構造と特質」『四面廂建物を考える』奈良文化財研究所
及川謙作 2023「東辺城柵域の初期国府の成立」『「災害と境界の考古学」研究発表資料集』日本考古学協会 2023 年度宮城大会実行委員会
生山優実 2022「古代巨麻郡の豪族居宅と集落――一道下遺跡の事例から—」『古代甲斐国の豪族居宅と集落』山梨県考古学協会
大上周三 1997「大型建物群の性格について—神奈川県を中心に—」『古代の大型建物跡記録集　役所か宅か』（財）かながわ考古学財団
大久保奈奈 1996「歩揺付飾金具の系譜」『千葉県成東町駄ノ塚古墳発掘調査報告』国立歴史民俗博物館研究報告第 65 集
太田静六 2010『寝殿造の研究　新装版』吉川弘文館
太田勇陽 2018「陸奥南部における私部と手工業生産」『研究紀要 2017』福島県文化財センター白河館
大阪府立近つ飛鳥博物館 2004『今来才伎—古墳・飛鳥の渡来人—』
大阪府立近つ飛鳥博物館 2004『古墳から奈良時代墳墓へ　古代律令国家の墓制』
大隅亜希子 2001「日本古代の権衡制度」『ヒストリア』174 号　大阪歴史学会
大橋信弥 2023「近江の高句麗・新羅系渡来人」『渡来・帰化・建郡と古代日本—新羅人と高句麗人—』高志書院
大橋泰夫 2016『国郡制と国府成立の研究　平成 24 年度～平成 27 年度科学研究費補助金基盤研究（C）研究成果報告書』島根大学文学部
大道和人 2007「製鉄炉の形態からみた瀬田丘陵生産遺跡群の鉄生産」『考古学に学ぶⅢ』同志社大学考古学研究室
大道和人 2011「近江国府をめぐる 2 つの製鉄遺跡—木瓜原遺跡と野路小野山遺跡—」『大国近江の壮麗な国府』滋賀県立安土城考古博物館
大道和人 2015「鉄鉱石に関する分割工程と質からの検討—滋賀県高島市上御殿遺跡の事例を中心に—」『森浩一先生に学ぶ—森浩一先生追悼論集—』同志社大学考古学シリーズ刊行会
大道和人・藤井　朗・近藤　広・佐伯英樹・雨森智美 2014「古代近江の鉄生産～栗太郡における製鉄技術の背景～」『栗東歴史民俗博物館紀要』第 20 号

小笠原好彦・林弘通編 1989『近江の古代寺院』近江の古代寺院刊行会　真陽社
小笠原好彦 1989「古墳時代の竪穴集落にみる単位集団の移動」『国立歴史民俗博物館研究報告』第 22 集
小田裕樹 2011a「墓構造の比較から見た古代火葬墓の造営背景―畿内と北部九州を対象として―」『日本考古学』第 32 号　日本考古学協会
小田裕樹 2011b「日韓古代火葬墓の比較研究―日本古代火葬墓の系譜をめぐって―」『日韓文化財論集Ⅱ』奈良文化財研究所・大韓民国国立文化財研究所
小田裕樹 2018「群集墳の終焉について」『群集墳研究の新視角』古代学研究会 2018 年度 12 月拡大例会シンポジウム　古代学研究会
小田和則 2010「集落と鉄器―北部九州を中心として―」『官衙・集落と鉄』奈良文化財研究所
尾野善裕 2019「飛鳥時代宮都土器編年の再編に向けて―飛鳥・藤原地域を中心に」『飛鳥時代の土器編年再考』奈良文化財研究所・歴史土器研究会
小野本　敦 2024「東日本における蒸し調理の展開と甑型土器に把手がない理由」『物質文化』104 号　物質文化研究会
海邉博史 2003「古代墳墓の一形態―二基一対をなす火葬墓をめぐって―」『考古学論叢下巻』関西大学考古学研究室開設五拾周年記念考古学論叢刊行会
利部　修 1997「平安時代の長頸瓶」『生産の考古学』倉田芳郎先生古稀記念会
垣内和孝 2008『郡と集落の古代地域史』岩田書院
梶原義実 2008「国分寺と造瓦」『国分寺の創建を読むⅡ―組織・技術論―』国士舘大学
梶原義実 2018「古代寺院と国家と地域社会」『考古学研究』第 65 巻第 3 号　考古学研究会
春日真実・笹澤正史 1999「佐渡・越後の様相」『須恵器貯蔵具を考えるⅠ　つぼとかめ　北陸古代土器研究』第 8 号　北陸古代土器研究会
春日真実 2009「越後における古代掘立柱建物」『新潟県の考古学Ⅱ』新潟県考古学会
片桐孝浩 1997「讃岐出土の東北系土器について―とくに黒色土器について―」『香川県埋蔵文化財センター研究紀要』3
加藤　学 2004「新潟県における北方系の土師器甕―事例紹介と問題提起―」『越後阿賀北地域の古代土器様相』新潟古代土器研究会
加藤道男 1989「宮城県における土師器研究の現状」『考古学論叢Ⅱ』纂修堂
神谷佳明・笹沢恭史 2008「出土度量衡遺物について」『研究紀要』26　財団法人群馬県埋蔵文化財調査事業団
亀田修一 2002a「吉備の瓦塔」『環瀬戸内海の考古学―平井勝氏追悼論文集―』下巻　古代吉備研究会
亀田修一 2002b「韓半島から日本への瓦の伝播―竹状模骨瓦について―」『清渓史學』16・17 合輯　韓國精神文化研究院　清渓史學會

亀田修一 2012「朝鮮半島、吉備、そして備後の寺々」『古代の東アジアと広島―白村江の戦いと寺町廃寺―記録集』(財) 広島県教育事業団

亀田修一 2018b「古代山城の成立と変容」『鞠智城・古代山城シンポジウム―古代山城の成立と変容―』熊本県教育委員会

川口武彦 2012「常陸国多賀城様式瓦からみた陸奥国との交流―那珂郡衙正倉院・正倉院別院瓦を中心として―」『古代社会と地域間交流Ⅱ―寺院・官衙・瓦からみた関東と東北―』国士舘大学考古学会編

管野和博 2012「石背郡内における古代集落と交通」『福島考古』第54号　福島県考古学会

菊池芳朗 1999「古墳の諸段階と地域権力―会津若松市域の古墳を中心に―」『会津若松市史研究』創刊号　会津若松市

菊池芳朗 2010『古墳時代史の展開と東北社会』大阪大学出版会

岸　敏男 1967『藤原仲麻呂』吉川弘文館

北東北古代集落遺跡研究会 2019『北奥羽の古代社会　土器変容・竪穴建物と集落動態』

北野博司 1983「箱形粘土槨の再検討と横穴式木室との関連性について」『北陸の考古学』石川考古学研究会

北野博司 1996「初期荘園と土地開発」『古代の土地開発』帝京大学山梨文化財研究所

北野博司 1997「古代北陸の地域開発と出羽」『日本考古学協会1997年度秋田大会　蝦夷・律令国家・日本海』

北野博司・三河風子 2007「東北・北海道における古代の土器焼成と土ナベ調理」『平成14～17年度　科学研究費補助金（基盤研究B）研究成果報告書　古代東北・北海道におけるモノ・ヒト・文化交流の研究』東北学院大学文学部

北村圭弘 2009「近江大津宮周辺寺院の素弁蓮華紋軒丸瓦」『一山典還暦記念論集　考古学と地域文化』一山典還暦記念論集刊行会

北村圭弘 2018「近江の飛雲文軒瓦2」『古代瓦研究Ⅷ―飛雲文軒瓦の展開―』奈良文化財研究所

北山峰生 2008「古代火葬墓の導入事情」『ヒストリア』第213号　大阪歴史学会

鬼頭清明 1985『古代の村』古代日本を発掘する6　岩波書店

鬼頭清明 1989「郷・村・集落」『国立歴史民俗博物館研究報告』第22集

木原高弘 2020「酒々井地区の集落―長隈郷の特性を中心に―」『千葉史学』第76号　千葉歴史学会

木元秀樹 1984「権衡の運用」『続日本紀研究』231号　続日本紀研究会

木本元治 1999「阿武隈川流域における奈良時代寺院に関する新知見」『福島考古』第40号　福島県考古学会

京都国立博物館 1990『畿内と東国の瓦』

草野潤平 2015「(2) 後半期　陸奥・出羽の古墳編年」『地域から考える―部分から全体

へ─』東北・関東前方後円墳研究会
草野潤平 2018「東北南部の国造存否問題と古墳動向」『第 44 回古代城柵官衙遺跡検討会─資料集─』
工藤雅樹 1970「瓦類」『多賀城跡調査報告Ⅰ　多賀城廃寺跡』宮城県教育委員会
工藤雅樹 1998『古代蝦夷の考古学』吉川弘文館
熊谷公男 1992「平安初期における征夷の終焉と蝦夷支配の変質」『東北文化研究所紀要』24　東北学院大学東北文化研究所
熊谷公男 2000「養老四年の蝦夷の反乱と多賀城の創建」『国立歴史民俗博物館研究紀要』96
熊谷公男 2015「国家支配のはじまりと蝦夷の抵抗」『東北の古代史』③蝦夷と城柵の時代　吉川弘文館
栗田則久 2017「上総国における俘囚移配集落の検討─長煙道カマドの検討─」『俘囚・夷俘と呼ばれたエミシの移配と東日本』平成 29 年度科学研究費補助金　基盤研究Ｃ成果報告　帝京大学文化財研究所
栗山葉子 2009「古代都城盆地の地域性と境界性」『地方史研究』第 340 号　地方史研究協議会
黒澤彰哉 2014「鹿の子Ｃ遺跡官衙地区の性格」『婆良岐考古』第 36 号　婆良岐考古同人会
桒畑光博 2009「島津荘の成立をめぐる諸問題」『地方史研究』第 341 号　地方史研究協議会
桒畑光博 2022「都城盆地における 8 世紀後半から 10 世紀の集落動態とその背景─横市川流域の遺跡群を中心として─」『国立歴史民俗博物館研究報告』第 232 集
甲賀市教育委員会 2006『下川原遺跡発掘調査報告書』
国立慶州博物館 1988『国立慶州博物館』通川文化社
古代学研究会 2021『古墳時代から飛鳥時代へ：集落遺跡の分布からみた社会変化』
小杉山大輔・曾根俊雄 2011「鹿の子Ｃ遺跡について」『官衙・集落と鉄』奈良文化財研究所
小杉山大輔 2020「常陸国府　国府とその周辺の大規模工房」『季刊考古学』152　雄山閣
小林義孝 1998「古代火葬墓の第一類型（下）」『大阪文化財研究』第 14 号　財団法人大阪府文化財調査研究センター
小林新平 2014「中国地方における造瓦集団の展開─いわゆる水切り瓦の事例─」『考古学研究』60 巻 4 号　考古学研究会
小牧美知枝 2009「集落の移り変わり」『房総の古代と王権』高志書院
小森哲也 2013「横穴式木室墓─先行研究の整理と分布・構造からみた地域間交流─」『考古學雜誌』第 97 巻第 4 号　日本考古學會

斉藤尚己 1974「東北地方の合口埋甕遺構について」『北奥古代文化』第6号　北奥古代文化研究会
佐伯英樹 2007a「旧栗太郡の7世紀と新開西古墳群」『歴史フォーラム　近江から見た古墳の終焉　記録集』栗東市歴史民俗博物館
佐伯英樹 2007b「栗太評衙と栗太寺」『考古学論究―小笠原好彦先生退任記念論集―』真陽社
佐伯英樹 2012「栗太郡物部郷「蜂屋寺」の伝承と白鳳寺院」『淡海文化財論叢』第四輯　淡海文化財論叢刊行会
酒井清治 1986「北武蔵における7・8世紀の須恵器の系譜―立野遺跡の再検討を通して―」『研究紀要』第8号　埼玉県立歴史資料館
坂井秀弥 1989「新潟県の黒色土器」『東国土器研究』第2号　東国土器研究会
坂井秀弥 2006「日本海域の気候風土と古代史の展開」『日本海域歴史大系　第二巻古代篇Ⅱ』清文堂出版
坂井秀弥 2008『古代地域社会の考古学』同成社
坂井秀弥 2013「全国の古代遺跡からみた大島畠田遺跡」『国指定10周年記念シンポジウム　大島畠田遺跡の時代を語る―島津荘成立以前の都城盆地の動向―【記録集】』宮崎県都城市教育委員会
栄原永遠男 1991「藤原仲麻呂の時代」『日本の歴史』④天平の時代　集英社
佐川正敏 2000「陸奥国の平城宮式軒瓦六二八二―六七二一の系譜と年代―宮城県中新田町城生柵跡と福島県双葉町郡山五番遺跡・原町市泉廃寺―」『東北学院大学　東北文化研究所紀要』第32号
佐川正敏 2008「討論」『シンポジウム報告　天武・持統朝の寺院造営―東日本―』帝塚山大学考古学研究所
佐川正敏 2015「東北への仏教の伝来と寺院造営・瓦生産」『東北の古代史』③蝦夷と城柵の時代　吉川弘文館
櫻井友梓 2022『博士論文　古代東北の手工業生産と地域拠点の形成』東北大学大学院文学歴史研究科
櫻田　隆 1993「「砂底」土器考」『翔古論聚―久保哲三先生追悼論文集』久保哲三先生追悼論文集刊行会
佐々木義則 2007「常陸型甕の生産と流通―奈良時代以前の様相―」『婆良岐考古』第29号　婆良岐考古同人会
佐々木義則・早川麗司 2017「茨城県における東北地方からの移民の痕跡―長煙道カマドと東北系遺物から俘囚移配を考える―」『俘囚・夷俘と呼ばれたエミシの移配と東日本』平成29年度科学研究費補助金　基盤研究C成果報告　帝京大学文化財研究所
佐藤　隆 1992「飛雲文系軒瓦について」『長岡京古文化論叢』Ⅱ　三星出版

佐藤敏幸 2009「陸奥の城柵の構造」『宮城考古学』第 11 号　宮城考古学会
真田広幸 1980「奈良時代の伯耆国に見られる軒瓦の様相」『考古學雑誌』第 66 巻第 2 号　日本考古學會
眞田廣幸 2005「律令制下の山陰―官衙と寺院―」『日本海域歴史体系　第一巻　古代篇Ⅰ』清文堂出版
潮見　浩 1986「鉄・鉄器の生産」『岩波講座　日本考古学 3』岩波書店
滋賀県教育委員会 2009『野村北遺跡・小山遺跡・陣屋遺跡』
柴田博子 2014「鹿児島県春花地区遺跡出土ヘラ書き土師器―駅路関係遺跡と「足」―」『日本古代の国家と王権・社会』塙書房
篠川　賢 2005「国造の「氏姓」と東国の国造制」『王権と信仰の古代史』吉川弘文館
志間泰治 1958「宮城県角田町住社発見の竪穴住居跡とその考察」『考古學雑誌』第 43 巻第 4 号　日本考古學會
島根県古代文化センター 2020『たたら製鉄の成立過程』
清水昭博 2022「近江国愛知郡の古代寺院造営とその背景」『日本古代尼寺の考古学的研究』帝塚山大学文学部
白石太一郎 1993「玉纒太刀考」『国立歴史民俗博物館研究報告』第 50 集
白石太一郎 1996「駄ノ塚古墳の提起する問題」『国立歴史民俗博物館研究報告　千葉県成東町駄ノ塚古墳発掘調査報告』第 65 集
新尺雅弘 2021「近江大津宮周辺における瓦生産の実態」『日本考古学』第 52 号　日本考古学協会
新日本教育図書 1985『えとのす　東北の古代文化』26 号
菅原祥夫 1987a「城生柵跡の瓦」『シンポジウム：城柵官衙遺跡の瓦について　第 13 回古代城柵官衙遺跡検討会―資料集―』
菅原祥夫 1987b「考察」『熊野堂遺跡』温故第 14 号　東北学院大学考古学研究部
菅原祥夫 1996「陸奥国府系瓦における造瓦組織の再編過程（1）―黄金山産金遺跡所要瓦の再評価を中心として―」『論集しのぶ考古』論集しのぶ考古刊行会
菅原祥夫 1997「東北西部　古代陸奥の土師器生産体制と焼成坑」『古代の土師器生産と焼成遺構』窯跡研究会編　真陽社
菅原祥夫 1998「陸奥国南部における富豪層居宅の倉庫群」『古代の稲倉と村落・郷里の支配』奈良国立文化財研究所
菅原祥夫 2000「平安時代における蝦夷系土器の南下―蝦夷の移住をめぐって」『阿部正光君追悼集』阿部正光君追悼集刊行会
菅原祥夫 2004「東北古墳時代終末期の在地社会再編」『原始・古代日本の集落』同成社
菅原祥夫 2007a「福島県中通り地方南部〜福島県会津地方」『平成 14 〜 17 年度　科学研究費補助金（基盤研究 B）研究成果報告書　古代東北・北海道におけるモノ・ヒト・文化交流の研究』東北学院大学文学部

菅原祥夫 2007b「東北の豪族居宅」『古代豪族居宅の構造と機能』国立文化財機構　奈良文化財研究所
菅原祥夫 2008「東北の豪族居宅（補遺）」『蔵王東麓の郷土誌』中橋彰吾先生追悼論集刊行会
菅原祥夫 2010a「居宅と火葬墓」『研究紀要2009』福島県文化財センター白河館
菅原祥夫 2010b「東北」『古代窯業の基礎研究―須恵器窯の技術と系譜―』窯跡研究会編　真陽社
菅原祥夫 2010c「古代研究の動向」『日本考古学年報』61（2008年度版）日本考古学協会
菅原祥夫 2011a「宇多・行方郡の鉄生産と近江」『研究紀要2010』福島県文化財センター白河館
菅原祥夫 2011b「福島県の古代生業」『一般社団法人日本考古学協会2011年度栃木大会研究発表資料集』日本考古学協会2011年度栃木大会実行委員会
菅原祥夫 2012「石のおもりと土のおもり―古代権衡の地方普及をめぐって―」『研究紀要2012』福島県文化財センター白河館
菅原祥夫 2013「陸奥南部の国造域における大化前後の在地社会変化と歴史的意義」『日本考古学』第35号　日本考古学協会
菅原祥夫 2014「陸奥と近江の交流」『学術研究集会　海の古墳を考えるⅣ―列島島北部沿岸の横穴と遠隔地交流―発表要旨集』海の古墳を考える会
菅原祥夫 2015a「製鉄導入の背景と城柵・国府、近江」『特集東北古代史の再検討　月刊考古学ジャーナル5月号』№669　ニューサイエンス社
菅原祥夫 2015b「律令国家形成期の移民と集落」『東北の古代史』③蝦夷と城柵の時代　吉川弘文館
菅原祥夫 2015c「古代会津の開発と渡来系集団―「梓　今来」「秦人」をめぐって―」『韓式系土器研究』ⅩⅣ　韓式系土器研究会
菅原祥夫 2016「列島周縁の比較考古学―10世紀の都城盆地と会津盆地―」『日本古代考古学論集』同成社
菅原祥夫 2017a「もう1つの製鉄工人系譜―陸奥国信夫郡安岐郷と安芸国―」『福島考古』第58号　福島県考古学会
菅原祥夫 2017b「蝦夷の移配開始とその周辺―天智朝期を中心として―」『平成29年度科学研究費補助金盤研究C　研究成果報告書　俘囚・夷俘とよばれたエミシの移配と東国社会』帝京大学文化財研究所
菅原祥夫 2017c「陸奥国分寺の創建と造瓦組織の再編」『特集報告：瓦の生産からみた城柵官衙・寺院の造営　第43回古代城柵官衙遺跡検討会―資料集―』
菅原祥夫 2018a「北限の旧国造域と西日本で交錯する人・モノ・情報」『特集報告：最新成果からみた石城・石背国域の特質　第44回古代城柵官衙遺跡検討会―資料

集─」
菅原祥夫 2018b「郡山Ⅰ期官衙と製鉄─陸奥国行方郡の畿内系土師器を巡って─」『福島考古』第60号　福島県考古学会
菅原祥夫 2019「藤原仲麻呂政権期の陸奥国と近江国─製鉄・飛雲文をめぐって─」『福島考古』第60号　福島県考古学会
菅原祥夫 2020「津軽石大森遺跡の銅製錘について」『津軽石大森遺跡』宮古市教育委員会
菅原祥夫 2021a「会津型土師器の出自と外部波及の意義」『研究紀要』第19号　福島県文化財センター白河館
菅原祥夫 2021b「陸奥の浮田国造と近江の「浮田」」『福島考古』第63号　福島県考古学会
菅原祥夫 2023a「製鉄をめぐる古代ふくしまと近江─継体朝から仲麻呂政権まで─」『製鉄をめぐる古代ふくしまと近江の諸関係─発表要旨集─』福島県文化財センター白河館
菅原祥夫 2023b「地域の開発と寺」『東国の地域間交流と平安仏教─南東北と北関東の里の寺、山の寺─』東国古代遺跡研究会
杉井　健 1993「竈の地域性とその背景」『考古学研究』第40巻第1号　考古学研究会
鈴木　啓 2009『ふくしまの古代通史』歴史春秋社
鈴木　啓 2017「石城・石背の国府」『原町市史　通史編Ⅰ』南相馬市
鈴木琢也 2006「擦文土器からみた北海道と東北北部の文化交流」『北方島文化研究』第4号　北方島文化研究会
鈴木哲雄 2012『平将門と東国武士団』吉川弘文館
鈴木　雅 2013「十郎田遺跡の7世紀集落」『宮城考古学』第12号　宮城県考古学会
鈴木靖民 2016「古代日本の渡来人と技術移転」『古代日本の東アジア交流史』勉誠出版
須田　勉 2005「多賀城様式瓦の成立とその意義」『国士舘大学文学部人文学会紀要』第37号　国士舘大学文学部人文学会
須原祥二 2011「八世紀の郡司制度と在地─その運用実態をめぐって─」『古代地方制度形成過程の研究』吉川弘文館
妹尾周三 2011「出雲へ伝わった仏教の特質─古代寺院から見た地域間交流とその背景─」『古代出雲の多面的交流の研究』島根県古代文化センター
妹尾周三 2015「軒瓦から見た伯耆国庁と国分寺の造営」『古代文化研究』第23号　島根県古代文化センター
妹尾周三 2017「備後寺町廃寺と上山手廃寺の再検討─「三谷法師寺」と「三谷尼寺」の提唱─」『古代吉備』第28集　古代吉備研究会
仙台市教育委員会 2005『郡山遺跡発掘調査報告書─総括編─』
高島英之 2019「東北及び九州出土古代刻書紡輪の歴史的意義について」『研究紀要』37

公益財団法人群馬県埋蔵文化財調査事業団
髙橋千晶 2013「陸奥国北部における館の成立と展開―鎮守府胆沢城周辺の様相―」『考古学の諸相Ⅲ』坂詰秀一先生喜寿記念会
高橋照彦 1997「古代須恵器生産の予備的考察―東西比較の前提として―」『東国の須恵器―関東地方における歴史時代須恵器の系譜―』古代生産史研究会
高橋　透 2013「東北地方における古代の塩の生産と流通―陸奥湾から太平洋沿岸を中心に―」『塩の生産・流通と官衙・集落』国立文化財機構　奈良文化財研究所
髙橋　透・鈴木貴生 2023「東辺における 7 世紀の須恵器・鉄生産」『「災害と境界の考古学」研究発表資料集』日本考古学協会 2023 年度宮城大会実行委員会
武廣亮平 2017a「古代エミシ政策とその展開」『古代ユーラシア研究センター年報』第 3 号　専修大学社会知性開発研究センター
武廣亮平 2017b「文献史学からみた移配国における俘囚と夷俘」『俘囚・夷俘と呼ばれたエミシの移配と東日本』平成 29 年度科学研究費補助金　基盤研究 C 成果報告　帝京大学文化財研究所
立原遼平 2022「鹿島郡の俘囚痕跡に関する一考察―長煙道カマドからみえること―」『茨城県考古学協会誌』第 34 号　茨城県考古学会
巽淳一郎 1983「古代窯業生産の展開―西日本を中心として―」『文化財論叢』奈良国立文化財研究所
巽淳一郎 1997「飛鳥石神遺跡出土の東北系土器」『日本考古学協会 1997 年度秋田大会　蝦夷・律令国家・日本海』日本考古学協会秋田大会実行委員会
田中久雄 2018「近江の飛雲文軒瓦 1」『古代瓦研究Ⅷ―飛雲文軒瓦の展開―』奈良文化財研究所
田中広明 1991「東国の在地産暗文土器」『埼玉考古』第 8 号　埼玉考古学会
田中広明 2011「坂東と陸奥の陶硯」『東国の地域考古学』六一書房
田中史生 2016「渡来人とは何か」『古代東国の渡来人を考える』積石塚・渡来人研究会
谷口義介 1987「滋賀県桜内遺跡出土の金属錘」『熊本短大論集』第 37 号第 2 号　熊本短期大学
玉川一郎 1981『舞台』天栄村教育委員会
辻川哲朗 2015「近江地域における古代東北系土器の新例―守山市・横江遺跡・大門遺跡出土事例を中心として―」『紀要』第 28 号　公益財団法人滋賀県文化財保護協会
辻　秀人 1989「東北古墳時代の画期について（その 1）―中期後半の画期とその意義―」『福島県立博物館紀要』第 3 号　福島県立博物館
辻　秀人 1990「東北古墳時代の画期について（その 2）― 7 世紀史の理解をめざして―」『伊東信雄先生追悼　考古学古代史論攷』伊東信雄先生追悼論文集刊行会
辻　秀人 1992「陸奥の古瓦の系譜」『福島県立博物館紀要』第 6 号　福島県立博物館
辻　秀人 2007「総括」『平成 14 ～ 17 年度　科学研究費補助金（基盤研究 B）研究成果

報告書　古代東北・北海道におけるモノ・ヒト・文化交流の研究』東北学院大学文
　　　学部
土屋隆文 2021「古墳時代における双魚佩製作の一様相―新出事例の分析を起点とし
　　　て―」『古墳文化基礎論集』古墳文化基礎論集刊行会　真陽社
津野　仁 2005「栃木県における6・7世紀の土器編年と地域的特徴」『東国土器研究』
　　　第4号　東国土器研究会
鶴間正昭 2004「関東にみる新型土師器坏の出現」『東京都埋蔵文化財センター研究論集』
　　　第20号　東京都埋蔵文化財センター
帝京大学文化財研究所 2017『俘囚・夷俘と呼ばれたエミシの移配と東日本』平成29年
　　　度科学研究費補助金　基盤研究C成果報告
東北・関東前方後円墳研究会 2020『後期古墳の中の変革―536年イベントにみる気候
　　　変動との関わり　発表要旨集』
東北芸術工科大学考古学研究室 2002『置賜地域の終末期古墳1』
鳥羽政之 2004「東国における郡家形成の過程」『幸魂　増田逸朗氏追悼論文集』北武蔵
　　　古代文化研究会
内藤政恒 1965「腰浜廃寺の古瓦の性格と位置」『腰浜廃寺』福島市教育委員会
内藤政恒瓦資料研究会 2013「宮城県を中心とする内藤政恒瓦資料（2）」『宮城考古学』
　　　第15号　宮城県考古学会
中井　公 1992「平城京跡から出土した「はかり」のおもりをめぐって」『考古学と生活
　　　文化』同志社大学考古学研究室
中井　公 2004「古代権衡制研究のための考古資料等基礎調査覚書」『研究紀要』第8集
　　　財団法人由良大和古代文化研究協会
中井正幸 2004「古墳終末の一様相～岐阜県大垣市丸山古墳出土の長胴棺をめぐって～」
　　　『かにかくに　八賀晋先生古稀記念論文集』八賀晋先生古稀記念論文集刊行会
長島榮一 2012「初期官衙の成立と移民・移動」『講座　東北の歴史』第一巻　争いと人
　　　の移動　清文堂出版
仲田茂司 1997「東北・北海道における古墳時代中・後期土器様式の編年」『日本考古学』
　　　第4号　日本考古学協会
中西常雄 2010「近江系飛雲文軒瓦の年代と背景」『考古学研究』第57巻第1号　考古
　　　学研究会
中西常雄 2018「討論」『古代瓦研究Ⅷ―飛雲文軒瓦の展開―』奈良文化財研究所
中村岳彦 2010「横瓶生産の消長とその意味―横瓶に関する問題提起―」『土曜考古学』
　　　第33号　土曜考古学会
中山雅弘 1996「古代常磐地方における土器様相」『物質文化』60号　物質文化研究会
奈良国立文化財研究所 1983『平城宮出土墨書土器集成Ⅰ』
奈良国立文化財研究所 1989『平城宮出土墨書土器集成Ⅱ』

新納　泉 2014「6世紀の気候変動を考える」『考古学研究』第60巻第4号　考古学研究会
西　弘海 1984『土器様式の成立とその背景』真陽社
新田　剛 2011a『日本の遺跡43　伊勢国府・国分寺跡』同成社
新田　剛 2011b「伊勢国府の成立」『古代文化　特輯：古代国府の成立をめぐる諸問題（上）』第63巻第3号　財團法人古代學協會
新田　剛 2019「東海地方の重圏文軒瓦」『古代瓦研究Ⅵ―重圏文系軒瓦の展開―』奈良文化財研究所
仁藤敦史 2009「継体天皇―その系譜と歴史的位置―」『日出づる国の誕生』清文堂出版
日本考古学協会2016年度弘前大会実行委員会 2016『北東北9・10世紀社会の変動研究報告資料集』
能登谷宣康 2005「金沢地区の古代鉄生産」『福島考古』第46号　福島県考古学会
羽柴直人 2012「古代末の陸奥―前九年合戦期の遺跡を中心に―」『第37回古代城柵官衙遺跡検討会資料集』
橋本博幸・鈴木啓 2002「高松古墳群出土金銅製歩揺付雲珠について」『福島考古』第43号　福島県考古学会
長谷川　厚 1989「1989年「黒色土器―出現と背景―」の成果と課題」『東国土器研究』第2号　東国土器研究会
長谷川　真 2016「津軽石大森遺跡」『発掘された日本列島2016　新発見考古速報』文化庁編
畑中英二・木下義信 2008「下川原遺跡の再検討」『紀要』第21号　公益財団法人滋賀県文化財保護協会
服部敬史 1995「東国における古墳時代須恵器生産の特質」『東国土器研究』第4号　東国土器研究会
濱田耕作 1934『新羅古瓦の研究』刀江書院
林　建亮 2022「出雲国における集落構造と変遷～意宇郡・神門郡を中心に～」『古代集落の構造と変遷3　研究報告資料』奈良文化財研究所
林　正憲 2018「平城京の飛雲文軒瓦」『古代瓦研究Ⅷ―飛雲文軒瓦の展開―』奈良文化財研究所
林部　均 1984「東日本出土の飛鳥・奈良時代の畿内産土師器」『考古學雜誌』第72巻第1号　日本考古學會
林部　均 1986「律令国家と畿内産土師器―飛鳥・奈良時代の東日本と西日本―」『考古學雜誌』第77巻第4号　日本考古學會
林部　均 2011「古代宮都と郡山遺跡・多賀城―古代宮都からみた地方官衙序説―」『国立歴史民俗博物館研究報告』63
林部　均 2019「大宰府と多賀城」『ここが変わる！　日本の考古学　先史・古代史研究

の最前線』吉川弘文館
葉山茂英 2019a「鉄のおもりと叺の普及—神奈川県出土の古代・中世の権衡遺物から—」『東海史学』第53号　東海大学
葉山茂英 2019b「古代・中世の権衡資料—南関東地方出土の考古遺物から—」『海と考古学』第12号　海交史研究会
坂野和信 2007『古墳時代の土器と社会構造』雄山閣
菱田哲郎 1992「須恵器生産の拡散と工人の動向」『考古学研究』第39巻第3号　考古学研究会
菱田哲郎 2007『古代日本国家形成の考古学』京都大学学術出版会
菱田哲郎 2010「須恵器窯の構造と工人移動論」『古代窯業の基礎研究—須恵器窯の技術と系譜—』窯跡研究会編　真陽社
日野市教育委員会 2020『平山遺跡—大型四面廂建物跡の保存目的発掘調査〔HY81〕報告書』
平井美典 1989「近江国庁再考」『研究紀要』第2号　(財) 滋賀県文化財保護協会
平井美典 2010『藤原仲麻呂がつくった壮麗な国庁・近江国府』新泉社
平井美典 2011「飛雲文瓦からみた近江国府の創建」『大国近江の壮麗な国府』滋賀県立安土城考古博物館
平川　南 2016「古代東国の渡来人と俘囚」『古代東国の渡来人を考える』積石塚・渡来人研究会
平川　南 2017a「出土文字から描く古代社会—道・文書・口頭による伝達—」『中央史学』第39号　中央史学会
平川　南 2017b「俘囚と夷俘」『俘囚・夷俘と呼ばれたエミシの移配と東日本』平成29年度科学研究費補助金　基盤研究C成果報告　帝京大学文化財研究所
平野　修 2013「東京都多摩市上ッ原遺跡出土の東北系土器について」『東京考古』第31号　東京考古談話会
平野　修 2015「日本古代俘囚の移配に関する考古学的検討—9世紀の甲斐国の事例—」『山梨考古学協会誌』第23号
広田和穂 1999「古墳時代中期〜後期」『榎田遺跡』長野県埋蔵文化財センター
廣谷和也 2014「東北地方の重圏文軒丸瓦」『古代瓦研究Ⅵ　—重圏文系軒瓦の展開—』奈良文化財研究所
福島県 1964『福島県史』6（考古資料）
福島県教育委員会 1989『相馬開発関連遺跡調査報告Ⅰ』
福島県教育委員会 2007「山岸硝庫跡」『常磐自動車道遺跡調査報告48』
福島県教育委員会 2016『会津縦貫北道路遺跡発掘調査報告16』
福島県教育委員会 2018『農山村地域復興基盤総合整備事業関連遺跡調査報告2　桶師屋遺跡』

福島県立博物館 1988『江戸時代の流通路』
福田　聖 1997「関東の古代権衡資料」『研究紀要』第10号　（財）埼玉県埋蔵文化財調査事業団
藤木　海 2009a「泉廃寺跡と関連遺跡の8世紀における造瓦」『福島考古』第50号記念号　福島県考古学会
藤木　海 2009b「陸奥国行方郡衙周辺寺院の陸奥国府系瓦について—郡衙周辺寺院と定額寺との関連をめぐる試論—」『国士舘考古学』第5号　国士舘大学考古学会
藤木　海 2014「官営製鉄と地域開発の展開—陸奥国宇多郡・行方郡」『古代の開発と地域の力』高志書院
藤木　海 2015「黒木田遺跡」『相馬市史』第四巻資料編1　相馬市史編さん室
藤木　海 2017a「泉官衙遺跡と寺院—官衙と寺院の造営をめぐる生産関係—」『古代東国の地方官衙と寺院』山川出版社
藤木　海 2017b「東北の郡庁の空間構成」『郡庁域の空間構成』奈良文化財研究所
藤木　海 2023「陸奥国南部における寺院の補修と渡来系瓦」『災害と境界の考古学』日本考古学協会2023年度宮城大会実行委員会
藤沢　敦 1992「引田式再論」『歴史』第79輯　東北史学会
藤沢　敦 2015「不安定な古墳の変遷」『東北の古代史』②倭国の形成と東北　吉川弘文館
藤野一之 2014「移民の土師器生産」『中華文明の考古学』同成社
藤原　学 2020「炭窯で綴る木炭史」『窯跡研究』第4号　窯跡研究会
古川一明 2014「古代東北地方における特殊な形態の煮炊用土器について」『東北歴史博物館研究紀要』15
古川一明 2020「多賀城—城柵国府と街並み」『古代史談義【宮都編】』ちくま書房
平凡社 1993『日本歴史地名大系　07 福島県』
埋蔵文化財研究会 1992『古墳時代の竃を考える』
埋蔵文化財研究会 2012『集落から見た7世紀—律令体制成立期前後における地域社会の変貌—』
前園実知雄 1984「律令官人の墓」『季刊考古学　墳墓の形態とその思想』第9号　吉川弘文館
松下正司 1969「備後北部の古瓦」『考古學雜誌』55-1　日本考古學会
松村一良 2013「西海道の集落遺跡における移配俘囚の足跡について　豊前：筑前：筑後：肥前4国の事例を中心にして」『内海文化研究紀要』41号　広島大学内海文化研究所
松本健షྶ 1991「東北北部の平安時代のなべ」『紀要』XI　岩手県文化振興事業団埋蔵文化財センター
松本太郎 2009「鬼高系の系譜と歴史的背景」『古代社会と地域間交流—土師器からみた

関東と東北の様相―』国士舘大学考古学会編　六一書房
松本太郎 2013『東国の土器と官衙』六一書房
右島和夫 2012「多胡郡の成立とその背景」『多胡碑が語る古代日本と渡来人』吉川弘文
　　　館
水戸部秀樹 2001「山形県オサヤズ窯跡出土の竹状模骨平瓦ついて」『山形考古』第7巻
　　　第1号　山形県考古学会
宮城県教育委員会 1956『菜切谷廃寺跡』
宮城県教育委員会 1981『清水遺跡』『東北新幹線関連遺跡調査報告書Ⅴ』
宮城県教育委員会 2016『常磐線復旧関連遺跡発掘調査報告書　熊の作遺跡ほか』
宮崎康光編 1989『国司補任　第一』続群書類従完成会
宮崎県埋蔵文化財センター 2008『国指定史跡　大島畠田遺跡』
宮本佐知子 1989「国内出土の権衡資料」『大阪市文化財論集』財団法人大阪市文化財協
　　　会
村田　淳 2008「古代東北地方における土器棺墓―土師器甕を転用した「土器埋設遺構」
　　　の集成―」『研究紀要』ⅩⅩⅦ　（財）岩手県文化振興事業団埋蔵文化財センター
村田晃一 2000「飛鳥・奈良時代の陸奥北辺―移民の時代―」『宮城考古学』第2号　宮
　　　城県考古学会
村田晃一 2010「古代奥羽の城柵・官衙の門と囲繞施設」『官衙と門』奈良文化財研究所
望月精司 2003「古代権状錘に関する一考察　―北陸出土権衡資料の検討を中心とし
　　　て―」『北陸古代土器研究』第10号　北陸古代土器研究会
望月精司 2006「北陸地方における製鉄の成立と発展」『日本鉄鋼協会　第152回　秋季
　　　講演大会社会鉄鋼工学部会』
望月精司 2007「北陸西部地域における飛鳥時代の移民集落」『日本考古学』第23号
　　　日本考古学協会
森　郁夫 1974「平城系軒瓦と国分寺造営」『古代研究』3　元興寺仏教民族資料研究所
　　　考古学研究室
森本　徹 1991「火葬墓と火葬遺構―群集墳周辺にて確認される「焼土坑」の検討―」
　　　『大阪文化財研究』第2号　財団法人大阪文化財センター
八木光則 2010『古代蝦夷社会の成立』同成社
柳沼賢治 1989「福島県郡山市域の土器」『シンポジウム　福島県に於ける古代土器の諸
　　　問題』万葉の里シンポジウム実行委員会
矢澤　仁 2020「肥前国府　国庁と国府の実像」『季刊考古学』152　雄山閣
安田　稔 2005「陸奥南部の生産」『日本考古学協会 2005 年度福島大会シンポジウム資
　　　料集』
安村俊史 2009「古代火葬墓の変遷―河内の事例を中心に―」『ヒストリア』第213号
　　　大阪歴史学会

柳澤和明 2010「多賀城市山王・市川橋遺跡における住社式～栗囲式期集落の様相」『宮城考古学』第12号　宮城県考古学会
山口耕一 1995「専用型骨蔵器と転用型骨蔵器」『東日本における奈良・平安時代の墓制─墓制をめぐる諸問題』東日本埋蔵文化財研究会
山崎信二 1993『平城宮・京と同笵の軒瓦および平城宮式軒瓦に関する基礎的研究』奈良国立文化財研究所
山田真一 1997「信濃の古代の土器生産」『北陸古代土器研究』第6号　北陸古代土器研究会
山田良三 1979「土師器合口甕棺墓について」『橿原考古学研究所論集』第四　吉川弘文館
山中敏史 1994『古代地方官衙遺跡の研究』塙書房
山中敏史 1995「古代の国の役所─長者屋敷遺跡をめぐって─（講演記録）」『鈴鹿市埋蔵文化財年報』Ⅱ　鈴鹿市教育委員会
山中敏史 2007「地方豪族居宅の建物構造と空間的構成」『古代豪族居宅の構造と機能』奈良文化財研究所
山中雄志 2003「古代会津地方の長胴甕にみる特質について」『行政社会学論集』15巻7号　福島大学
山中雄志 2014「会津地方における古代集落の様相」『福島考古』第56号　福島県考古学会
山中雄志 2018「会津地方における古代集落の様相3」『福島考古』第60号　福島県考古学会
吉川弘文館 1990『日本古代氏族人名辞典』
吉澤　悟 1995「古代火葬墓の展開を語るために」『東日本における奈良・平安時代の墓制─墓制をめぐる諸問題─』東日本埋蔵文化財研究会
吉澤則男 2002「魚佩について」『史跡古市古墳群　峯ヶ塚古墳後円部発掘調査報告書』羽曳野市教育委員会
吉田　歓 2013「南奥羽国郡制の変遷」『講座東北の歴史』第3巻　清文堂出版
吉田博行 2014「陣が峯城跡出土の銅製壺形権衡資料について」『法政考古学』第40集記念論文集　法政考古学会
吉永眞彦 2013「近江大津宮をめぐる諸問題（新しい古代国家像のための基礎的研究）」『国立歴史民俗博物館研究報告』179集　国立歴史民俗博物館
吉野　武 2015「熊の作遺跡出土の木簡と墨書土器」『第41回古代城柵官衙遺跡検討会─資料集─』
吉野　武 2017「第Ⅱ期多賀城改修前後の陸奥国」『多賀城跡　外郭跡Ⅰ─南門地区─』宮城県多賀城跡調査研究所
吉野　武 2020「道嶋嶋足の殊勲と百済足人─藤原仲麻呂政権崩壊の一側面─」『国史談

話会雑誌』第 61 号　国史談話会
吉野　武 2022「多賀城の改修と近江国府」『史聚』第 55 号　駒沢大学大学院史学会古
　　代史部会
吉村靖徳 1996「権衡に関する一考察―福岡県内出土権状製品の検討と課題―」『研究論
　　集』20　九州歴史博物館
若狭　徹 2016『前方後円墳と東国社会』吉川弘文館
渡辺　一 2006『古代東国の須恵器生産の研究』青木書店

あ と が き

　本書は、陸奥南部の考古学的所見を基礎に多面的視点で古代東北像を描き出し、ひいては全国的な動向との関係性を明らかにすることを目的とした。その結果は、本文中で述べたとおりである。

　全体を構成する論文は、過去に発表した旧稿を大幅に加筆・修正したものと、新稿で構成した。そのため、旧稿と見解の違う部分は本書を優先していただきたい。以下に、対応関係を示しておく。

序章　本書のねらい
　　　新稿
第Ⅰ章　製鉄をめぐる陸奥国と近江国
　第1節　技術の導入前史—陸奥の浮田国造と近江の浮田—
　　「陸奥の浮田国造と近江の「浮田」」『福島考古』第63号　福島県考古学会　2021
　第2節　技術の導入と展開—陸奥国宇多・行方郡と近江国—
　　「宇多・行方郡の鉄生産と近江」『研究紀要2010』福島県文化財センター白河館　2011
　　「製鉄導入の背景と城柵・国府、近江」『特集東北古代史の再検討　月刊考古学ジャーナル5月号』No.669　ニューサイエンス社　2015
　第3節　もう1つの製鉄工人系譜—陸奥国信夫郡安岐里と安芸国—
　　「もう1つの製鉄工人系譜—陸奥国信夫郡安岐里と安芸国—」『福島考古』第58号　福島県考古学会　2017
　第4節　郡山遺跡Ⅰ期官衙と製鉄
　　「郡山Ⅰ期官衙と製鉄—陸奥国行方郡の畿内系土師器を巡って—」『福島考古』第60号　福島県考古学会　2018

第5節　生産の転換①―居宅と火葬墓―

　　「居宅と火葬墓」『研究紀要2009』福島県文化財センター白河館　2010

第6節　生産の転換②―藤原仲麻呂政権期の陸奥国と近江国―

　　「藤原仲麻呂政権期の陸奥国と近江国―製鉄・飛雲文をめぐって―」『福島考古』第60号　福島県考古学会　2019

第7節　技術の導入要因（再論）

　　新稿（ただし、一部は、「蝦夷の移配開始とその周辺―天智朝期を中心として―」『平成29年度科学研究費補助金基盤研究C　研究成果報告書　俘囚・夷俘とよばれたエミシの移配と東国社会』帝京大学文化財研究所2017を反映。）

第Ⅱ章　土師器動態からみた律令国家形成期

　第1節　国造域の土師器様相と栗囲式

　　「福島県中通り地方南部～福島県会津地方」『平成14～17年度　科学研究費補助金（基盤研究B）研究成果報告書　古代東北・北海道におけるモノ・ヒト・文化交流の研究』東北学院大学文学部　2007

　　「陸奥南部の国造域における大化前後の在地社会変化と歴史的意義」『日本考古学』第35号　日本考古学協会　2013

　第2節　会津地方の土師器様相と会津型

　　「福島県会津地方」『平成14～17年度　科学研究費補助金（基盤研究B）研究成果報告書　古代東北・北海道におけるモノ・ヒト・文化交流の研究』東北学院大学文学部　2007

　　「会津型土師器の出自と外部波及の意義」『研究紀要』第19号　福島県文化財センター白河館　2021

　第3節　栗囲式・会津型・関東型の交錯

　　新稿

第Ⅲ章　古代後半期の地域開発

　第1節　古代会津の開発①―郡衙周辺の事例分析を中心に―

　　「会津郡衙周辺遺跡の成果と課題」『会津縦貫北道路遺跡発掘調査報告』

16　福島県教育委員会　2016

　　「地域の開発と寺」『東国の地域交流と平安仏教―南東北と北関東の里の寺、山の寺』東国古代遺跡研究会　2023

　第2節　古代会津の開発②―「梓□今来」と秦氏―

　　「古代会津の開発と渡来系集団―「梓　今来」「秦人」をめぐって―」『韓式系土器研究ⅩⅣ』韓式系土器研究会　2015

　第3節　古代会津の開発③―10世紀の日向国都城盆地と陸奥国会津盆地―

　　「列島周縁の比較考古学―10世紀の会津盆地と都城盆地―」『日本古代考古学論集』同成社　2016

　第4節　律令国家圏外の地域開発―度量衡の地方普及をめぐって―

　　「石のおもりと土のおもり―古代権衡の地方普及をめぐって―」『研究紀要2012』福島県文化財センター白河館　2012

　　「津軽石大森遺跡の銅製錘について」『津軽石大森遺跡』宮古市教育委員会　2020

　第5節　蝦夷系土師器の分布とその意義

　　「平安時代における蝦夷系土器の南下―蝦夷の移住をめぐって―」『阿部正光君追悼集』阿部正光君追悼集刊行会　2000

終　章　境界領域の特質

　　新稿

　第Ⅰ章は、「全国的な動向との関係性を明らかにする」目的を意識した内容となっている。この10年余りのなかで、最も力を注いだテーマであり、関連対象国は近江国だけでなく、中国地方の安芸・備後・伯耆国、九州北部の豊前国まで及ぶ。

　実は、当初筆者は諸先輩が想定した宇多・行方郡の製鉄と近江の系譜関係を疑問視していた。メルクマールの両側廃滓の長方形箱型炉＋横口式木炭窯のセットは、九州北部や中国地方にもみられ、製鉄と窯業の一体生産がどこまで意味をもつかわからなかったからである。ところが、宇多郡官人墓の特異な骨

蔵器の類例を追跡していったところ、結果的に、瀬田丘陵生産遺跡群と関連性の強い須恵質有蓋長胴棺に行き当たり（第5節）、翌年、同じエリア内出土の栗囲式土師器に遭遇したことで、確信に変わった（第2節）。その後、可能な限り現地を訪れ、資料を実見し、雨森智美・佐伯英樹・大道和人・辻川哲朗・北村圭弘など、地元の関連研究者と直接意見交換するようにしてまとめたのが本文である。その成果の一部は、帝京大学文化財研究所『シンポジウム　俘囚・夷俘とよばれたエミシの移配と東国社会』、第44回古代城柵官衙遺跡検討会『特集報告：最新成果からみた石城・石背国域の特質』、日本考古学協会2023年度宮城大会『境界と災害の考古学』において、口頭発表した。

　第Ⅱ章は、「多面的な東北像を描き出す」目的を意図した内容となっている。分析対象としたのは、遺跡から普遍的に出土する土師器であり、編年研究の先をめざした。基礎となったのは、辻秀人を代表とする科研費研究『古代東北・北海道におけるモノ・ヒト・文化交流の研究』（東北学院大学文学部2007）の研究協力者に加えていただき、各地の標準資料を共同観察した成果であることを、明記しておく。

　第Ⅲ章は、古代後半期の地域開発を検討している。このうち渡来系集団を扱った第2節は、韓式系土器研究会代表の田中清美より旧稿発表の機会を得て、第Ⅰ章第7節の着想にもつながった。また、「梓□今来」の解釈について、今泉隆雄から懇切な教示を受けている。氏は「内なる坂東」の提唱者であり、本書の感想をうかがえずに逝去されたのは、残念でならない。

　筆者は、「古代研究の動向」『日本考古学年報61（2008年度版）』の中で、このように書いたことがある。「最近、書店で「行政担当者」の著作が目立つようになった。かつては考えられなかったことである。厳しい環境の中で、実力を付け、学会を牽引する仲間の姿をみるのは、うれしい」。ずいぶん経ってしまったが、ようやくその一人になることができた。

　最後に、本書の刊行をお勧めいただいた鈴木靖民先生、そして、三重県津市納所遺跡の発掘調査現場で出会い、筆者を考古学の世界へ導いてくださった伊

藤久嗣・故吉水康夫氏はじめ、いつも忌憚のない意見交換に付き合っていただいている諸先輩・学友に深く感謝申し上げたい。

2024年11月

菅原祥夫

古代国家と東北境界領域の考古学

■著者略歴■

菅原祥夫（すがわら・さちお）

1963年　静岡県生まれ
1986年　東北学院大学文学部史学科卒業
現　在　福島県文化財センター学芸員

［主要論文］
「陸奥南部の国造域における大化前後の在地社会変化と歴史的意義」『日本考古学』第35号、2013年。「律令国家形成期の移民と集落」『東北の古代史③　蝦夷と城柵の時代』吉川弘文館、2015年。「列島周縁の比較考古学－10世紀の都城盆地と会津盆地」『日本古代考古学論集』同成社、2016年。「会津型土師器の出自と外部波及と意義」『研究紀要』第19号　福島県文化財センター白河館、2021年。「陸奥の浮田国造と近江の「浮田」」『福島考古』第63号、2021年。

2024年12月25日発行

著　者	菅原祥夫
発行者	山脇由紀子
印　刷	亜細亜印刷㈱
製　本	㈱積信堂

発行所　東京都千代田区平河町1-8-2　㈱同成社
　　　　山京半蔵門パレス（〒102-0093）
　　　　TEL 03-3239-1467　振替 00140-0-20618

ⒸSugawara Sachio 2024. Printed in Japan
ISBN978-4-88621-993-0　C3021